PRIVATE ECONOMY DEVELOPMENT

2020年 民间投资与民营经济发展 重要数据分析报告

北京大成企业研究院 编著

PRIVATE INVESTMENT

ANALYSIS REPORT ON THE IMPORTANT DATA OF PRIVATE INVESTMENT AND PRIVATE ECONOMY DEVELOPMENT 2020

中华工商联合出版社

图书在版编目(CIP)数据

2020年民间投资与民营经济发展重要数据分析报告 / 北京大成企业研究院编著. -- 北京 : 中华工商联合出版社, 2021.2

ISBN 978-7-5158-2998-2

Ⅰ.①2… Ⅱ.①北… Ⅲ.①民间投资-研究报告-中国-2020②民营经济-经济发展-研究报告-中国-2020 Ⅳ.①F832.48②F121.23

中国版本图书馆CIP数据核字（2021）第071113号

2020年民间投资与民营经济发展重要数据分析报告

作　　者：北京大成企业研究院
出 品 人：李　梁
责任编辑：李红霞
装帧设计：周　琼
责任审读：李　征
责任印制：迈致红
出版发行：中华工商联合出版社有限责任公司
印　　刷：北京毅峰迅捷印刷有限公司
版　　次：2021年7月第1版
印　　次：2021年7月第1次印刷
开　　本：710mm×1000mm　1/16
字　　数：201千字
印　　张：15.5
书　　号：ISBN 978－7－5158－2998－2
定　　价：69.00元

服务热线：010－58301130－0（前台）
销售热线：010－58302977（网店部）
010－58302166（门店部）
010－58302837（馆配部、新媒体部）
010－58302813（团购部）
地址邮编：北京市西城区西环广场A座
19－20层，100044
http://www.chgslcbs.cn
投稿热线：010－58302907（总编室）
投稿邮箱：1621239583@qq.com

编委会

北京大成企业研究院简介

北京大成企业研究院是一家独立研究机构，2014年创立，主要关注中国民营经济发展战略性、前瞻性和实效性问题。研究院由第十、十一届全国政协副主席，全国工商联原主席黄孟复先生和中央统战部原副部长胡德平先生倡导创办。以研究院为平台，聚集一批有思想、有成就、有责任感的企业家，以在经济第一线企业的视角和思维方式，联合有理论造诣的专家学者，从理论到实践研究中国民营经济发展情况，对经济社会发展提出政策建议，为推进我国全面深化改革提供智慧。

北京大成企业研究院的理事会主要由企业家组成，执行团队中有长期从事宏观政策、民营经济和企业战略研究的专家，有长期从事工商联工作经验丰富的专家，有长期在政府部门工作的前官员。研究院在研究课题、政策建议、联络企业家及组织活动等方面具有较大的优势。

Introduction of Dacheng Enterprise Institute (DEI)

Dacheng Enterprise Institute (DEI) is an independent research institute that was sparked and founded by Mr. Huang Mengfu and Mr Hu De Ping in the year of 2014. Huang is the Vice-Chair of the 10th and 11th CPPCC (Chinese People's Political Consultative Conference) and Former Chairman of ACFIC (All-China Federation of Industry and Commerce) . Hu is the Former Vice Minister of United Front Work Department of CPC Central Committee.

DEI is mainly focused on studying strategy, prospect and effectiveness in the development of China's private economy. As a research institute, DEI gathers a group of resourceful, respectful and experienced entrepreneurs, along with numerous accomplished specialists and scholars. They are committed to study China's private economic both theoretically and practically. The aim of Dacheng Enterprise Institute is to provide political suggestions in relation to the reform of the economic system and the modernization of state governance.

The Committee of DEI is composed of experienced entrepreneurs; and the Executive Team of DEI consists of not only specialists who have long been engaged in the fields of macro policy, private economy and corporate strategies, but also ACFIC professors and former officers who are rich in relevant experiences. Therefore, Dacheng Enterprise Institute is endowed with great advantages in subject research, policy proposal, interaction among entrepreneurs and seminar organisation.

摘 要

民企政策环境：党的十八大以来，党中央国务院出台了一系列涉及民营企业、民营经济、非公有制经济、中小企业的重要决策，主要包括习近平总书记在民营企业座谈会和企业家座谈会的两次讲话，三次中央全会的决定，以及五份指导意见。其中，在十八届中央委员会第三次全体会议作出的《中共中央关于全面深化改革若干重大问题的决定》，可以说是新时期中国进一步深化改革的指导思想、总体思路、主要任务、重大举措。

民企营商环境：2020年，我国持续推进减税降费，科学精准助力市场主体，进一步优化营商环境，更有效激发市场主体活力，民营经济营商环境显著改善，民营企业对营商环境满意程度明显好于上年。“十三五”时期，我国着力优化营商环境，推进“放管服”、减税降费、商事制度等改革，激发了各类市场主体活力，年均净增市场主体1 247.7万户，在世界银行发布的营商环境国际排名从84名上升到31名。但也要看到，尽管近年来中国营商环境明显改善，但相较国际一流水平仍存在一定差距，打造社会期待的一流营商环境依然任重道远。

民企法人就业：2019年，全国企业法人单位21 091 270家，其中私人控股企业法人单位19 811 755家，占比达93.9%。2019年，我国城镇整体就业人数达4.42亿人，其中城镇私营企业和个体单位就业占城镇整体的59.3%。在增量方面，私营企业（不包括股份公司中的私人控股公司）

和个体单位贡献率达225.7%。“十三五”时期，国家出台了一系列促进民营企业发展和促进就业的政策，民营企业快速发展，法人单位不断增加，对就业的贡献越来越大。2015—2019年，全国企业法人单位数年均增长13.8%，私人控股为16.7%；城镇就业人数增加3 837万人，城镇私营个体为增量贡献了189.71%。

民企工资增长：2019年，我国经济运行总体平稳、稳中有进，就业形势保持稳定，全国城镇单位就业人员平均工资稳步增长。受民间投资增速下降影响，私营企业员工平均工资水平虽然明显上升，同比名义增长率为8.1%，但增速较2018年底回落0.2个百分点。私营企业工资水平仍然相对较低，与非私营企业的工资差距仍呈扩大态势。

民间投资回升：2020年，固定资产投资呈现先抑后扬趋势，结构持续优化，复苏态势不断巩固。1—2月全国固定资产投资大幅下降24.5%，而后降幅逐月收窄，上半年整体下降3.1%，至前三季度增速实现由负转正。1—12月份，民间固定资产投资（不含农户）289 264亿元，增长1.0%，增速提高0.8个百分点。

民营工业发展：2020年，在国家一系列政策支持下，工业企业复产水平稳步提升，工业生产持续稳定恢复，企业生产经营状况不断改善，全国规模以上工业增加值比上年增长2.8%。分季度看，一季度下降8.4%，二、三、四季度分别增长4.4%、5.8%、7.1%，工业生产呈现逐季稳步回升态势。“十三五”时期，全国规模以上工业及各类型工业企业增加值累计同比增速总体均呈现逐渐下降态势，2020年相比2015年下降3.3个百分点。按统计局公布的年度增长率计算，2015—2020年，全国工业企业营业收入年均增长5.8%，其中私营工业年均增长6.0%；全国工业企业利润总额年均增长7.8%，其中私营工业年均增长6.7%。

大中小型企业发展：大中小型企业整体延续近年来的发展态势，规模以上小型工业企业的数量和占比连年小幅提升，中型和大型企业数量和占比呈小幅下降，小型企业的资产和营收的增速也保持领先；然而不乐观的是各类规模以上工业企业的资产营收率、营收利润率、资产利润率等效益指标整体呈下降趋势，且小型工业企业的降幅最大。

民企外经外贸：“十三五”以来，中国对外贸易蓬勃发展，民营企业份额不断扩大，涨幅持续领跑，份额接近总量的一半，成为我国对外贸易的中流砥柱。我国对外直接投资保持全球第二的位置，非国有企业投资存量占比不断扩大。2020年全球贸易遭受严重冲击，中国成为全球唯一实现经济正增长的主要经济体，外贸企业创下多个历史新高，民企份额已超半壁江山。

民营科技发展：规模以上工业企业的科技活动情况中，私营企业的研发人员、研发经费、新产品开发经费等投入以及研发项目数、新产品开发项目数、新产品销售收入、有效发明专利数等研发产出占比稳步提高。

民企税收贡献：党的十八大以来，中国民营经济发展规模日益壮大，民营经济税收收入也随着经济地位的提高而迅速增加。根据税务部门分企业类型的税收收入统计资料，民营经济（广义民营经济是指除国有及国有控股、涉外企业之外的所有企业）税收收入从2012年的54 990.29亿元，增加到2020年的109 046.68亿元。

民企500强：2020年，在世界知名企业排行榜中，中国企业上榜数量继续保持增长态势，如在财富世界500强榜单中，中国内地及香港地区公司上榜数量达到124家，第一次超过美国（121家），加上中国台湾地区企业，中国共有133家公司上榜。从上榜中国企业的所有制结构来看，大型企业中国有及国有控股企业在数量和规模上仍然占据绝对优势，国强民弱的基本格局没有改变。

民企上市公司：截至2020年三季度末，共有4 040家上市公司，其中民营企业有2 446家，占比高达60.5%。上市公司中民营企业的数量占比正呈现逐年升高的趋势，2020年也是首次上市公司民营企业占比超过60%的年度。公众企业、国有企业和集体企业的净利润均值的同比增速均出现下滑，民营企业和外资企业由于2019年下滑较为明显，因此2020年三季报净利润数据相比于2019年同期有所增长。

领先发展民企：新冠疫情冲击全球，尽管中国的疫情控制非常高效，但外需的下降和国内疫情初期几个月的“停摆”对很多民营企业特别是中小企业带来重大冲击。叠加中国经济的结构调整、转型升级，传统行业的民营企业步履维艰。但经济转型的方向依然充满活力，如势头正猛丝毫未受影响的造车新势力，受益于线下活动停滞的线上服务领域等。

民企收购兼并：2020年中国的并购活动交易金额增长了30%，达到7 338亿美元，是自2016年以来最高水平，主要得益于国企和政府资金强有力的投资支持，并购交易数量比2019年增加了11%，跨境交易量有所减少，私募股权基金活跃度大幅上升。

民企富豪榜单：中国加入世贸组织以来，涌现了越来越多具有国际竞争实力的优秀民营企业，为社会创造了大量亿万富翁。“十三五”以来，我国企业家财富大幅度增长，上榜企业家人数增多，位居世界前列。2019年至2020年，经过出口困难、新冠疫情的重重考验，全球财富缩水，我国亿万富豪人数却不减反增，创历史新高。这反映出，在党中央国务院“去杠杆”的调整过后，民营企业向高质量发展的目标进一步迈进；也反映出中国民营企业强大的内生动力。

民企公益慈善：“十三五”以来，我国公益慈善事业取得了长足发展和进步。民营企业在慈善事业中发挥着主力作用，占据慈善捐助总额的大部分，越来越多的民营企业家的财富观念由谋私利转向谋社会福祉，责任意识和担当都有显著提高。数据显示，2019年，企业捐赠款物931.47亿元，同比增长4.56%，占捐赠总量的61.71%。

问题民营企业：“十三五”以来，民营经济取得迅猛进步的同时，民营企业违法犯罪态势日益严峻。背后的犯罪原因复杂，其中也包括刑事政策中存在的重公轻私、刑事立法存在的罪刑失衡、刑事司法存在的处遇不公等问题。鉴于此，治理民营企业犯罪需要以平等保护的刑事政策为指引、以立罪之后的立法原则为轨道、以审慎谦抑的司法态度为内核，将刑事合规融入，强化刑法的预防性保护。

目　录

导 言

双循环要发挥民营企业的重要作用

编者按：着眼我国发展阶段、环境、条件变化，习近平总书记提出，要推动形成以国内大循环为主体、国内国际双循环相互促进的新发展格局。近期的一系列重要讲话中，习近平总书记从不同角度作出了深刻阐释。第十届、第十一届全国政协副主席黄孟复在近期几次发言中谈了其学习体会，本文根据上述发言整理而成。

一、变与不变：中国发展的态势不会变

过去40多年来，我国取得了长足的发展，抓住了国家发展的机遇期。在全球化的热浪中，我们充分发挥了中国的比较优势。在全球化的过程中，我们拔得头筹，以这些年对世界增长贡献率30%的第一引擎，赢得了世界对中国发展的敬佩。近年来，特别是新冠肺炎疫情发生后，情况发生了变化，各国保护主义、工业回归、产业回归、限制贸易、限制投资、限制人员交流逐渐加深。我国可能面临改革开放以来最严峻的外部环境。

因此，在我们取得成绩的时候，还应该看到可能面临更大的挑战。我认为有一个问题需要我们思考：中国发展的机遇期是不是已经过去了？

最近这些年，“黑天鹅事件”满天飞，世界经历着飞速的变化，党中央对当前形势的分析和判断，认为现在面临的是百年未有之大变局，这个分析高屋建瓴，非常深刻，非常值得我们认真思考和学习。什么叫作百年未有之大变局？变什么？怎么变？向什么方向变？局势具有复杂性与不可预测性，目前尚未清楚。新冠疫情后面发展如何尚未可知，疫苗能不能彻底地解决问题？可不可能回到以前的状态？全球化面临着孤立主义、单边主义和贸易保护主义盛行的挑战，全球化还要不要搞？怎么搞？很多变化都是复杂的，甚至是不可预测的。

但无论怎么变，中国发展的态势不会变，中国共产党领导的中国特色社会主义市场经济道路不会变，中国要发展，要复兴，要强大，这是毋庸置疑的。因此，面对国际复杂形势，我们一定要保持我们的发展不动摇。

二、新发展阶段：创造我们的机遇期

其他的“变”都可以“变”，现在遇到最大的一个“变”：即以前中国发展有机遇期，都讲要抓住机遇期，现在有没有机遇期？我想过去的发展机遇期已经没有了，必须靠我们的努力创造新的机遇期，而不是以前有个机遇期我们去适应它就行了。现在我们要创造机遇期，因此要不断地创新，各方面都要创新，技术要创新，体制上也要创新。

创造机遇期，我认为有三点关键：

第一点是我们要坚持命运共同体理念。新冠疫情是全人类共同面临的问题，大家理应一起合作，但是现在有很多杂音。所以我觉得坚持人类命运共同体这个理念，是我们创造中国和平发展机遇期的一个重要举措。

第二个就是坚持“一带一路”理念，“一带一路”是实现全球化的有效途径。

第三点是我们要发展，必须把发展的主动权牢牢地掌握在自己手里。中央提出了双循环的发展新格局，以国内大循环为主，国内国际双循环相互促进，来应对国际上风云莫测的发展形势。双循环的出发点和落脚点，就是把中国的发展主动权掌握在自己手里，始终坚持自己的发展方向和目标。双循环的发展新格局如果在“十四五”时期形成，就是创造了中国发展新的机遇期。

三、立足双循环：把握发展的主动权

“双循环”理论的基础是什么？为什么别的国家提不出来，中国能提出呢？首先，我们是个大国，联合国公布的将近200项主要工业类别中，中国是最全的，这是世界上任何其他国家都没有的。要生产任何产品，在中国完全可以。中国是名副其实的世界工厂，在相当多的世界主要工业产品中，我们都是第一名。所以内循环是基础，加上对外开放形成的外循环，将两个循环不断做大做强，发展的主动权就提高了，这是中国发展双循环的第一个有利条件。

第二个有利条件呢？我们都知道，生产不是最终目的，生产要卖出去，消费掉。消费是中国的又一个优势，我们不仅能够生产出来，我们还能消费，实现真正循环。当前全世界各个国家都在忙着出口，中国不仅出口还在进口，举办了进口博览会。中国有14亿多人，这些年，中国的中产阶层有3亿多人，这一阶层消费能力非常强，所以中国具有强大的消费潜力。2020年实现全面小康和脱贫，就是为了进一步实现现代化的中国，富裕的中国，一个中产阶层居多的中国。我们要大力培养消费能力，如果我们把中产阶层培育的更多，从3亿人到8亿人再到10亿人，这个“双循环”就是非常有意义的。这牵扯到要提高大家的生活水平，使中国人都比较有钱，自己生产的大多数东西自己就可以消费，当然，这是一个比较长期的过程，牵扯到深化改革。

目前，我们还有很多短板，我们大循环的基础有了，现在缺的是补短板。我们要真正循环起来，短板在什么地方？各个地方都在找短板、补短板。短板补起来，我国庞大的经济体就会运行起来，中央经济工作会议、“十四五”规划很重要的一点就是补短板。

四、做大内循环：民营企业发挥重要作用

外循环不是以我们为主，我们可以去积极地融入世界，积极地引导世界经济的发展，包括对世界经济发展提供新的动力。但是外循环受国际经济影响非常大，如果把内循环做大，那么外循环的很多问题就会迎刃而解。国内循环现在有多大？现在我们国内GDP总量是100万亿元，到2049年新中国成立100周年时这个大循环的总量恐怕要达到300万亿元，从这个角度看我们现在的循环还是个小循环。

如果达到300万亿元的GDP总量，其构成是什么？我认为：300万亿元的构成实际上是以民营经济为主体，因为目前民营经济占GDP总量的60%以上，如果变成300万亿元的大循环，我认为还是以民营经济为主体。循环理念的要素首先是国有经济，国有经济起什么作用？我觉得国有经济起先锋和引导的关键作用，这就是我们体制上的力量。我们的民营经济起什么作用？起到一个重要主体和基础的作用，民营经济既是重要主体，又是基础，因此我们国内的大循环中民营经济仍有广阔的发展机遇。

我讲这些话的意思是什么？我们民营企业家要有信心，现在是我们最困难的时期，这个大变局的开始摸不清，什么都在变，往哪个方向变也不清楚，但是我们民营经济发展壮大的大趋势是不会变的。因此我们的民营企业一定要练好内功，找准方向，不要贪大求快，首先要把脚跟站稳，这样发展的前景是无限的。

希望民营企业按照国家的发展战略充分发挥自己的优势，在新发展

格局中起到重要主体和基础的作用，这是每一个民营企业家的责任。希望民营企业家们能够按照这个方向努力发展，同时把他们的一些困难、建议、要求向有关部门反映，思想上能够上下贯通。如果继续做到这一点，我相信民营企业在今后的五年或者十年能够发挥比之前更大的作用。

当前我国正在制定“十四五”规划，我认为，“十四五”规划的终极目标是通过5年的努力，能够把这个双循环的新发展格局完善好。中国的发展要掌握在我们自己手里，希望我们企业家能够按照中央提出的双循环发展格局，发挥积极作用。

虽然形势很复杂很多变，但我们有信心。中国提出命运共同体的理念，是造福于全人类，造福于各个国家，我们要实现的是共同发展。当前全球化虽受到了影响，只要大家共同努力，全球化还是符合绝大多数国家、绝大多数人民的共同利益的。如果双循环的格局形成，中国发展也可以带动世界的发展。

概 述

中国经济双循环 民营企业双主力

近年来，世界经济格局正在发生一系列空前重大变化。特别是在中美贸易摩擦和新冠肺炎疫情双重巨大影响下，中国的国内外经济环境出现新的空前重大变局。为此，国家提出了“国内大循环为主体、国内国际双循环相互促进”的新格局判断与新战略要求，以应对目前新形势、新变化、新矛盾、新挑战。

一、中国经济内外双循环格局与战略的提出

中共中央与国务院通过多次重要会议，提出并明确了经济双循环格局与战略的深刻内涵与丰富内容。

2020年5月14日，中共中央政治局常委会会议首次提出“深化供给侧结构性改革，充分发挥我国超大规模市场优势和内需潜力，构建国内国际双循环相互促进的新发展格局”，之后“新发展格局”在多次重要会议中被提及。

2020年5月下旬召开的人大、政协“两会”期间，习近平总书记强调，要“逐步形成以国内大循环为主体、国内国际双循环相互促进的新发展格局”。

2020年8月24日，习近平总书记在经济社会领域专家座谈会上说：“要推动形成以国内大循环为主体、国内国际双循环相互促进的新发展

格局。这个新发展格局是根据我国发展阶段、环境、条件变化提出来的，是重塑我国国际合作和竞争新优势的战略抉择。”

2020年10月26日召开的中共十九届五中全会，通过了《中共中央关于制定国民经济和社会发展第十四个五年规划和二〇三五年远景目标的建议》，明确提出要“加快构建以国内大循环为主体、国内国际双循环相互促进的新发展格局”，要“形成强大国内市场，构建新发展格局。坚持扩大内需这个战略基点，加快培育完整内需体系，把实施扩大内需战略同深化供给侧结构性改革有机结合起来，以创新驱动、高质量供给引领和创造新需求。要畅通国内大循环，促进国内国际双循环，全面促进消费，拓展投资空间”。

2020年12月，中央经济工作会议提出：要畅通国民经济循环，加快建设，统一开放、竞争有序的现代市场体系，提高金融体系服务实体经济能力，形成国内市场和生产主体、经济增长和就业扩大、金融和实体经济良性循环。

二、什么是经济循环和经济内外双循环

什么是经济循环？从经济学的基本意义和基本常识上讲，经济循环是指：一个国家的各类市场主体（包括各类企业法人、事业法人和个人），以其掌握的各类生产要素，通过生产经营服务活动，既产生供给，又产生需要；如同千百万的各类市场主体，我的生产经营服务供给满足你的生产经营服务需求，你的生产经营服务供给满足我的生产经营服务需求；千百万的各类市场主体，以各自的供给与需求，相互需要、相互供给、相互服务、相互依存、相互促进，形成你中有我、我中有你的循环往复的物资流、商品流、服务流、资金流、信息流、人员流。这种循环流形成大大小小的产业链和区域链、无数的产品服务供应链和需求链，这无数的循环流、循环链在空间上覆盖广大国域、在时间上延续

年年月月。

这种由各类市场主体的生产经营服务供给与需求而产生与形成的经济循环，若在一国内市场中发生，就是国内经济循环；若在国家间市场发生，就是国际经济循环；若在世界市场发生，就是全球经济循环。一个国家的国内经济循环与国家间经济循环相互结合，就是国内经济与国际经济双循环；与世界经济循环相互结合，就是国内经济与世界经济双循环。

三、主要经济大国“以内为主、内外双循环”经济格局的特点

人类自从有国家组织以来，先是相邻空间地域的国家（地区）与国家（地区）之间，后是更广阔空间地域的国家（地区）与国家（地区）之间，发生着并一直存在着大大小小的经济政治文化外交联系。任何一个国家都不可能完全与他国毫无交往、自我完全封闭。人类进入资本主义时代后，资本进一步推开了各个国家的大门，各个国家的经济政治文化外交联系更加广泛、频繁、紧密和深入。人类进入现代工业经济、进入科技信息经济时代后，各国间的经济政治文化外交联系空前加强，各国的经济循环相互作用、相互依存、相互促进，形成国与国之间的国际经济大循环，进一步形成世界经济的超级大循环，经济全球化由此而产生、而发展。

在现代世界经济中，任何一个国家都不可能完全独立于世界而生存下去；一国的国内经济循环必然要与国际经济循环相互联系，形成国内国际经济双循环。因此，国内国际经济双循环是世界各国必然的、普遍的、长期的现象，毫无例外。

由于一国的生产要素、经济要素、文化要素、科技要素、军事要素、地缘要素的秉赋和实力的不同，其国内经济循环对国际经济循环的需求、联系和依赖的程度就有所不同。总体看，大多数国家都是国内经济循环为主、国内国际双循环并存。只有少数国家和地区是国际经济循

环为主、国内国际经济双循环并存。同时，国家经济越开放，国内经济循环对国际经济循环的需求、联系和依赖的程度就越大，就越需要国际市场与世界市场；反之，对国际市场与世界市场的需要就相对较小。

一个国家，无论其经济（人口、土地）体量大小，若是主动或被动自我封闭，必然使国内经济循环成为绝对主体，但也不可能毫无国际经济循环；若是实行对外开放，其国内经济循环对国际经济循环的需要就会日益扩大，甚至在一段时间内是以国际经济循环为主体，或以国际经济循环为主要导向。

在当今世界，主要经济大国，如G20各国，都是实行经济对外开放的国家。由于主要经济大国的经济政治历史演变的不同，由于其对外开放的早迟、深度与广度的不同，其国内国际经济双循环相互联系与依存的广度与深度也就不同。有的国家的广度与深度都很大，有的国家则相对较小；有的国家在一定时期的广度深度很大，在另一时期则相对变小。

如何判断一国经济是以国内经济循环为主、还是以国际经济循环为主、国内国际经济循环的相互依存程度，人们往往用一国（地区）经济的对外依存度指标来衡量。一国经济对外依存度指标有很多，并无一个公认的统一的标准。但最主要的常用指标是：外贸总额和出口总额相当于GDP的比重，国内投资中的外商投资的比重。当然，还有资源的对外依存度、技术的对外依存度、人力资源的对外依存度、资本流动的对外依存度、货币的对外依存度，等等。一般说来，一国（地区）的外贸总额相当于GDP的比重超过50%及以上、出口总额相当于GDP的30%及以上，一国投资中的外商投资占30%及以上，就称该国为外向型经济国家。外向型经济国家，是国内经济循环对国际经济循环依存度很大的国家，但并不一定是以国际经济循环为主的国家。严格意义的以国际经济循环为主的国家，是指那些直接涉外经济企业直接创造的GDP占全国GDP的50%以上的国家。这样的国家和地区极少，国家有新加坡、部分太平洋免税岛国等，地区有中国香港、中国澳门等。

世界的主要经济大国，如G20各国，虽然基本都是面向全球的开放型经济国家，如果将这些国家的GDP、外贸总额、出口总额、投资总额、外商投资总额、外商投资企业创造的GDP总额等相关数据进行比较，可以肯定，他们毫无例外都是国内经济循环为主、国内国际经济双循环并存的国家。当然，G20各国，由于其经济的对外开放时间不同、开放程度不同、经济体量实力不同，其国内经济循环为主的程度就不同，对国际经济循环的依存度也不同，其国内国际经济双循环的格局面貌也就不同。

四、中国“以内为主、内外双循环”经济格局的演变

1949年中华人民共和国成立后，时间跨越71年，中国经济经历了从小开放（对苏联、东欧各国），到基本自我封闭，再到逐步主要对西方扩大开放，再到对全世界对外开放的不同发展阶段。与此相对应，中国经济从以国内循环为绝对主体、国际循环为补充的格局，发展成为以国内循环为主、国内国际双循环相互大促大进的宏大格局。

以下图表数据，反映了1978年改革开放以来，中国经济国内国际双循环的相互关系。

从对外贸易相当于GDP的比重看。1978年，货物进出口总额相当于GDP的9.65%，货物出口总额相当于GDP的4.6%，贸易顺差相当于GDP的5.1%；2000年，进出口总额、出口总额和顺差分别相当于GDP的39.2%、20.6%和2.0%；2010年，三项指标分别为48.9%、26.0%和3.0%；2020年分别为31.65%、17.65%和3.7%。这反映，中国的外贸依存度（主要以进出口总额相当于GDP的比重为例）由改革开放初的10%以下，发展到2005年的最高超过60%，2010年降为50%以下，2019年进一步降低为30%多一点（见表1）。这些指标反映，随着对外开放的扩大，中国经济从20世纪的90年代开始成为出口导向型经济，新世纪前五年出口导向型经济达到最

高程度，随后出口导向型经济特点逐步减弱，现在的数据只相当于20世纪90年代水平。

需要指出的是，中国货物进出口总额相当于GDP比重下降，只能说明是中国经济内循环对外循环的依存度有所下降，不能将其判断为中国经济与世界经济联系紧密程度下降了。情况恰恰相反，由于中国经济规模快速扩大，中国外贸总额也快速扩大，中国已经成为世界第一货物贸易大国和第二货物出口大国，中国已经成为世界经济特别是世界贸易的主要火车头，中国与世界经济的联系程度远远超过20世纪的90年代。2020年，中国出口占世界出口的比重达到了14%以上，超过美国历史上的最高时期。过去是世界需要中国，但中国更需要世界；现在是世界更需要中国，中国仍然很需要世界（见表1）。

表1　中国经济国际循环（对外依存度）之外贸数据

年份	GDP（亿元）	进出口总额（亿元）	出口总额（亿元）	贸易顺差（亿元）	进出口占比（%）	出口占比（%）	顺差占比（%）
1978	3 679	355	167.6	187.4	9.65	4.6	5.1
1985	9 098.9	2 066.7	808.9	488.9	22.7	8.9	5.4
1990	18 872.9	5 560.1	2 985.8	411.5	29.5	15.8	2.2
1995	61 339.9	23 499.9	12 451.8	1 403.7	38.3	20.3	2.3
2000	100 280.1	39 273.25	20 634.4	1 995.6	39.2	20.6	2.0
2005	187 318.9	116 921.8	62 648.1	8 374.4	62.4	33.4	4.5
2010	412 119.3	201 722.3	107 022.8	12 323.3	48.9	26.0	3.0
2012	538 580	244 160.2	129 359.3	14 558.3	45.3	24.0	2.7
2015	688 858.2	245 502.9	141 166.8	36 830.7	35.6	20.5	5.3
2016	746 395.1	243 386.5	138 419.3	33 452.1	32.6	18.5	4.5
2017	832 035.9	278 099.2	153 309.4	28 519.6	33.4	18.4	3.4
2018	919 281.1	305 010.1	164 128.8	23 247.5	33.2	17.9	2.5
2019	990 865.1	315 504.8	172 342.3	29 180.0	31.8	17.4	2.9
2020	1 016 000.1	321 557	179 326	37 095	31.65	17.65	3.7

注：数据取自国家统计局等部门，比例数为本文作者计算。

从外商投资占全国投资的比重看。1985年，外商投资占全国投资的5.5%，1990年占10.9%，1995年占20.1%，2000年下降为14.9%，2005年进一步下降为5.9%，与20年前的1985年差不多，2010年仅为2.6%，2012年后均在2%以下（见表2）。这反映，中国国内投资对外资的依存度，也经历了从低到高、从高到低的过程。当然，同样需要指出的是，中国扩大开放，吸引了大量外商投资，对中国的经济发展、技术进步、管理进步发挥了重大推动作用。近十多年来，外商投资规模仍在增长，但增幅日益下降，占国内投资的比重日益下降，这并不是外商不想投资中国，而是中国自己的投资增长太快，外商投资增长赶不上中国整体投资增长的步伐。当前，外商投资的存量与增量的比重在下降，外商投资企业的资产总额与营收总额在中国经济中的比重也下降，但外商企业对中国经济的发展仍然发挥着重大作用，特别是在一些产业、产品和新技术上，仍然在中国经济中扮演领军角色。中国仍然长期需要外商更大地投资中国。近两年国家制定了一系列新的吸引外商的政策文件，旨在更广、更大、更深地扩大对外开放，吸引外商投资（见表2）。

表2　中国经济国际循环（对外依存度）之外商投资数据

年份	全国投资（亿元）	外商投资（亿美元）	外商投资（亿元）	占比（%）	对外投资（亿美元）	对外投资（亿元）	占比（%）	汇率
1978	—	—	—	—	—	—	—	—
1985	2 543.2	47.6	139.8	5.5	—	—	—	293.7
1990	4 517.0	102.9	492.2	10.9	—	—	—	478.3
1995	20 019.3	481.3	4 019.3	20.1	—	—	—	835.1
2000	32 918.0	593.6	4 913.8	14.9	—	—	—	827.8
2005	88 773.6	638.1	5 227.3	5.9	122.6	1 004.3	1.1	819.2
2010	278 122	1 088.2	7 367.1	2.6	688.1	4 658.4	1.7	677.0
2012	374 695	1 132.9	7 152.0	1.9	1 231.2	7 772.6	2.1	631.3
2015	561 999.8	1 262.7	7 864.1	1.4	1 456.7	9 072.3	1.6	622.8
2016	606 466	1 260.0	8 368.9	1.4	1 961.5	13 028.3	2.1	664.2

续表

年份	全国投资（亿元）	外商投资（亿美元）	外商投资（亿元）	占比（%）	对外投资（亿美元）	对外投资（亿元）	占比（%）	汇率
2017	641 238	1 310.4	8 847.8	1.4	1 582.9	10 687.7	1.7	675.2
2018	645 675	1 349.7	8 931.0	1.4	1 430.4	9 465.0	1.5	661.7
2019	560 874	1 381.4	9 530.3	1.7	1 369.1	9 445.4	1.7	689.9
2020	518 907	1 630.0	9 999.8	1.9	1 329.4	—	—	690.0

注：数据取自国家统计局等部门。外商投资及对外投资均按当年美元换为人民币计算，2020年外商投资与对外投资为公布数据。

从中国海外投资看。进入新世纪之后，中国开始实施企业“走出去”战略，中国对外投资不断扩大。海外投资的规模与增速也是衡量中国参与国际经济循环的一个重要指标。在近十年中的多数年份，中国海外投资规模超过了外商对中国的投资规模。最高时的2016年海外投资规模达到1 961.5亿美元，比当年外商投资中国1 260亿美元还多700亿美元。2019年，中国海外投资存量已达2.2万亿美元，2020年达到2.3万亿美元，中国已经成为世界第三大海外投资国（见表3，2020年数据出自商务部2021年2月3日发布的最新数据）。海外投资规模与增速，是一个国家企业对世界经济影响的重要体现，是一个国家更深地参与国际经济循环的重要体现（见表3）。

表3　中国建立对外直接投资统计制度以来各年份的统计结果

年份	流量			存量	
	金额（亿美元）	全球位次	同比（%）	金额（亿美元）	全球位次
2002	27.0	26	—	299.0	25
2003	28.5	21	5.6	332.0	25
2004	55.0	20	93.0	448.0	27
2005	122.6	17	122.9	572.0	24
2006	211.6	13	43.8	906.3	23
2007	265.1	17	25.3	1 179.1	22
2008	559.1	12	110.9	1 839.7	18

续表

年份	流量			存量	
	金额（亿美元）	全球位次	同比（%）	金额（亿美元）	全球位次
2009	565.3	5	1.1	2 457.5	16
2010	688.1	5	21.7	3 172.1	17
2011	746.5	6	8.5	4 247.8	13
2012	878.0	3	17.6	5 319.4	13
2013	1 078.4	3	22.8	6 604.8	11
2014	1 231.2	3	14.2	8 826.4	8
2015	1 456.7	2	18.3	10 978.6	8
2016	1 961.5	2	34.7	13 573.9	6
2017	1 582.9	3	−19.3	18 090.4	2
2018	1 430.4	2	−9.6	19 822.7	3
2019	1 369.1	2	−4.3	21 988.8	3

注：数据取自商务部。2002—2005年数据为中国对外非金融类直接投资数据，2006—2019年数据为对外全行业直接投资数据。2006年同比为对外非金融类直接投资比值。

以上对多项数据的分析，可以简要地概括为几个基本判断：

其一，改革开放四十多年来，中国需要世界，世界需要中国；中国经济的发展格局，呈现出的是以国内经济循环为主、国内国际经济双循环并存且相互促进的格局。

其二，改革开放的前二十五年左右，世界需要中国，中国更需要世界；中国经济的发展格局，从以国内经济循环为绝对主体、国际经济循环为辅助的格局，逐步发展成为国内循环仍为主体、国际循环成为重要支撑的格局，其重要标志是中国经济的对外贸易依存度达到60%左右。

其三，改革开放的新近十多年，世界更需要中国，中国仍然很需要世界；中国经济的发展格局，从以国内循环为主体、国际经济循环成为重要支撑的格局，进一步演变成为国内经济循环为更大主体、国内国际经济双循环相互大促大进的格局；其主要标志是，中国经济已经深深地融入世界经济，已经成为世界第二大经济体，成为世界第一大贸易国、第二大出口国，成为世界经济发展的重要火车头。

其四，改革开放的未来三十年，中国和世界进入新的发展时期，中国经济体量可能再增近二倍，世界经济体量可能再增一倍以上；中国与世界、世界与中国的相互需要、相互依存、相互促进，将朝更高阶段、更深层次、更广程度、更紧密度方向发展；中国经济仍以国内循环为主，国内国际双循环并存并行，相互间更加融合、更加支撑、更加促进；中国成为世界第一大经济体，成为引领世界发展方向的更重要主力，世界经济体系向更高阶段发展，全球经济全面进入现代经济时代。

五、新时期中国经济“以内为主、内外双循环”格局的新特点

如前所述，世界主要经济大国的经济态势一直是“以内为主、内外双循环”格局，中国也不例外。但是，当前中国经济的“以内为主、内外双循环”格局，由于其所处的内外环境与过去有了一系列重大变化，就有了许多重大新特点。因此，也可以说是新的“以内为主、内外双循环”格局。其主要表现为以下三个新变化。

其一，国际经济环境有新变化。重点提出三点变化，当然还有其他重要变化。一是国际金融危机影响。自2008年国际金融危机后，世界各国，主要是西方国家普遍推行更大的自我保护政策，由此导致全球经济增速下降、全球贸易增速下降和跨国投资增速下降，这对中国的对外经济关系产生了重大影响，中国对外贸易增速也呈下降趋势。二是中美贸易摩擦影响。美国从2017年开始逐步展开对中国贸易关税战，2018年、2019年逐步达到高潮，严重影响了中美贸易关系，也影响了中国与西方各国的贸易关系，由此导致中国外贸、外资及海外投资增速比往年更快下降。三是新冠肺炎疫情影响。这首先严重冲击中国，随后严重冲击世界各国，特别是西方各国，至今疫情世界影响的高峰时期尚未过去。这

对中国和全球经济贸易投资活动的冲击之巨大，为历史少有。国际经济环境的重大变化，必然推动中国经济更加注重内循环发展。

其二，国内经济环境有新变化。重点提出三个变化，当然还有其他重要变化。一是中国经济增速重大变化。近十年来，由高速增长转变为中速增长。“十二五”期间，中国经济增速为8%左右，“十三五”期间为6%左右，中国投资、货物外贸、对外投资、外商投资等也出现同向变化。二是中国经济内部结构重大变化。近十年来，尤其是近五年来，中国一、二、三产业结构发生重大变化，主要是第三产业增速与占比明显上升。第三产业对经济增长的贡献率，2010年为39%，2015年为53%，2020年为60%以上；第三产业占全国经济的比重，2010年为44.2%，2015年为50.5%，2020年为54.5%。第三产业增速、比重和贡献的上升，是中国经济向更加以内为主态势转变的根本因素与标志。在二、三产业内部，其结构的变化更加广泛与深刻。三是新冠肺炎疫情影响。2020年中国经济增速下降为只增长2.3%，根本原因就是疫情对国内经济与对外经济的严重冲击。但是，去年中国经济仍能保持正增长，也是在世界独树一帜，是唯一保持正增长的经济大国。国内经济环境的这些重大变化，必然推动中国更加注重解决国内经济问题。

其三，国家经济战略有新变化。党的十八大以来，随着国内国际经济环境的变化，中国进入新的发展时期，国家的经济发展战略的重点和实施的侧重点，也随之做出新的调整。总体是通过深化改革扩大开放，坚持新发展理念，在保持必要的经济增长速度的同时，更加注重经济结构调整与经济质量提高。在中共十九届五中全会上，中共中央提出了新发展格局与新发展战略的新思想：“坚定不移贯彻创新、协调、绿色、开放、共享的新发展理念，坚持稳中求进工作总基调，以推动高质量发展为主题，以深化供给侧结构性改革为主线，以改革创新为根本动力，以满足人民日益增长的美好生活需要为根本目的，统筹发展和安全，加快建设现代化经济体系，加快构建以国内大循环为主体、国内国际双循环相互促进的新发展格局，推进国家治理体系和治理能力现代化，实现经济行稳致远、社会安定和谐”。“坚持和完善中国特色社会主义制度，不断提高贯彻新发展理念、构建新发展格局能力和水平”。“构建以国内大循环为主体、国内国际双循环相互促进的新发展格局”。这正是中共中央应对近年来国际国内经济形势重大变化的新判断、新战略、新措施。

六、民营企业是中国经济内外双循环的内外双重主力

中国经济四十多年的快速发展，是当今世界经济的最大经济奇迹；而这最大奇迹中的最主要奇迹，是中国民营经济更加快速的发展。四十多年来，民营经济由小变大、由弱变强、由小补充变大主力。民营经济是四十多年来整体中国经济快速发展的最大动力源、最大主力军、最大贡献者。民营企业在中国经济双循环中的地位与作用，也是如此。

2018年11月1日，习近平总书记在其主持召开的民营企业座谈会上明确指出：“概括起来说，民营经济具有‘五六七八九’的特征，即贡献了50%以上的税收，60%以上的国内生产总值，70%以上的技术创新成果，80%以上的城镇劳动就业，90%以上的企业数量。”

如果进一步分析更细的数据，民营企业在中国经济发展中的重要主体地位作用更加突出：民营企业以占用不到30%的科技资源、不到40%的金融资源，创造了全国50%以上的税收和出口总额、60%以上的投资和GDP、70%以上的科技创新和新产品、80%以上的城镇就业、90%以上的企业市场主体，创造了全国100%以上的城镇新增就业、100%以上的税收增量和100%以上的贸易顺差！

以下我们用十组经济数据与事实来看中国经济内外双循环，民营企业内外双主力。

一看市场主体。民营企业法人单位数已经占全国企业法人单位数的

90%以上（以下各项数据见表4），是中国市场主体数量上的绝对主体。2012年，中国企业法人单位为828.7万个，民营企业法人单位为655.2万个，占比为79.1；2015年，全国企业法人1 259.3万个，民营企业法人1 067.8万个，占比为84.8%；2019年，全国企业法人2 109.1万个，民营企业法人单位1 981.2万个，占全国的93.9%。

二看从业人员。民营经济从业人员已经占全国城镇从业人员存量的80%以上，增量的100%以上，是中国城镇劳动就业的绝对主体。2012—2019年，全国城镇就业年均增长2.5%，其中私营企业就业年均增长9.8%，个体就业年均增长11%，国有单位就业年均下降3.1%。

三看民间投资。民间投资已经占全国投资的60%以上，是中国投资的最大主力。2012—2018年，民间投资都占全国投资的60%以上，2019年和2020年份额有所下降，仍占近60%。

四看工业经济。规模以上私营企业工业营收占全国规模以上工业企业营收的1/3，加上股份公司中的私营控股公司，民营企业营收占规模以上工业企业的40%以上，再加上规模以下工业企业中的民营企业，民营企业营收占全国工业企业营收的50%以上。

五看对外贸易。民营企业占全国进出口总额的45%以上，占出口总额的50%以上，占贸易顺差的100%以上，是中国外贸的第一大主力。从2015年以来，民营企业占全国进出口的40%左右，2020年占47%；占全国出口的近50%，2020年占56%；占全国贸易顺差的100%以上，2020年占150%以上。

六看对外投资。民营企业海外投资已经占全国海外投资的50%左右。2019年，中国对外非金融类投资流量中，非公有经济控股的境内投资者对外投资588.7亿美元，同比下降22.2%，占50.3%；公有经济控股对外投资580.9亿美元，同比增长27%，占49.7%。

七看国家税收。民营企业税收已经占全国税收总额的近60%，占税收增量的100%以上。据国家税务局资料，2015年以来，民营企业税收占全国税收的比重均超过50%，占全国税收增量的100%以上且比重年年都在提高。2020年全国税收总额166 000亿元，同比下降3.5%；其中国有及国有控股企业税收总额40 328亿元，下降5.4%，占全国的24.3%；港澳台和外商投资企业税收总额为26 626亿元，占全国的16%；其余为民营企业税收9.9万亿元，占全国的59.6%，占全国税收增量的200%以上。

八看科技创新。据国家统计局数据，2019年，规模以上工业企业研发人员全时当量为315.1万（人年），其中私营企业（不包括股份制企业中的私营控股企业和其他民营企业）120.24万（人年），占全国的38.2%；研发经费投入，全国为13 971亿元，其中私营企业为4 517亿元，占32.3%；专利申请数，全国为106万件，私营企业为44.7万件，占42.2%；有效发明专利数，全国为121.8万件，私营企业为39.2万件，占32.1%。2019年，规模以上工业新产品开发支出，全国为16 986亿元，其中私营企业为5 390亿元，占32%；新产品销售收入，全国为212 060亿元，私营企业为63 980亿元，占30%；新产品出口额，全国为39 269亿元，私营企业为9 337亿元，占23.8%。如果加上股份公司中的私营控股企业和其他民营企业，全部民营企业的上述各项数据指标将比私营企业增加一倍以上。

九看企业效益。根据第四次全国经济普查数据，2018年规模以上工业企业，资产营收率（营收/资产）：全国为91.7%，国有控股、私营、外资企业分别为63.7%、130.5%、108.1%，私营企业是国有控股企业的2倍多。另据统计，2018年全国非金融类国有及国有控股企业的资产营收率为32.9%，中国企业500强中的国有企业（包括金融企业）为21.2%，中国企业500强中的民营企业（包括金融企业）为58.6%，全国民营500强为86.8%。资产利润率（利润/资产）：全国为6.2%，国有控股、私营、外资企业分别为4.2%、8.3%、7.7%。私营企业是国有控股企业的近2倍。另据统计，2018年净资产利润率，全国非金融类国有及国有控股企业为1.9%；中国企业500强中的国有企业（包括金融企业）的净资产利润率为0.9%，民营企业（包括金融企业）净资产利润率为2.7%；中国民营企业500强的净资产利润率为4.02%。营收利润率（利润/营收）：全国为6.8%，国有控股、私营、外资企业分别为6.6%、6.3%、7.2%。三类企业相差不太大。另外，2018年世界500强中的中国国企营收利润率为4.7%，中国民企为7.1%。

十看企业500强。民营企业500强是民企实力的主要代表。2012年、2015年和2019年，中国民营企业500强的年销售收入的进入门槛分别为77.7亿元、101.8亿元和202亿元；同期民企进入中国企业500强的数量分别为190家、205家和235家；同期民营企业500强年销售收入进入门槛相当于中国企业500强进入门槛的37.5%、41.8%和56.2%，差距逐步缩小；另外，2019年进入世界500强的中国民企有28家，如中国平安保险、华为投资控股、太平洋建设集团、正威国际集团、京东集团等。

表4　民营企业中国经济内外双循环中的地位作用数据

	2012年	2015年	2016年	2017年	2018年	2019年	2020年
企业法人（个）	8 286 654	12 593 254	14 618 448	18 097 682	18 568 617	21 091 270	—
民企法人（个）	6 552 049	10 677 612	12 537 206	16 204 143	17 379 291	19 811 755	—
占比（%）	79.1	84.8	85.8	89.5	93.6	93.9	—
城镇就业（万人）	37 102	40 410	41 428	42 462	43 419	44 247	—
个私就业（万人）	13 200	18 980	20 710	22 675	24 392	26 259	—
占比（%）	35.6	47	50	53.4	56.1	59.3	—
全国投资（亿元）	374 695	561 999.8	606 466	641 238	645 675	560 874	518 907
民间投资（亿元）	223 982	354 007	365 219	381 510	394 051	311 159	289 264
占比（%）	61.4	64.2	61.2	60.4	62	56.4	55.7
工业营收（亿元）	929 292	1 109 853	1 158 999	1 133 161	1 057 327	1 067 397	1 061 434
私企营收（亿元）	285 622	386 395	410 188	381 034	343 843	361 133	380 001
占比（%）	30.7	34.8	35.4	33.6	32.5	33.8	35.9
外贸总额（亿元）	244 160.2	245 502.9	243 386.5	278 099.2	305 010.1	315 504.8	321 557
民企外贸（亿元）	—	91 322	94 361	107 777	122 490	136 599	151 050

续表

	2012	2015	2016	2017	2018	2019	2020
占比（%）	—	37.2	38.8	38.8	40.2	43.3	47.0
全国出口（亿元）	129 359.3	141 166.8	138 419.3	153 309.4	164 128.8	172 342.3	179 326
民企出口（亿元）	—	64 038	64 116	71 192	79 049	89 514	100 416
占比（%）	—	45.4	46.3	46.4	48.2	51.9	56.0
外贸顺差（亿元）	14 558.3	36 830.7	33 452.1	28 519.6	23 247.5	29 180	37 095.8
民企顺差（亿元）	—	—	33 831	34 614	37 595	42 435	49 781.0
占比（%）	—	—	101.1	121.4	161.7	145.4	134.2
对外投资（流量）（亿元）	1 231.2	1 456.7	1 961.5	1 582.9	1 430.4	1 369.1	—
对外投资（存量）（亿元）	5 319.4	9 382.0	11 800.5	16 062.5	17 643.7	19 443.5	—
民企外投（存量）（亿元）	2 063.9	4 475.3	4 566.8	6 762.3	7 674.9	8 321.8	—
占比（%）	38.8%	47.7%	38.7%	42.1%	43.5%	42.8%	—
全国税收（亿元）	110 740	136 022	140 499	155 735	169 957	172 102	165 999.7
民企税收（亿元）	54 990	68 073	72 362	82 062	96 466	100 868	98 935.8
占比（%）	49.7	50.0	51.5	52.6	56.8	58.9	59.6
工业资产利润率（%）	8.1	6.5	6.6	6.7	6.2	5.5	5.3
工业私企（%）	13.2	10.6	10.6	9.5	8.3	7.3	6.9
工业营收利润率（%）	6.7	6	6.2	6.6	6.8	6.2	6.08
工业私企（%）	7.1	6.3	6.2	6	6.3	5.7	5.33
工业人均营收（亿元）	97.13	106.08	110.96	113.54	126.5	146.38	145
工业私企（亿元）	91.51	101.8	106.17	111.55	103.6	111.28	121

注：1. 民企为除国有及国有控股企业、外商和港澳台商投资企业之外的所有企业；2. 私营为自然人控股的私营企业；3. 所有比例数均本文作者计算；4. 对外投资单位为亿美元。

七、彻底改变思想观念、充分发挥双循环中民营企业主力作用

中国经济的未来长期态势是，以国内经济循环为主、国内国际经济循环相互融合、大促大进，民营企业将继续担当国内经济与国际经济循环的双重主力。但是，长期以来，一直存在着一系列阻碍民营经济长期稳定健康发展的种种外部障碍。障碍的产生，既有政策法规制度方面的原因，也有行政执法与司法执行方面的原因。而在这些原因背后的更加根本、更深层次的原因，是受传统所有制观念与计划经济观念长期深深影响，至今仍然严重存在的思想理论观念严重偏差与偏颇。因此，必须彻底改变自上而下、自下而上、广泛存在的对民营经济性质、功能、地位、作用认识的长期偏见认识与错误思想观念。

一要充分认识，民营经济是中国经济制度的内在要素，是中国经济的重要主体。

要认真地领会习近平总书记2018年11月1日讲话的深刻内含：“民营经济是我国经济制度的内在要素，民营企业和民营企业家是我们自己人”，“民营经济具有“五六七八九”的特征，即贡献了50%以上的税收，60%以上的国内生产总值，70%以上的技术创新成果，80%以上的城镇劳动就业，90%以上的企业数量”，“民营经济是社会主义市场经济发展的重要成果，是推动社会主义市场经济发展的重要力量，是推进供给侧结构性改革、推动高质量发展、建设现代化经济体系的重要主体，也是我们党长期执政、团结带领全国人民实现‘两个一百年’奋斗目标和中华民族伟大复兴中国梦的重要力量。”

我们要清楚地看到，中国几千万个体工商户，一千多万私营企业主，几千万自由职业者，由上亿创业者组成的民营经济，是真正的百姓经济。企业自己办，资金自己找，经营自己管，技术自己学，市场自己

寻，盈亏自己负，责任自己担，苦甜自己尝。

二要充分认识，当今中国的公有与私有企业，全民、集体、私人企业，其内涵与外延与过去相比已经发生了根本变化。

首先，传统国有经济已经变为新型国有经济。我国国有企业已进行公司化改革，特别是近年来的混合所有制改革，加之推行以管资本为主的国有资产管理方式改革，大多数国有企业的股权已多元化、社会化，成为国有控股的、外资与民营资本参与的混合经济企业。许多央企与地方国有大型企业，有的已经成为国有资本的运营平台，有的已经成为上市公司，其股份的社会化、公众化程度日益提高。若从大型国有控股企业看，由于推行公司制、混合经济改革及上市，其非国有资本比例明显高于平均水平。因此，今日的国有企业、国有经济，已经与传统的国有企业、国有经济在内涵与外延上都发生了巨大变化，它已经是新型的国有企业、新型的国有经济。

其次，传统集体经济已经变为新型的集体经济。农村集体经济实行土地承包制和私人家庭经营，农村集体企业多数已改为股份合作制和私营企业；城镇集体企业已改为股权多元化的公司、股份合作制，多数已经改为私营企业。因此，我国集体经济内涵和形式已经与过去发生根本变化。

再次，一千多万家私营经济中的几万家大型企业已经变为混合制企业与社会企业。相当部分大型私营企业已变成股权多元化、社会化的公司，不少公司的个人与家族持股比重已经低于30%，有的在20%、10%以下，普遍实行产权股权与经营权分离，已经与传统私营企业有重大区别。这些企业的产权股权及管理人员的社会化程度已超过一般集体企业和多数地方国有企业，很难再简单地将这部分企业称之为私营企业或非公经济，它已成为一种社会企业，是一种“准公有”企业。因此，我国传统意义上的私营企业，其中的部分大型企业的内涵、外延与表现形式，已经与传统私营企业有重大甚至根本的区别。

最后，出现新兴的非国家、非集体、也非个人的民营经济。目前经济中大量存在的由社会团体、中介组织、基金公司等建立的经济组织，产权股权是多元的、公众的、社会的，管理经营是独立的、自主的。它具有公有性质，其公有、公众程度超过集体经济，也远超市级以下国有经济；它也具有私有性质，经营目的是为个人服务、为社会团体服务。这类企业的主要经济属性是社会所有制或公众所有制，是一种新兴的公有经济。

因此，当今的全民、集体、私人所有企业，与过去传统的三种所有制相比，其内涵与外延已经发生了重大甚至是根本性变化。绝不能再用传统的公有私有划分观念来看待当今中国经济，必须树立全新的所有制经济观念。并且，各种所有制经济在相互关系上也已发生重大变化。除个体经济、以自然人控股的私营企业外，新型的国有经济、新型的集体合作经济、私营法人控股公司和外资企业，正在以各自的混合所有经济为纽带，形成你中有我、我中有你的相互交融、相互支持关系。

三要充分认识，未来中国的基本经济结构是国有经济为主导、混合经济为主干、民营经济为主体。

国有经济为主导，主要是指国家掌握最重要自然资源配置，国有控股企业在最重要战略行业领域与重要公共服务领域起龙头作用；混合经济为主干，主要是指各类混合经济企业公司，将成为中国大企业大公司中的主干力量；民营经济为主体，主要是指民营经济是中国微观经济的最大市场主体、最大企业群体。这三类企业只有功能不同，三者的关系也是相互混合、相互融合的关系。今后中国的所有制经济结构，一头是新型的国有经济、集体合作经济，中间是各类混合所有经济、社会公众经济，另一头是外资经济和私营个体经济，他们各自在相应的产业和产品领域、行业和服务领域，发挥作用、平等竞争、相互促进、共同发展。

一、民企政策环境

——支持措施频出，旺盛企业活力

（一）十八大以来重要政策

党的十八大以来，党中央国务院出台了一系列涉及民营企业、民营经济、非公有制经济、中小企业的重要决策，主要包括习近平总书记在民营企业座谈会和企业家座谈会的两次讲话，三次中央全会的决定，以及五份指导意见（见表1、表2、表3）。

十八届三中全会通过的《中共中央关于全面深化改革若干重大问题的决定》提出：改革国防科研生产管理和武器装备采购体制机制，引导优势民营企业进入军品科研生产和维修领域。

十九届四中全会通过的《中共中央关于坚持和完善中国特色社会主义制度推进国家治理体系和治理能力现代化若干重大问题的决定》提出：健全支持民营经济、外商投资企业发展的法治环境，完善构建亲清政商关系的政策体系，健全支持中小企业发展制度，促进非公有制经济健康发展和非公有制经济人士健康成长。营造各种所有制主体依法平等使用资源要素、公开公平公正参与竞争、同等受到法律保护的市场环境。

2020年7月21日，习近平总书记在企业家座谈会上的讲话指出，要保护和激发市场主体活力，打造市场化、法治化、国际化营商环境。要实施好《民法典》和相关法律法规，依法平等保护国有、民营、外资等各种所有制企业产权和自主经营权，完善各类市场主体公平竞争的法治环境。要依法保护企业家合法权益，加强产权和知识产权保护，形成长期稳定发展预期，鼓励创新、宽容失败，营造激励企业家干事创业的浓厚氛围。要推进简政放权，全面实施市场准入负面清单制度，支持企业更好地参与市场合作和竞争。

表1　十八大以来党中央国务院民营经济相关重要政策

时间	政策文件
2013年11月12日	中共中央关于全面深化改革若干重大问题的决定
2014年10月23日	中共中央关于全面推进依法治国若干重大问题的决定
2017年9月8日	中共中央 国务院关于营造企业家健康成长环境弘扬优秀企业家精神更好发挥企业家作用的意见
2018年11月1日	习近平在民营企业座谈会上的讲话
2019年4月7日	中办国办关于促进中小企业健康发展的指导意见
2019年10月31日	中共中央关于坚持和完善中国特色社会主义制度推进国家治理体系和治理能力现代化若干重大问题的决定
2019年12月4日	中共中央 国务院关于营造更好发展环境支持民营企业改革发展的意见
2020年3月30日	中共中央 国务院关于构建更加完善的要素市场化配置体制机制的意见
2020年5月11日	中共中央 国务院关于新时代加快完善社会主义市场经济体制的意见
2020年7月21日	习近平在企业家座谈会上的讲话

表2　全国人大法律中涉及民营经济相关法律

时间	政策文件
2016年11月7日	中华人民共和国电影产业促进法
2016年12月25日	中华人民共和国中医药法
2016年3月16日	中华人民共和国慈善法
2016年7月2日	中华人民共和国资产评估法
2018年12月29日	中华人民共和国耕地占用税法
2018年8月31日	中华人民共和国电子商务法
2019年8月26日	中华人民共和国资源税法

表3　最高法、最高检涉及民营经济相关文件

时间	政策文件
2016年3月12日	最高人民检察院关于充分发挥检察职能依法保障和促进非公有制经济健康发展的意见
2016年11月29日	最高人民法院关于依法妥善处理历史形成的产权案件工作实施意见
2016年11月29日	最高人民法院关于充分发挥审判职能作用切实加强产权司法保护的意见
2017年8月16日	最高人民法院关于为改善营商环境提供司法保障的若干意见
2019年1月27日	最高人民法院、全国工商联关于发挥商会调解优势 推进民营经济领域纠纷多元化解机制建设的意见

（二）2020年重要政策

2020年国家出台了一系列政策，继续深化改革，支持民营企业、民营经济、中小企业的发展。其中最受关注的是习近平总书记在企业家座谈会上的讲话、《中共中央关于制定国民经济和社会发展第十四个五年规划和二〇三五年远景目标的建议》以及《中共中央 国务院关于构建更加完善的要素市场化配置体制机制的意见》《中共中央 国务院关于新时代加快完善社会主义市场经济体制的意见》（见表4至表6）。

1. 十四五规划建议稿

2020年10月29日中国共产党第十九届中央委员会第五次全体会议通过了《中共中央关于制定国民经济和社会发展第十四个五年规划和二〇三五年远景目标的建议》。提出推进能源、铁路、电信、公用事业等行业竞争性环节市场化改革；优化民营经济发展环境，构建亲清政商关系，促进非公有制经济健康发展和非公有制经济人士健康成长，依法平等保护民营企业产权和企业家权益，破除制约民营企业发展的各种壁垒，完善促进中小微企业和个体工商户发展的法律环境和政策体系；弘扬企业家精神，加快建设世界一流企业。

2. 中央全面深化改革委员会会议

2020年，中央全面深化改革委员会先后召开了五次会议，审议通过了一系列政策文件（见表4）。此外，中央财经委员会在年内召开了三次会议，中共中央政治局召开了十次会议。

表4 2020年“深改委”会议民营经济相关内容

时间	会议	相关内容
2020年2月14日	第十二次	审议通过了《关于新时代加快完善社会主义市场经济体制的意见》《关于进一步推进服务业改革开放发展的指导意见》，加快完善社会主义市场经济体制，充分发挥市场在资源配置中的决定性作用；分类放宽服务业准入限制
2020年4月27日	第十三次	审议通过了《创业板改革并试点注册制总体实施方案》《党的十九届四中全会重要改革举措实施规划（2020—2021年）》，推进创业板改革并试点注册制
2020年6月30日	第十四次	审议通过了《国企改革三年行动方案（2020—2022年）》《关于深化新一代信息技术与制造业融合发展的指导意见》，推进国有经济布局优化和结构调整，加快推进新一代信息技术和制造业融合发展
2020年9月1日	第十五次	审议通过了《关于推进对外贸易创新发展的实施意见》，深入推进贸易便利化，优化外贸发展环境
2020年11月2日	第十六次	审议通过了《关于新时代推进国有经济布局优化和结构调整的意见》《建设高标准市场体系行动方案》，推进要素资源高效配置，改善提升市场环境

3. 2020年中央经济工作会议

2020年中央经济工作会议于12月16日至18日在北京举行。会议提出2021年的六项重点任务，其中第四项重点任务是全面推进改革开放，提出要优化民营经济发展环境，激发各类市场主体活力；要放宽市场准入，促进公平竞争，保护知识产权，建设统一大市场，营造市场化、法治化、国际化营商环境。

4. 党中央国务院重要政策

《中共中央 国务院关于构建更加完善的要素市场化配置体制机制的意见》提出要推进土地、劳动力、资本、技术、数据等要素的市场化配置和要素价格市场化改革。

《中共中央 国务院关于新时代加快完善社会主义市场经济体制的意见》提出，要营造支持非公有制经济高质量发展的制度环境。健全支持民营经济、外商投资企业发展的市场、政策、法治和社会环境。在要素获取、准入许可、经营运行、政府采购和招投标等方面对各类所有制企业平等对待，破除制约市场竞争的各类障碍和隐性壁垒。完善支持非公有制经济进入电力、油气等领域的实施细则和具体办法，大幅放宽服务业领域市场准入，向社会资本释放更大发展空间。健全支持中小企业发展制度，增加面向中小企业的金融服务供给，支持发展民营银行、社区银行等中小金融机构。完善民营企业融资增信支持体系。健全民营企业直接融资支持制度。健全清理和防止拖欠民营企业中小企业账款长效机制。完善构建亲清政商关系的政策体系，建立规范化机制化政企沟通渠道，鼓励民营企业参与实施重大国家战略（见表5）。

表5 2020年党中央国务院民营经济相关政策文件

时间	政策文件
2020年3月30日	中共中央 国务院关于构建更加完善的要素市场化配置体制机制的意见
2020年5月11日	中共中央 国务院关于新时代加快完善社会主义市场经济体制的意见
2020年7月5日	保障中小企业款项支付条例
2020年7月15日	国务院办公厅关于进一步优化营商环境更好服务市场主体的实施意见
2020年9月1日	国务院办公厅关于深化商事制度改革进一步为企业松绑减负激发企业活力的通知
2020年9月13日	国务院关于取消和下放一批行政许可事项的决定
2020年9月15日	中共中央办公厅印发《关于加强新时代民营经济统战工作的意见》
2020年10月27日	国务院办公厅关于全面推行证明事项和涉企经营许可事项告知承诺制的指导意见

5. “最高法”“最高检”重要政策

2020年，最高人民法院、最高人民检察院为保障民营经济健康发展、促进法治化营商环境出台了一系列政策，完善涉疫司法应对举措，加强产权司法保护，健全多元化纠纷解决机制，深化司法改革和智慧法院建设，依法保护民营企业家人身和财产安全，努力为民营经济发展提供有力司法服务和保障（见表6）。

表6　2020年“最高法”“最高检”民营经济相关政策文件

时间	政策文件
2020年3月16日	最高人民法院关于人民法院贯彻落实党的十九届四中全会精神推进审判体系和审判能力现代化的意见
2020年4月15日	最高人民法院关于全面加强知识产权司法保护的意见
2020年4月15日	最高人民法院关于推进破产案件依法高效审理的意见
2020年7月20日	最高人民法院国家发展和改革委员会关于为新时代加快完善社会主义市场经济体制提供司法服务和保障的意见
2020年7月23日	关于充分发挥检察职能服务保障“六稳”“六保”的意见
2020年9月25日	最高人民法院关于人民法院服务保障进一步扩大对外开放的指导意见
2020年10月28日	最高人民检察院关于全面履行检察职能依法服务和保障自由贸易试验区建设的意见
2020年11月16日	最高人民法院关于加强著作权和与著作权有关的权利保护的意见

二、民企营商环境

——世界排名显升，结构仍需优化

2020年，我国有效应对新冠肺炎疫情的严重冲击，在世界上率先控制住疫情、率先复工复产、率先实现经济正增长，经济呈现逐季好转、稳定恢复态势，主要经济指标好于预期，中国经济景气指数逐月回升。一年来，我国持续推进减税降费、科学精准助力市场主体，进一步优化营商环境，更有效激发市场主体活力。1月，《优化营商环境条例》正式施行，这是我国为优化营商环境颁行的第一部专门行政法规；7月，国务院办公厅发文部署进一步优化营商环境更好服务市场主体，明确持续提升投资建设便利度等措施；12月，《市场准入负面清单（2020年版）》发布，清单共列入事项123项，比2019年版清单减少8项。

统计显示，“十三五”时期，我国着力优化营商环境，推进“放管服”、减税降费、商事制度等改革，激发了各类市场主体活力，年均净增市场主体1 247.7万户，在世界银行发布的营商环境国际排名从84名上升到31名。以纳税便利化改革为例，“十三五”期间，税务系统先后推出120条便利措施，审批事项由87项减少到6项，取消61个税务证明事项，税收营商环境不断改善。目前，实现了90%的涉税事项、99%的纳税申报业务都可网上办、线上办、掌上办。[①]

① 曾金华.市场主体逆势大增说明了什么［N］.经济日报，2021-01-31（6）.

但也要看到，尽管近年来中国营商环境明显改善，但相较国际一流水平仍存在一定差距，打造社会期待的一流营商环境依然任重道远。当前市场主体还面临着一些现实问题，特别是在打破所有制歧视、缓解民营企业融资难题、减轻企业负担，以及营造有利于民营经济发展的法治环境方面，还需要进一步加大工作力度。

（一）世界银行《营商环境报告》

2019年10月24日世界银行发布的《2020年营商环境报告》显示，中国连续两年跻身全球营商环境改善最大的经济体排名前十，排名从2018年的第78位上升至2020年的第31位，跃升近50位。2019年中国营商环境排名在东亚太平洋地区位列第7位，仅次于日本。

从历年排名情况来看，2010年中国全球排名为第87位，2012年为第99位，2015年为第80位。得益于中国不断推进改革和优化营商环境，2017年以来，中国营商环境在世界上的排名大幅提升（见图1）。

中国的成功经验也得到了世界银行的认可。2020年7月27日，世界银行对外发布了题为《中国优化营商环境的成功经验——改革驱动力与未来改革机遇》的专题报告，认为中国近年来在“放管服”改革优化营商环境领域取得了巨大成就。中国高度重视，鼓励地方先行先试，在建立改革协调机制、鼓励市场主体参与、加强信息化技术应用、推动国际国内改革经验双向交流等方面创造了成功经验。目前中国被世行采信的改革数量位居全球前三。报告还围绕《全球营商环境报告》中开办企业、获得电力、办理建筑许可等8个指标领域介绍了中国采取的有效改革举措，为全球其他经济体优化营商环境提供借鉴。

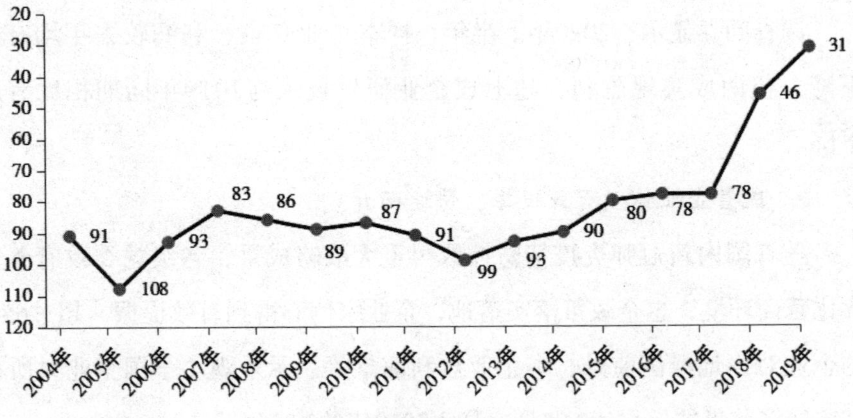

图1　历年中国营商便利性世界排名

资料来源：世界银行，北京大成企业研究院整理。

（二）全国工商联《2020年万家民营企业评价营商环境报告》①

2020年11月1日，全国工商联在温州发布了《2020年万家民营企业评价营商环境报告》。《2020年万家民营企业评价营商环境调查》收回大中小微民营企业有效问卷40 216份，有效数据1 200多万条。报告显示，民营企业对营商环境满意程度明显好于2019年。在百分制下，“五大环境”评分较2019年均有不同程度提升，样本企业对所在城市营商环境的总体评分为74.46分；法治环境第一，为81.44分；市场环境第二，为77.56分，比2019年大幅提升16.5分。

按照得分，营商环境最好的十个城市是杭州、上海、苏州、南京、北京、温州、宁波、深圳、广州、成都。营商环境最好的十个省份是浙江、广东、江苏、上海、北京、山东、四川、福建、河北、湖南。

① 全国工商联发布2020年“万家民营企业评营商环境”调查结论［N］.中华工商时报，2020-11-02（2）.

1. 民营企业营收、利润均有下降

调查问卷显示，2020年上半年，样本企业营收、利润较去年均有所下降，仅两成实现盈利，超七成企业研发投入与2019年同期相比有所下降。

2. 民营企业信心有效提振、快速回升

随着国内新冠肺炎疫情防控取得重大战略成果，各级党委政府着力优化营商环境，惠企政策落实落地，企业家信心得到有效提振，超过65%的企业对当地经济前景、本企业盈利前景等表示乐观。全国企业对所在城市经济前景的信心达3.95分，高于2019年的3.83分。

3. 民营企业希望政策保持稳定，抗疫举措能够实现常态化

调查结果显示，从整体来看，全国企业对抗疫扶持和复工复产政策都很满意，总体评价都超过了4分。就纾困政策落实效果而言，浙江、上海、山东等省（市）企业评分较高。

随着疫情防控常态化，企业希望政策常态化，包括各类就业补贴、稳岗补贴、阶段性缓缴或适当返还社会保险费、减免行政事业性收费等。疫情之后，超五成样本企业正在或计划开展数字化转型，其中浙江、河南、山西企业数字化转型行动力最强。

4. 要素保障整体良好，期待更多成本下降

要素环境方面。企业对要素资源获得与保障的满意度评价较高，5分制得分为4.14分，较2019年小幅提升；对要素成本下降满意度略有提升，但3.38分仍然偏低。具体来说，企业对用电、用水、用气保障满意度最高，对用工、用地、热能保障满意度虽较2019年有所提升，但仍比较低。浙江、江西、山东等省份企业对要素成本下降总体满意度较高，广西、江西、吉林等省份企业对用工成本下降满意度较高，江西、浙江、山东等省份企业对用地成本下降满意度较高。从城市来看，温州、杭州、宁波、衢州、上海等城市要素环境受到企业高度认可。关于要素环

境优化，企业希望政府优先在用电成本下降、融资成本下降、用工成本下降方面提供更多支持，以缓解经营压力。

5. 市场环境不断优化，市场准入持续扩大

市场环境方面。企业反映民间投资进入门槛降低最明显的三个领域是教育、医疗和养老。这三个民生领域在疫情后改革力度最大，也受到了民营企业的广泛关注。海南、广东、广西等省企业进入教育领域更加便利，海南、西藏、吉林等省企业反映医疗领域更加放开，吉林、辽宁、河北等省企业表示养老领域门槛降低。关于产业发展，企业最希望加大力度的三个方面是政府引导与扶持、高端人才储备和产业链上下游配套。对数字经济等新兴产业而言，企业期待政府在产业基础、高端人才储备、政府引导与扶持等方面精准发力。在公共服务体系与生态环境方面，企业反映近一年来生活配套设施、交通设施、公共文化设施等三方面有较大改善。从城市来看，苏州、宁波、上海、温州、杭州等城市市场环境受到企业高度认可。关于市场环境优化，企业希望在产业政策支持、完善信用体系建设、降低市场准入门槛等方面加强力度。

6. 融资难融资贵得到有效缓解

对金融支持政策的总体效果，全国样本企业的满意度为3.58分，显著优于2019年的3.24分。浙江、山东、江西等省金融支持政策总体满意度较高。企业认为各类金融资源获取难度较去年降低，包括银行贷款、风险投资和政府产业引导基金。企业融资主要来自银行，包括国有大型商业银行、中小型商业银行和民营银行。受益疫情以来金融惠企政策，企业银行贷款成本显著下降。从贷款利率来看，自2019年7月到2020年8月，曾获得银行贷款的全国样本企业中，近九成表示最近一笔银行贷款综合年化利率低于8%，其中利率低于5%的企业接近60%，而在2019年这一比例仅为26.35%。从中间费用来看，36.69%的全国样本企业表示在银行贷款过程中没有缴纳额外费用。从金融创新服务来看，广西、山东、青海等省

企业较多受惠于中小微金融综合服务平台，浙江、江苏、河北等省银税互动效果较好，湖南、浙江、黑龙江等省企业更多获得了信用贷款。

7. 法治环境得到改善，依法维权更受信任

法治环境方面。企业对涉企法规的“立、改、废”满意度达3.95分，较2019年的3.62分大幅提升。企业对政法系统司法局、检察院、公安局、法院满意度评分均超过4分，其中法院得分4.05分，提升幅度最大。关于法院涉企工作，西藏、江苏、上海等省（市）对审判公正满意度较高，天津、广西、江苏等省（市）对立案效率满意度较高。关于维权方式，企业家优先选择的是诉诸法院38.05%、向政府部门申诉37.40%，而托人向领导反映和向媒体反映等分别仅为2.57%和6.98%，说明依法维权、通过公权力裁定维权更受到企业的广泛信任。从城市来看，温州、德州、衢州、宁波、淮安等城市法治环境受到企业高度认可。关于法治环境优化，企业主要有三项期待：建设企业维权统一服务平台、建立法律机关部门间涉企协调机制、督促行政执法部门依法行政等。

8. 减税降费效果明显

疫情发生以来密集出台的惠企政策中，企业认为最有效的三项政策是“亏损企业延期缴税”“放宽小微企业、个体工商户登记经营场所限制”“阶段性缓缴或适当返还社会保险费”。被认为最有效的三项金融支持政策是“对企业不盲目抽贷、断贷、压贷”“适当下调贷款利率、增加中长期贷款”“对还款困难企业的展期或续贷”。在减税降费方面，近七成企业表示2020年上半年税费较2019年同期有所下降，其中近1/4企业认为下降幅度超过40%。关于清理拖欠中小企业款项，企业满意度较2019年提升，浙江、江西、吉林等省企业对此评分较高。关于投资项目审批，近六成企业表示审批速度加快，山东、浙江、江西三省份企业感受最强烈。从城市来看，苏州、宁波、济南、南京、上海等城市政务环境受到企业高度认可。关于政务环境优化，企业希望在减税降费、

网络办事、政策落实等方面加强工作。

9. 政商交往趋于规范，政商关系距离拉近

政商关系总体评分为4.07分，较去年的3.88分提升较大。政商交往行为规范、企业服务的方式与效率、政府诚信履约情况、政商常态化沟通机制、对媒体或舆论对权力的监督等方面，均超过4分。在政商交往中，"政府人员参加商（协）会举办的年会、茶话会、学习考察""调研企业期间按公务标准在企业食堂就餐"两项比例提升，都超过了80%。85%的企业表示当地政府人员做到了"积极回应或协调办理涉企特事急事、主动向企业提供政策解读与明确指引"等，尤其是西藏、宁夏、四川、甘肃、内蒙古、山西、陕西、辽宁等中西部省份。疫情让更多政府部门直接服务企业，拉近了"政和商"的距离，企业直观感受显著提升。

（三）全国工商联——民营企业500强营商环境

根据《2020年民营企业500强调研分析报告》显示，民营企业500强营商环境不断改善，但由于政策落实不到位、配套措施不完善、服务体系不健全等多种问题交织叠加，与民营企业期待相比，营商环境还有待进一步优化。

2019年，影响民营企业发展的因素仍然主要集中于用工成本上升、税费负担重、融资难融资贵等。与前两年相比，这些因素并没有明显缓解，部分情况还有加剧趋势。其中，用工成本上升连续6年成为影响民营企业500强发展的最主要因素；融资难融资贵、国内市场需求不足，这两个因素对民营企业500强发展的影响呈上升趋势。

在民营企业500强对营商环境的感受方面，447家实际填报的500强企业中，有264家企业认为政府服务企业力度加大，占民营企业500强的52.80%；236家企业认为有利于民营经济发展的氛围进一步加强，占民营企业500强的47.20%；认为税费负担有所降低、亲清政商关系进一步

确立的企业分别为209家和207家，分别占民营企业500强的41.80%，行业41.40%。

在市场环境方面，用工成本上升、融资难融资贵、国内市场需求不足三项因素的影响最大。在政策政务环境方面，企业对税费负担的关注度最高。在法治环境方面，民营500强企业关注的重点仍是市场秩序不够规范和对知识产权的保护不够这两个因素。在社会环境方面，民营经济的负面舆论较多，仍是500强企业关注的焦点，其次，还有地方保护主义和政府沟通不畅、政府官员帮扶企业意识差等方面的因素。

在融资支持方面，实际填报的434家500强企业中，有252家企业认为融资难融资贵问题得到改善，占填报企业的58.06%，占民营企业500强的50.40%；有182家企业认为融资难融资贵问题未得到改善，占填报企业的41.94%，占民营企业500强的36.40%。

在减税降费方面，民营企业500强希望政府能够进一步出台和完善优惠政策，其中，希望进一步减免税收、降低税率以及希望进一步降低社保缴费基数、缴存费率的企业，分别占民营企业500强的84.00%和67.60%。

关于习近平总书记在企业家座谈会上提出的支持民营企业发展壮大的6项政策举措落实情况，认为所在地政府出台的一系列配套措施实际执行力度较大的企业有391家，占431家实际填报企业的91.88%，较2019年增加5家，增长2.82个百分点，其中认为已产生明显效果的企业数量224家，占填报企业的51.97%。但也有少数企业认为地方政府配套政策执行迟缓或难以执行、政策流于形式等。

（四）国家统计局企业景气指数、制造业与非制造业指数

1. 企业景气指数

2020年三季度企业景气指数为121.2，比第二季度上升了12.1个百分点，尽管较2019年同期下降了2.2个百分点，但总指数保持在120以上比较

景气的区间，说明我国经济基本平稳。同期，企业家信心指数为122.5，比第二季度上升了12.1个百分点，尽管比2019年三季度下降1.8个百分点，但说明企业家对经济恢复和发展的信心不断增强，对宏观经济环境的感受日趋良好（见表1）。

表1　企业景气指数和企业家信心指数

	企业景气指数		企业家信心指数	
	2020年	2019年	2020年	2019年
总体	121.2	123.4	122.5	124.3
其中：大型企业	137.0	139.1	136.9	138.0
中型企业	126.2	127.6	127.1	128.1
小微型企业	116.7	119.1	118.4	120.2
其中：国有及国有控股企业	127.3	131.9	128.2	132.5
私营企业	119.6	121.2	121.1	122.1
外资企业	120.7	124.7	121.0	124.8

注：表中数据为2019年与2020年三季度。

资料来源：《中国经济景气》月报。

按企业规模分类：企业景气指数和企业家信心指数均为大型企业最高，中型企业次之，小微型企业最低。大型企业景气度较高且较为稳定，企业景气指数较2019年三季度下降2.1个百分点，企业家信心指数，较2019年三季度下降了1.1个百分点；其次是中型企业，企业景气指数126.2，较2019年同期下降了1.4个百分点，企业家信心指数127.1，较2019年同期下降了1个百分点；小微型企业景气指数116.7，较2019年同期下降2.4个百分点，企业家信心指数118.4，较2019年下降1.8个百分点。

按所有制分类：国有及国有控股企业景气指数和企业家信心指数分别为127.3和128.2，较2019年同期分别下降4.6和4.3个百分点。私营企业景气指数和企业家信心指数分别为119.6和121.1，较2019年同期分别下降1.6和1个百分点。外商及港澳台商投资企业景气指数和企业家信心指数分别为120.7和121.0，较2019年同期分别下降4和3.8个百分点。

2. 中国采购经理指数运行情况

（1）中国制造业采购经理指数运行情况

2020年12月，中国制造业采购经理指数（PMI）为51.9%，虽比11月回落0.2个百分点，但连续10个月位于临界点以上，表明制造业继续稳步恢复（见图2）。

从企业规模看，大型企业PMI为52.7%，比11月回落0.3个百分点；中型企业PMI为52.7%，比11月上升0.7个百分点；小型企业PMI为48.8%，比11月下降1.3个百分点。

从分类指数看，在构成制造业PMI的5个分类指数中，生产指数、新订单指数均高于临界点，原材料库存指数、从业人员指数和供应商配送时间指数均低于临界点。

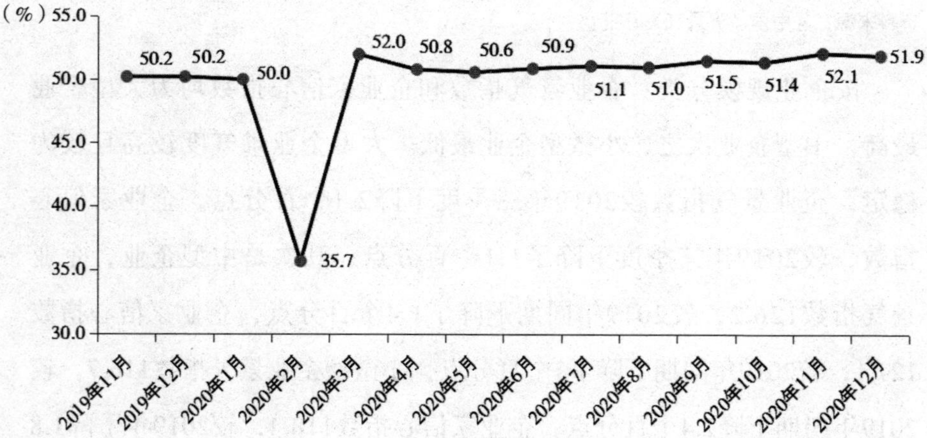

图2 制造业PMI指数

资料来源：国家统计局，数据均为季节调整后数据。

（2）中国非制造业采购经理指数运行情况

2020年12月份，非制造业商务活动指数为55.7%，继续位于较高景气区间，非制造业延续稳步复苏势头（见图3）。

分行业看，建筑业商务活动指数为60.7%，高于11月0.2个百分点。服务业商务活动指数为54.8%，低于11月0.9个百分点。从行业情况看，航空运输、邮政、电信广播电视卫星传输服务、货币金融服务、资本市场服务等行业商务活动指数位于60.0%以上高位景气区间；餐饮、房地产、生态保护及环境治理等行业商务活动指数位于临界点以下。

分类来看，新订单指数为51.9%，比11月回落0.9个百分点；投入品价格指数为54.3%，比11月上升1.6个百分点；销售价格指数为52.3%，比11月上升1.3个百分点；从业人员指数为48.7%，比11月下降0.2个百分点；业务活动预期指数为60.6%，比11月回落0.6个百分点。

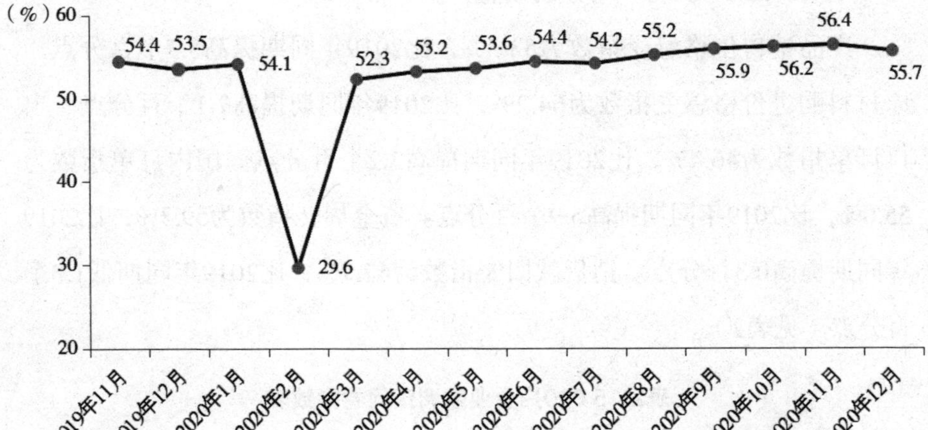

图3　非制造业商务活动指数

来源：国家统计局，数据均为季节调整后数据。

（五）中国人民银行企业家问卷调查

企业家问卷调查是中国人民银行1992年起建立的一项季度调查。调查对象为全国范围内（除西藏外）的5 000多户工业企业，调查内容主要包括企业总体生产状况、生产要素状况、市场需求状况、资金状况、成本效益状况、投资状况和其他七个方面。指数在50%以上，反映该项指标处于向好或扩张状态；低于50%，反映该项指标处于变差或收缩状态。

2020年第四季度中国人民银行企业家问卷调查结果显示：

企业家宏观经济热度指数为34.4%，比2019年同期提高2.5个百分点。其中，33.3%的企业家认为宏观经济“偏冷”，64.6%认为“正常”，2.1%认为“偏热”。

经营景气指数为55.8%，比2019年同期提高0.3个百分点。其中，24.8%的企业家认为本季企业经营状况“较好”，62.0%认为“一般”，13.2%认为“较差”。盈利指数为59.8%，比2019年同期提高2.5个百分点。其中，41.7%的企业家认为比上季“增盈或减亏”，36.2%认为“盈亏不变”，22.1%认为“增亏或减盈”。

产品销售价格感受指数为53.3%，比2019年同期提高5.7个百分点。原材料购进价格感受指数为64.2%，比2019年同期提高7.1个百分点。出口订单指数为46.4%，比2019年同期提高3.2个百分点。国内订单指数为55.0%，比2019年同期提高5.9个百分点。资金周转指数为59.3%，比2019年同期提高0.3百分点。销货款回笼指数为62.7%，比2019年同期低1.0个百分点（见表2）。

表2　5 000户企业家调查问卷指数表

单位：%

时间	企业家宏观经济热度指数	企业家信心指数	产品销售价格感受指数	原材料购进价格感受指数	国内订单指数	出口订单指数	资金周转指数	销货款回笼指数	经营景气指数	盈利指数
2020年Q4	34.4	—	53.3	64.2	55.0	46.4	59.3	62.7	55.8	59.8
2020年Q3	27.7	—	48.1	58.6	53.0	43.6	56.1	58.3	49.4	57.0
2020年Q2	19.3	—	43.2	52.8	50.9	32.0	51.6	53.4	42.7	49.6

续表

时间	企业家宏观经济热度指数	企业家信心指数	产品销售价格感受指数	原材料购进价格感受指数	国内订单指数	出口订单指数	资金周转指数	销货款回笼指数	经营景气指数	盈利指数
2020年Q1	12.4	—	40.0	56.9	17.4	19.1	45.4	45.7	30.3	22.3
2019年Q4	31.9	—	47.6	57.1	49.1	43.2	59.0	63.7	55.5	57.3
2019年Q3	32.4	—	45.7	56.3	47.0	44.5	57.8	61.8	53.3	55.3
2019年Q2	34.5	—	47.3	58.7	48.8	46.3	57.8	62.3	55.0	56.6
2019年Q1	34.1	69.2	47.0	58.8	44.2	42.9	58.6	62.8	54.8	52.3
2018年Q4	35.4	67.8	50.8	63.1	50.1	45.5	58.1	63.1	57.9	58.7
2018年Q3	37.2	71.1	51.0	64.3	49.6	48.5	57.0	62.8	56.9	58.9
2018年Q2	40.1	75.8	52.1	64.8	52.7	50.8	57.8	62.7	58.5	59.7
2018年Q1	38.9	74.3	52.9	66.1	47.6	45.0	58.7	63.8	58.6	56.7
2017年Q4	38.6	71.8	56.1	68.6	53.0	48.5	58.8	63.8	59.8	61.5
2017年Q3	35.9	68.7	52.5	65.4	50.2	49.6	56.7	61.3	55.5	57.6
2017年Q2	34.0	65.4	50.7	52.9	50.6	50.4	55.8	60.5	54.6	56.1
2017年Q1	31.3	61.5	53.6	68.0	44.0	41.7	56.3	60.0	52.7	49.9
2016年Q4	27.8	54.2	51.7	63.1	49.9	45.6	54.6	59.0	52.6	57.1
2016年Q3	25.2	51.2	46.9	56.7	46.0	46.9	53.4	57.3	50.3	54.7
2016年Q2	24.1	49.0	45.6	54.9	46.6	46.5	52.4	55.8	48.3	52.7
2016年Q1	21.1	43.7	39.5	47.6	39.1	41.0	52.4	55.6	46.7	47.2
2015年Q4	22.7	46.0	39.2	46.2	42.5	43.7	52.0	55.8	48.4	50.5
2015年Q3	24.5	50.5	39.1	47.3	43.3	46.3	52.5	56.5	49.4	51.1
2015年Q2	29.3	58.3	43.3	51.8	46.3	48.7	53.4	57.4	51.8	52.8
2015年Q1	29.2	59.2	41.5	49.9	42.5	44.2	54.2	59.1	52.8	51.0
2014年Q4	31.1	61.0	43.0	51.5	46.5	47.9	54.3	59.2	54.5	55.0
2014年Q3	32.2	63.6	44.5	55.3	46.9	49.9	55.6	59.6	54.9	55.0
2014年Q2	32.8	64.9	44.5	54.5	48.5	49.7	56.0	59.9	55.4	54.1
2014年Q1	33.4	67.0	44.6	56.3	44.4	45.4	56.5	61.0	55.3	50.9

注：自2019年二季度开始中国人民银行不再公布企业家信心指数。表中“Q”表示季度。

数据来源：中国人民银行调查统计司。

三、民企法人就业

——单位数量激增，新增就业独担

党的十八大以来，国家出台了一系列促进民营企业发展和促进就业的政策，民营企业快速发展，法人单位不断增加，对就业的贡献越来越大。2019年，全国企业法人单位21 091 270家，其中私人控股企业法人单位19 811 755家，占比达93.9%。2019年，我国城镇整体就业人数达4.42亿人，其中城镇私营企业和个体单位就业占城镇整体的59.3%，在增量方面，私营企业（不包括股份公司中的私人控股公司）和个体单位贡献率达225.7%。国家统计局公布的《2020年中国经济年报》显示，2020年我国全年城镇新增就业1 186万人，明显高于900万人以上的预期目标，完成全年目标的131.8%，其中大部分新增就业为民营企业创造。

（一）民企法人单位

2019年，全国企业法人单位21 091 270家，按控股情况看，国有控股企业法人单位266 434家，占比1.3%；私人控股企业法人单位19 811 755家，占比93.9%；港澳台商控股企业法人单位123 562家，占比0.6%；外商控股企业法人单位92 856家，占比0.4%（见表1、表2）。

2012—2019年，全国企业法人单位数年均增长14.3%，国有控股为-0.6%，私人控股为17.1%，港澳台商控股为2.8%，外商控股为-2.3%（见表1）。

2015—2019年，全国企业法人单位数年均增长13.8%，国有控股为-2.2%，私人控股为16.7%，港澳台商控股为5.0%，外商控股为-1.8%

（见表1、表2）。

表1　2010—2019年按控股情况分企业法人单位数

单位：家

时间	全国	国有控股	集体控股	私人控股	港澳台商控股	外商控股	其他
2010年	6 517 700	249 600	269 600	5 126 400	89 700	98 400	684 000
2011年	7 331 200	261 944	270 139	5 792 102	95 382	102 989	808 644
2012年	8 286 654	278 479	271 295	6 552 049	101 518	109 103	974 210
2013年							
2014年	10 617 154	263 348	248 221	9 027 688	98 661	97 793	881 443
2015年	12 593 254	291 263	253 199	10 677 612	101 730	99 693	1 169 757
2016年	14 618 448	310 992	243 393	12 537 206	103 849	99 987	1 323 021
2017年	18 097 682	325 800	249 946	16 204 143	113 103	111 628	1 093 062
2018年	18 568 617	241 673	165 243	17 379 291	112 042	80 253	590 115
2019年	21 091 270	266 434	172 503	19 811 755	123 562	92 856	624 160
年均增长率							
2000–2019年	13.9	0.7	−4.8	16.2	3.6	−0.6	−1.0
2012–2019年	14.3	−0.6	−6.3	17.1	2.8	−2.3	−6.2
2015–2019年	13.8	−2.2	−9.1	16.7	5.0	−1.8	−14.5

注：1. 绝对值来源于历年《中国统计年鉴》及《中国经济普查年鉴2018》，其中2013年数据缺失。

2. 占比及年均增长率为北京大成企业研究院根据绝对值数据计算得出，本章同。

表2　2010—2019年按控股情况分企业法人单位占比情况

单位：%

时间	国有控股	集体控股	私人控股	港澳台商控股	外商控股	其他
2010年	3.8	4.1	78.7	1.4	1.5	10.5
2011年	3.6	3.7	79.0	1.3	1.4	11.0
2012年	3.4	3.3	79.1	1.2	1.3	11.8
2013年						
2014年	2.5	2.3	85.0	0.9	0.9	8.3

续表

时间	国有控股	集体控股	私人控股	港澳台商控股	外商控股	其他
2015年	2.3	2.0	84.8	0.8	0.8	9.3
2016年	2.1	1.7	85.8	0.7	0.7	9.1
2017年	1.8	1.4	89.5	0.6	0.6	6.0
2018年	1.3	0.9	93.6	0.6	0.4	3.2
2019年	1.3	0.8	93.9	0.6	0.4	3.0

（二）民营经济就业

2019年，我国城镇整体就业人数达4.42亿人，较上年增长1.91%（见表3）。

在占比方面，城镇私营企业和个体单位就业占城镇整体的59.3%，比2012年增长了23.7个百分点。其中，城镇私营企业占32.9%，城镇个体单位占26.4%（见表3、表4）。

在增量方面，2019年城镇整体就业增加828万人。其中，私营企业（不包括股份公司中的私人控股公司）和个体单位贡献率达225.7%，私营企业贡献了74.3%，个体单位贡献了151.2%，国有企业贡献了-32.2%（见表4、表5、表6）。

2012年我国城镇整体就业人数3.71亿人，2015年我国城镇整体就业人员4.04亿人；2012—2019年，城镇整体就业年均增长2.5%，2015—2019年，城镇整体就业年均增长2.3%（见表3）。

2019年，全国个体私营就业总数为4.05亿人，同比增长8.3%。其中，城镇私营企业就业人数1.46亿人，同比增长4.4%，城镇个体单位就业人数1.17亿人，同比增长12.0%；乡村私营企业就业人数为8 267万人，同比增长11.4%；乡村个体就业人数为6 000万人，增长7.2%。私营企业就业增速相较2012年有所放缓，而个体单位就业增速明显加快；国营企业就业人数下降3%（见表7、表8、表9）。

2012—2019年，我国城镇就业人数增加7 145万人，城镇私营个体为增量贡献了182.77%；其中，城镇私营企业就业人数增加7 010万人，占增量的98.11%，城镇个体就业人数增加6 049万人，占增量的84.66%；国有单位就业人数减少1 366万人，占增量的-19.12%。

2015—2019年，我国城镇就业人数增加3 837万人，城镇私营个体为增量贡献了189.71%；其中，城镇私营企业就业人数增加3 387万人，占增量的88.27%，城镇个体就业人数增加3 892万人，占增量的101.43%；国有单位就业人数减少735万人，占增量的-19.16%。

2012年、2015年和2019年，我国城镇就业人口中非国有单位（不包括外资企业和港澳台投资企业）创造的就业占比分别为75.6%、77.7%和82.3%，国有单位创造的就业占比则分别为18.4%、15.4%和12.4%，外资企业和港澳台投资企业创造的就业占比分别为6%、6.9%和5.3%（见表3、表4）。

表3　2010—2019年按经济类型分城镇就业人员情况

单位：万人

时间	城镇整体	国有单位	城镇集体单位	股份合作单位	有限责任公司	股份有限公司	私营企业	港澳台商投资	外商投资	个体单位
2010年	34 687	6 516	597	156	2 613	1 024	6 071	770	1 053	4 467
2011年	35 914	6 704	603	149	3 269	1 183	6 912	932	1 217	5 227
2012年	37 102	6 839	589	149	3 787	1 243	7 557	969	1 246	5 643
2013年	38 240	6 365	566	108	6 069	1 721	8 242	1 397	1 566	6 142
2014年	39 310	6 312	537	103	6 315	1 751	9 857	1 393	1 562	7 009
2015年	40 410	6 208	481	92	6 389	1 798	11 180	1 344	1 446	7 800
2016年	41 428	6 170	453	86	6 381	1 824	12 083	1 305	1 361	8 627
2017年	42 462	6 064	406	77	6 367	1 846	13 327	1 290	1 291	9 348
2018年	43 419	5 740	347	66	6 555	1 875	13 952	1 153	1 212	10 440
2019年	44 247	5 473	296	60	6 608	1 879	14 567	1 153	1 203	11 692
年均增长率										
2000–2019年	2.7	–1.9	–7.5	–10.1	10.9	7.0	10.2	4.6	1.5	11.3
2012–2019年	2.5	–3.1	–9.4	–12.2	8.3	6.1	9.8	2.5	–0.5	11.0
2015–2019年	2.3	–3.1	–11.4	–10.1	0.8	1.1	6.8	–3.8	–4.5	10.6

表4 2010—2019年按经济类型分城镇就业人员占比情况

单位：%

时间	国有单位	城镇集体单位	股份合作单位	有限责任公司	股份有限公司	私营企业	港澳台商投资单位	外商投资单位	个体单位
2010年	18.8	1.7	0.4	7.5	3	17.5	2.2	3	12.9
2011年	18.7	1.7	0.4	9.1	3.3	19.2	2.6	3.4	14.6
2012年	18.4	1.6	0.4	10.2	3.4	20.4	2.6	3.4	15.2
2013年	16.6	1.5	0.3	15.9	4.5	21.6	3.7	4.1	16.1
2014年	16.1	1.4	0.3	16.1	4.5	25.1	3.5	4	17.8
2015年	15.4	1.2	0.2	15.8	4.4	27.7	3.3	3.6	19.3
2016年	14.9	1.1	0.2	15.4	4.4	29.2	3.2	3.3	20.8
2017年	14.3	1	0.2	15	4.3	31.4	3	3	22
2018年	13.2	0.8	0.2	15.1	4.3	32.1	2.7	2.8	24
2019年	12.4	0.7	0.1	14.9	4.2	32.9	2.6	2.7	26.4

表5 2010—2019年按经济类型分城镇就业人员历年增量情况

单位：万人

时间	城镇整体	国有单位	城镇集体单位	股份合作单位	有限责任公司	股份有限公司	私营企业	港澳台商投资	外商投资	个体单位
2010年	1 365	96	−21	−4	180	68	527	49	75	222
2011年	1 227	188	6	−7	656	159	841	162	164	760
2012年	1 188	135	−14	0	518	60	645	37	29	416
2013年	1 138	−474	−23	−41	2 282	478	685	428	320	499
2014年	1 070	−53	−29	−5	246	30	1 615	−4	−4	867
2015年	1 100	−104	−56	−11	74	47	1 323	−49	−116	791
2016年	1 018	−38	−28	−6	−8	26	903	−39	−85	827
2017年	1 034	−106	−47	−9	−14	22	1 244	−15	−70	721
2018年	957	−324	−59	−11	188	29	625	−137	−79	1 092
2019年	828	−267	−51	−6	53	4	615	0	−9	1 252

注：“绝对数”来源于国家统计局年鉴，“年度增长率、年均增长率、占比情况”为北京大成企业研究院课题组计算。

表6　2010—2019按经济类型分城镇就业人员历年增量占比情况

单位：%

时间	国有单位	城镇集体单位	股份合作单位	有限责任公司	股份有限公司	私营企业	港澳台商投资单位	外商投资单位	个体单位
2010年	7.0	−1.5	−0.3	13.2	5.0	38.6	3.6	5.5	16.3
2011年	15.3	0.5	−0.6	53.5	13.0	68.5	13.2	13.4	61.9
2012年	11.4	−1.2	0.0	43.6	5.1	54.3	3.1	2.4	35.0
2013年	−41.7	−2.0	−3.6	200.5	42.0	60.2	37.6	28.1	43.8
2014年	−5.0	−2.7	−0.5	23.0	2.8	150.9	−0.4	−0.4	81.0
2015年	−9.5	−5.1	−1.0	6.7	4.3	120.3	−4.5	−10.5	71.9
2016年	−3.7	−2.8	−0.6	−0.8	2.6	88.7	−3.8	−8.3	81.2
2017年	−10.3	−4.5	−0.9	−1.4	2.1	120.3	−1.5	−6.8	69.7
2018年	−33.9	−6.2	−1.1	19.6	3.0	65.3	−14.3	−8.3	114.1
2019年	−32.2	−6.2	−0.7	6.4	0.5	74.3	0.0	−1.1	151.2

表7　2010—2019年个体私营企业从业人员情况

时间	个体私营		私营企业		个体经济	
	就业总数（万人）	增长率（%）	就业总数（万人）	增长率（%）	就业总数（万人）	增长率（%）
2010年	16 425	8.1	9 418	9.4	7 008	6.4
2011年	18 299	11.4	10 354	9.9	7 945	13.4
2012年	19 924	8.9	11 296	9.1	8 628	8.6
2013年	21 857	9.7	12 522	10.8	9 336	8.2
2014年	24 975	14.3	14 390	14.9	10 585	13.4
2015年	28 077	12.4	16 395	13.9	11 682	10.4
2016年	30 859	9.9	17 997	9.8	12 862	10.1
2017年	34 107	10.5	19 882	10.5	14 225	10.6
2018年	37 413	9.7	21 375	7.5	16 038	12.7
2019年	40 526	8.3	22 834	6.8	17 692	10.3
年均增长率						
2000-2019年	10.6		10.3		10.8	
2012-2019年	10.7		10.6		10.8	
2015-2019年	9.6		8.6		10.9	

表8 2010—2019年私营企业就业人员情况

时间	私营企业		城镇私营企业		乡村私营企业	
	就业人数（万人）	增长率（%）	就业人数（万人）	增长率（%）	就业人数（万人）	增长率（%）
2010年	9 418	9.4	6 071	9.5	3 347	9.3
2011年	10 354	9.9	6 912	13.9	3 442	2.8
2012年	11 296	9.1	7 557	9.3	3 739	8.6
2013年	12 522	10.9	8 242	9.1	4 279	14.4
2014年	14 390	14.9	9 857	19.6	4 533	5.9
2015年	16 395	13.9	11 180	13.4	5 215	15.0
2016年	17 997	9.8	12 083	8.1	5 914	13.4
2017年	19 882	10.5	13 327	10.3	6 555	10.8
2018年	21 375	7.5	13 952	4.7	7 424	13.3
2019年	22 834	6.8	14 567	4.4	8 267	11.4
年均增长率						
2010–2019年	10.3		10.2		10.6	
2012–2019年	10.6		9.8		12.0	
2015–2019年	8.6		6.8		12.2	

表9 2010—2019年个体单位就业人员情况

时间	就业人数		城镇个体		乡村个体	
	就业总数（万人）	增长率（%）	就业总数（万户）	增长率（%）	就业总数（万户）	增长率（%）
2010年	7 008	6.4	4 468	5.3	2 540	8.5
2011年	7 945	13.4	5 227	17	2 718	7
2012年	8 628	8.6	5 643	8	2 986	9.8
2013年	9 336	8.2	6 142	8.8	3 193	6.9
2014年	10 585	13.4	7 009	14.1	3 575	12
2015年	11 682	10.4	7 800	11.3	3 882	8.6
2016年	12 862	10.1	8 627	10.6	4 235	9.1
2017年	14 225	10.6	9 348	8.4	4 878	15.2
2018年	16 038	12.7	10 440	11.7	5 597	14.8

续表

时间	就业人数		城镇个体		乡村个体	
	就业总数（万人）	增长率（%）	就业总数（万户）	增长率（%）	就业总数（万户）	增长率（%）
2019年	17 692	10.3	11 692	12.0	6 000	7.2
年均增长率						
2000–2019年	10.8		11.3		10.0	
2012–2019年	10.8		11.0		10.5	
2015–2019年	10.9		10.6		11.5	

四、民企工资增长

——工资稳步提升，差距仍待缩小

2020年，我国经济社会稳定持续恢复，基本民生保障有力。2020年全国居民人均可支配收入比2010年增加一倍；农村居民收入增长继续快于城镇居民，城乡居民收入差距进一步缩小。居民消费支出稳步恢复，基本民生支出稳定增长。

（一）2020年全国居民人均可支配收入情况

截至2020年2月，国家统计局公布了2020年全国居民人均可支配收入情况，其他工资数据目前暂未发布。2020年，全国居民人均可支配收入32 189元，比2019年名义增长4.7%，扣除价格因素，实际增长2.1%。其中，城镇居民人均可支配收入43 834元，增长3.5%（同比名义增速，本段下同），扣除价格因素，实际增长1.2%；农村居民人均可支配收入17 131元，增长6.9%，扣除价格因素，实际增长3.8%（见表1）。

表1　2020年全国居民收支主要数据

单位：元、%

指标	绝对量	比上年增长
（一）全国居民人均可支配收入	32 189	4.7（2.1）
按常住地分：		
城镇居民	43 834	3.5（1.2）
农村居民	17 131	6.9（3.8）

续表

指标	绝对量	比上年增长
按收入来源分：		
工资性收入	17 917	4.3
经营净收入	5 307	1.1
财产净收入	2 791	6.6
转移净收入	6 173	8.7
（二）全国居民人均可支配收入中位数	27 540	3.8
按常住地分：		
城镇居民	40 378	2.9
农村居民	15 204	5.7

注：1. 数据源自国家统计局。

2. 居民人均可支配收入＝城镇居民人均可支配收入*城镇人口比重+农村居民人均可支配收入*农村人口比重。

3. “比上年增长”栏中，括号中数据为实际增速，其他为名义增速。

（二）2019年度全国私营、非私营单位就业人员年平均工资情况

1. 2019年城镇两类单位就业人员年平均工资情况

2019年，全国城镇单位就业人员平均工资稳步增长。城镇私营单位就业人员年平均工资为53 604元，比2018年增长8.1%，增速比上年回落0.2个百分点，扣除价格因素，实际增长5.2%；2019年全国城镇非私营单位就业人员年平均工资为90 501元，比2018年增长9.8%，扣除价格因素，实际增长6.8%（见表2、表3）。

（1）按区域分

2019年城镇私营、非私营单位就业人员年平均工资由高到低依次是东部、西部、中部和东北，东部地区工资最高、东北地区工资最低，私营、非私营单位的工资差距，中部地区差距最小（见表2）。

非私营单位最高和最低区域的平均工资之比为1.45，与2018年基本持

平；私营单位最高和最低区域的平均工资之比为1.49，与上年持平（见表2）。

表2　2018—2019年分地区城镇两类单位就业人员年平均工资情况

类型	2018年			2019年		
	非私营（元）	私营（元）	私营/非私营（%）	非私营（元）	私营（元）	私营/非私营（%）
全国	82 461	49 575	60.1	90 501	53 604	59.2
东部	93 253	55 230	59.2	104 069	59 471	57.1
中部	68 969	41 047	59.5	73 457	43 927	59.8
西部	75 755	43 842	57.9	81 954	46 777	57.1
东北	65 411	37 071	56.7	71 721	39 861	55.6

注：数据源自国家统计局，私营/非私营数据为大成课题组计算得出。

2019年城镇私营单位的同比名义增长率从高到低依次为东部、东北部、中部和西部，城镇非私营单位的同比名义增长率从高到低依次为东部、东北部、西部和中部（见表3）。

表3　2018—2019年分地区城镇两类单位就业人员年平均工资名义增长率情况

单位：%

类型	2018年		2019年	
	非私营	私营	非私营	私营
全国	11.0	8.3	9.8	8.1
东部	10.0	9.2	11.7	7.7
中部	12.7	8.8	6.5	7.0
西部	10.9	6.3	8.2	6.7
东北	9.9	6.9	9.6	7.5

注：数据源自国家统计局。

（2）按行业分

2019年，私营单位年平均工资最高的三个行业分别为信息传输/软件/信息技术服务业85 301元、金融业76 107元、科学研究/技术服务业67 642

元，分别为全国平均水平的1.59倍、1.42倍和1.26倍。年平均工资最低的三个行业分别是农林牧渔业37 760元、住宿/餐饮业42 424元、居民服务/修理/其他服务业43 926元，分别为全国平均水平的70%、79%和82%；非私营单位年平均工资最高的三个行业分别是信息传输/软件/信息技术服务业161 352元、科学研究/技术服务业133 459元、金融业131 405元，分别为全国平均水平的1.78倍、1.47倍和1.45倍。年平均工资最低的三个行业分别是农林牧渔业39 340元、住宿/餐饮业50 346元、居民服务/修理/其他服务业60 232元，分别为全国平均水平的43%、56%和67%（见表4）。最高与最低行业平均工资之比，非私营单位为4.10，私营单位为2.26，差距较2017年的4.05、2.10略有扩大。

对比私营、非私营单位情况，2019年私营单位工资与非私营单位工资差距最大的是文化/体育/娱乐业、电力/热力/燃气/水生产和供应业、科学研究/技术服务业，私营单位工资分别为非私营单位的45.8%、46.1%、50.7%；工资差距最小的是农林牧渔业、住宿/餐饮业、建筑业，私营单位工资分别为非私营单位的96.0%、84.3%、82.6%。所有行业私营单位的平均工资均低于同行业非私营单位水平（见表4）。

表4　2018—2019年城镇单位分行业就业人员年工资情况

时间	2018年			2019年		
类型	非私营（元）	私营（元）	私营/非私营（%）	非私营（元）	私营（元）	私营/非私营（%）
合计	82 413	49 575	60.2	90 501	53 604	59.2
农林牧渔业	36 466	36 375	99.8	39 340	37 760	96.0
采矿业	81 429	44 096	54.2	91 068	49 675	54.5
制造业	72 088	49 275	68.4	78 147	52 858	67.6
电力/热力/燃气/水生产和供应业	100 162	44 239	44.2	107 733	49 633	46.1
建筑业	60 501	50 879	84.1	65 580	54 167	82.6

续表

时间	2018年			2019年		
类型	非私营（元）	私营（元）	私营/非私营（%）	非私营（元）	私营（元）	私营/非私营（%）
批发和零售业	80 551	45 177	56.1	89 047	48 722	54.7
交通运输/仓储/邮政业	88 508	50 547	57.1	97 050	54 006	55.6
住宿/餐饮业	48 260	39 632	82.1	50 346	42 424	84.3
信息传输/软件/信息技术服务业	147 678	76 326	51.7	161 352	85 301	52.9
金融业	129 837	62 943	48.5	131 405	76 107	57.9
房地产业	75 281	51 393	68.3	80 157	54 416	67.9
租赁/商务服务业	85 147	53 382	62.7	88 190	57 248	64.9
科学研究/技术服务业	123 343	61 876	50.2	133 459	67 642	50.7
水利/环境/公共设施管理业	56 670	42 409	74.8	61 158	44 444	72.7
居民服务/修理/其他服务业	55 343	41 058	74.2	60 232	43 926	72.9
教育	92 383	46 228	50	97 681	50 761	52.0
卫生/社会工作	98 118	52 343	53.3	108 903	57 140	52.5
文化/体育/娱乐业	98 621	44 592	45.2	107 708	49 289	45.8

注：数据源自国家统计局，私营、非私营数据为大成课题组计算得出。

2019年，从行业平均工资的增速来看，私营单位年平均工资增速最高的三个行业依次为金融业、采矿业、电力/热力/燃气及水生产和供应业，分别增长20.9%、12.7%和12.2%。增速最低的三个行业依次为农林牧渔业、水利/环境/公共设施管理业、房地产业，分别增长3.8%、4.8%和5.9%；非私营单位增速最高的三个行业依次为采矿业、卫生/社会工作、批发和零售业，分别增长11.8%、11.0%和10.5%。增速最低的三个行业依次为金融业、租赁/商务服务业、住宿/餐饮业，分别增长1.2%、3.6%和4.3%（见表9、表10）。

对比2019年私营、非私营单位年平均工资增长率情况，18个行业大类中，有半数私营单位平均工资名义增长率高于于非私营单位，分别是：采矿业、电力/热力/燃气/水生产和供应业、住宿/餐饮业、信息传输/软件/信息技术服务业、金融业、租赁/商务服务业、科学研究/技术服务业、教育、文化/体育/娱乐业（见表9、表10）。

（3）按登记注册类型分

在10种登记注册类型中，2019年平均工资水平最高的是外商投资企业（106 604元）、股份有限企业（103 087元）、国有企业（98 899元），平均工资水平最低的是私营企业（53 604元）、集体企业（62 612元）、其他内资（71 329元）。从平均工资的增长速度来看，其他内资（15.7%）、港澳台商投资（11.3%）增速最高，集体（3.2%）、股份合作（4.3%）、联营（4.3%）增速最低（见表5、图1）。

表5 2018—2019年城镇按登记注册类型分单位就业人员年平均工资情况

项目	平均工资（元）		名义增长率（%）	
登记注册类型	2018年	2019年	2018年	2019年
私营	49 575	53 604	8.3	8.1
非私营	82 413	90 501	10.9	9.8
其中：国有	89 474	98 899	10.3	10.5
集体	60 664	62 612	9.8	3.2
股份合作	77 751	81 058	8.2	4.3
联营	72 107	75 220	17.3	4.3
有限责任	72 114	79 515	12.9	10.3
股份有限	93 316	103 087	9.7	10.5
其他内资	61 666	71 329	13.3	15.7
港澳台商投资	82 027	91 304	12.3	11.3
外商投资	99 367	106 604	10.3	7.3

注：数据源自国家统计局。

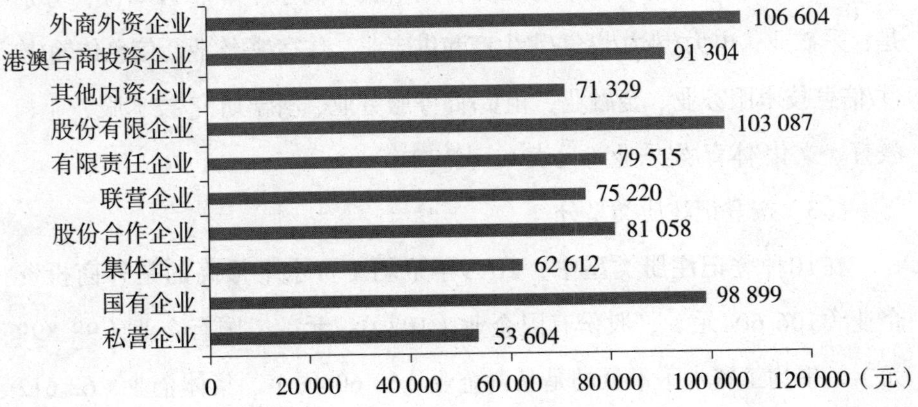

图1 2019年城镇按登记注册类型分单位就业人员年平均工资情况

2. 2019年全国规模以上企业就业人员分岗位年平均工资情况

2019年全国规模以上企业就业人员年平均工资为75 229元，比上年增长10.0%。按地区分，五类岗位平均工资最高的区域均为东部，平均工资分别为中层及以上管理人员182 550元、专业技术人员121 073元、办事人员和有关人员79 903元、社会生产服务和生活服务人员65 729元、生产制造及有关人员62 236元。五类岗位平均工资最低的区域均为中部，分别为111 472元、77 152元、55 280元、49 390元和53 390元（见表6、图2）。

表6 2019年分地区分岗位就业人员年平均工资

单位：元

项目	规模以上企业就业人员	中层及以上管理人员	专业技术人员	办事人员和有关人员	社会生产服务和生活服务人员	生产制造及有关人员
全国	75 229	156 892	105 806	70 926	60 015	59 586
东部	83 015	182 550	121 073	79 903	65 729	62 236
中部	60 675	111 472	77 152	55 280	49 390	53 390
西部	68 038	131 527	90 232	61 004	53 603	58 678
东北	67 676	125 821	79 961	65 389	56 390	59 007

注：数据源自国家统计局。

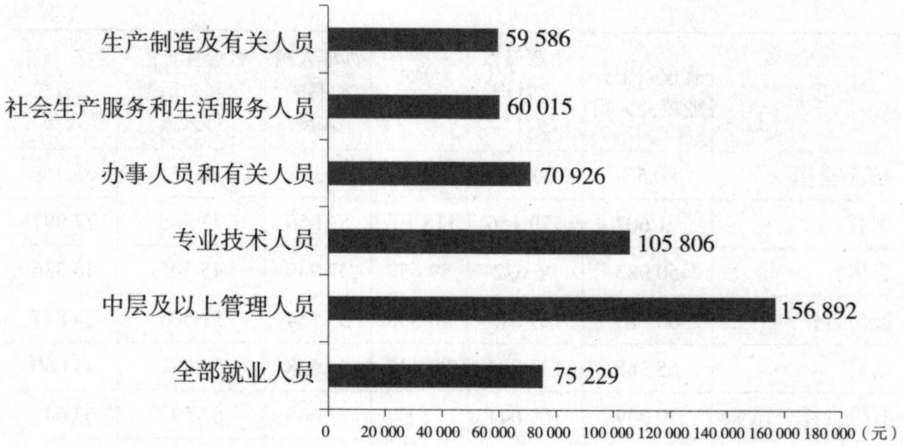

图2　2019年分岗位规模以上企业就业人员年平均工资

按登记注册类型分，中层及以上管理人员、专业技术人员、办事人员和有关人员、社会生产服务和生活服务人员四类岗位平均工资最高的企业类型均为外商投资企业，平均工资分别为316 572元、165 175元、116 683元、80 675元；生产制造及有关人员平均工资最高的是国有企业，平均工资为77 997元；中层及以上管理人员、专业技术人员、办事人员和有关人员、社会生产服务和生活服务人员四类岗位平均工资最低的企业类型均为集体单位，平均工资分别为96 622元、59 658元、47 949元和45 305元；生产制造及有关人员平均工资最低的是其他内资企业，平均工资为43 960元。五类岗位平均工资在各类企业类型中最高与最低之比分别为3.28、2.77、2.43、1.78以及1.77（见表7）。

表7　2019年分登记注册类型分岗位就业人员年平均工资

单位：元

项目	规模以上企业就业人员	中层及以上管理人员	专业技术人员	办事人员和有关人员	社会生产服务和生活服务人员	生产制造及有关人员
全国	75 229	156 892	105 806	70 926	60 015	59 586
私营	60 551	109 946	78 257	56 676	48 329	52 494

续表

项目	规模以上企业就业人员	中层及以上管理人员	专业技术人员	办事人员和有关人员	社会生产服务和生活服务人员	生产制造及有关人员
私营/全国	80.5%	70.1%	74.0%	79.9%	80.5%	88.1%
国有	91 607	179 156	118 107	81 059	73 586	77 997
集体	50 983	96 622	59 658	47 949	45 305	46 336
股份合作	60 713	107 015	70 308	55 554	51 503	54 847
联营	65 388	132 204	89 437	54 628	53 887	45 060
有限责任公司	79 949	169 041	112 173	71 666	62 592	63 641
股份有限公司	91 052	206 426	122 132	85 977	71 981	69 901
其他内资	75 406	132 934	83 668	61 647	50 458	43 960
港澳台商投资	90 164	235 459	158 976	99 733	72 968	60 968
外商投资	106 180	316 572	165 175	116 683	80 675	70 232

注：数据源自国家统计局，私营/全国数据为大成课题组计算得出。

3. 2019年农民工月均平均收入情况

2019年，农民工月均收入3 962元，比上年增加241元，增长6.5%，农民工集中就业的六大行业月均收入均稳定增长。低于全国私营单位8.1%、非私营单位9.8%的增速。由于绝大部分农民工就业单位为私营企业，农民工群体收入的低速增长是私营单位工资收入增速低于非私营单位的一个重要原因。

分行业看，2019年从事制造业农民工月均收入3 958元，比2018年增加226元，增长6.1%；从事建筑业农民工月均收入4 567元，比2018年增加358元，增长8.5%；从事批发和零售业农民工月均收入3 472元，比2018年增加209元，增长6.4%；从事交通运输仓储邮政业农民工月均收入4 667元，比上年增加322元，增长7.4%；从事住宿餐饮业农民工月均收入3 289元，比2018年增加141元，增长4.5%；从事居民服务修理和其他服务业农民工月均收入3 337元，比2018年增加135元，增长4.2%。

（三）十八大以来和“十三五”期间全国及各地就业人员工资情况

1. 十八大以来和“十三五”期间全国城镇两类单位就业人员年平均工资情况

依据统计局发布的近年来城镇两类单位就业人员年平均工资数据计算得出，十八大以来的城镇私营单位就业人员平均工资年均增长率按绝对数和按同比增长率计算得出均为9.3%（以下如无特别说明，均为名义增速），非私营单位计算得出均为9.9%；而“十三五”期间，城镇私营单位就业人员平均工资年均增长率按绝对数计算为7.9%、按同比增长率计算为7.8%，城镇非私营单位就业人员平均工资年均增长率按绝对数和按同比增长率计算得出均为9.9%（见表8）。

表8　2012—2019年城镇两类单位就业人员年平均工资情况

年	平均工资			增长率	
	私营单位（元）	非私营单位（元）	私营/非私营（%）	私营单位（%）	非私营单位（%）
2012年	28 752	46 769	61	17.1	11.9
2013年	32 706	51 483	64	13.8	10.1
2014年	36 390	56 360	65	11.3	9.5
2015年	39 589	62 029	64	8.8	10.1
2016年	42 833	67 569	63	8.2	8.9
2017年	45 761	74 318	62	6.8	10
2018年	49 575	82 413	60.2	8.3	11
2019年	53 604	90 501	59.2	8.1	9.8
按公布绝对数计算的年均增长率					
2012–2019年	9.3	9.9			
2015–2019年	7.9	9.9			
按公布增长率计算的年均增长率					
2012–2019年				9.3	9.9
2015–2019年				7.8	9.9

注：1. 绝对数和同比增长率数据源自国家统计局，本章下同。

2. 私营/非私营数据为大成课题组依据国家统计局公开数据计算得出。

十八大以来，从城镇两类单位就业人员年平均工资名义增长率情况来看，自2011年达到顶峰后开始下降，随后私营单位工资增长率一路下滑，2017年降至6.8%，为2010年以来历史最低位；非私营单位工资增速2016年降至8.9%的历史最低点后，2019年回升至9.8%，比私营单位工资增速高出1.7个百分点（见表8、图3）。

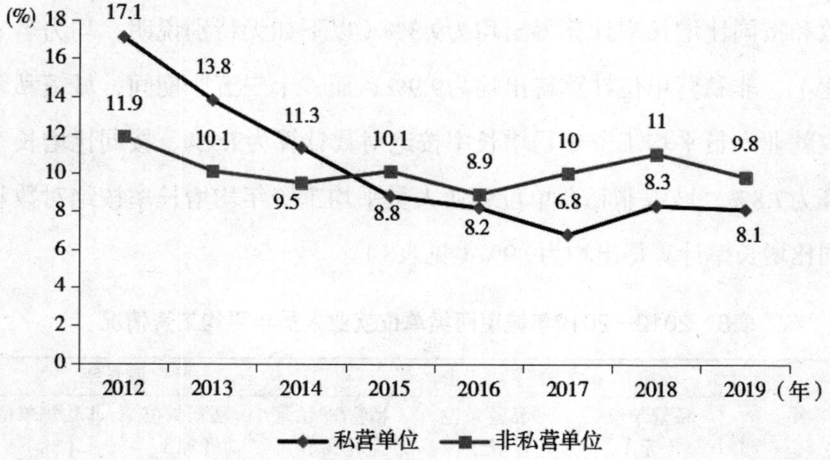

图3　2012—2019年城镇两类单位就业人员年平均工资名义增长率情况

“十三五”期间，从城镇两类单位就业人员年平均工资名义增长率情况来看，2015年起私营单位工资增速始终低于非私营单位水平，2019年私营单位平均工资为非私营单位的59.2%，二者的收入差距进一步扩大（见表8、图3）。

“十三五”以来，城镇私营单位分行业就业人员年平均工资年均增长率为7.8%，其中金融业的平均工资年均增长率最高为14.1%，采矿业和建筑业的平均工资年均增长率最低为6.8%（见表9）。

表9 2015—2019年城镇私营单位分行业就业人员年平均工资年均增长率

单位：%

类型	年份					年均增长率
	2015年	2016年	2017年	2018年	2019年	2015—2019年
合计	8.8	8.2	6.8	8.3	8.1	7.8
农林牧渔业	7.5	8.4	9.5	6.1	3.8	6.9
采矿业	6.6	3.7	4.1	6.9	12.7	6.8
制造业	9.2	8.1	6.8	9.5	7.3	7.9
电力/热力/燃气/水生产和供应业	4.4	11.5	7.5	6.6	12.2	9.4
建筑业	7.4	7.4	4.8	8.4	6.5	6.8
批发和零售业	8.1	8.1	7.0	6.7	7.8	7.4
交通运输/仓储/邮政业	4.1	5.5	7.4	10.2	6.8	7.5
住宿/餐饮业	8.2	8.9	6.3	7.4	7.0	7.4
信息传输/软件/信息技术服务业	13.1	10.2	10.8	8.4	11.8	10.3
金融业	8.0	12.2	3.8	20.4	20.9	14.1
房地产业	10.4	10.3	4.3	7.0	5.9	6.9
租赁/商务服务业	11.1	9.3	7.4	3.9	7.2	6.9
科学研究/技术服务业	6.3	8.6	6.1	6.5	9.3	7.6
水利/环境/公共设施管理业	10.0	7.7	2.4	3.3	4.8	4.5
居民服务/修理/其他服务业	13.7	7.9	7.2	6.9	7.0	7.2
教育	2.8	6.7	9.5	6.9	9.8	8.2
卫生/社会工作	9.0	8.5	7.5	10.7	9.2	9.0
文化/体育/娱乐业	9.2	9.3	7.8	8.2	10.5	8.9

注：数据源自国家统计局，年均增长率为大成课题组计算得出，本节下同。

“十三五”以来，城镇非私营单位分行业就业人员年平均工资年均增长率为9.9%，其中采矿业的平均工资年均增长率最高为11.3%，金融业的平均工资年均增长率最低为3.4%（见表10）。

表10　2015—2019年城镇非私营单位分行业就业人员年平均工资年均增长率

单位：%

类型	时间					年均增长率
	2015年	2016年	2017年	2018年	2019年	2015—2019年
合计	10.1	8.9	10.0	10.9	9.8	9.9
农林牧渔业	12.7	5.2	8.6	–0.1	7.9	5.3
采矿业	–3.7	1.9	14.8	17.2	11.8	11.3
制造业	7.7	7.5	8.4	11.8	8.4	9.0
电力/热力/燃气/水生产和供应业	7.6	6.3	7.7	10.9	7.6	8.1
建筑业	6.7	6.5	6.7	8.9	8.4	7.6
批发和零售业	8.0	7.8	9.4	13.1	10.5	10.2
交通运输/仓储/邮政业	8.5	7.0	8.9	10.3	9.7	9.0
住宿/餐饮业	9.5	6.3	5.5	5.5	4.3	5.4
信息传输/软件/信息技术服务业	11.1	9.3	8.7	10.9	9.3	9.5
金融业	6.0	2.3	4.6	5.7	1.2	3.4
房地产业	8.4	8.7	5.8	8.7	6.5	7.4
租赁/商务服务业	8.0	5.9	6.0	4.6	3.6	5.0
科学研究/技术服务业	8.7	8.1	11.6	14.4	8.2	10.5
水利/环境/公共设施管理业	11.0	9.7	9.4	8.5	7.9	8.9
居民服务/修理/其他服务业	7.0	6.2	6.3	9.5	8.8	7.7
教育	17.7	11.9	12.0	10.8	5.7	10.1
卫生/社会工作	13.2	11.7	12.0	9.4	11.0	11.0
文化/体育/娱乐业	13.0	9.8	9.9	12.3	9.2	10.3

2. “十三五”以来各地最低工资标准对比情况

截至2020年3月31日，比较各地最低工资标准水平，东部经济发达地区最低工资较高，上海、深圳、北京、广东（除深圳）、天津、江苏、浙江这7个地区的最低工资标准超过2 000元。上海月最低工资标准为2 480元，全国最高。西南、西北、东北等地区的最低工资标准较低，其中安徽省最低工资第一档标准仅为1 550元（见表11）。

截至2015年6月，全国各地区月最低工资标准中，深圳以每月2 030元位列第一；上海以2 020元位列第二位；广东以1 895元排名第三。而月最低工资标准"垫底"的重庆和贵州，每月最低工资标准仅为1 250元（见表11）。

2015年全国各地区最低工资标准第一档的平均数为1 477元，2020年全国各地区最低工资标准第一档的平均数为1 836元。"十三五"期间，全国各地区最低工资标准第一档的平均数的年均增长率为4.4%（见表11）。

表11　2015—2020年全国各地区最低工资标准情况

时间	2015年		2020年		2015—2019年年均增长率（%）
地区	标准实行日期	月最低工资标准第一档（元）	标准实行日期	月最低工资标准第一档（元）	
北京	2015年04月01日	1 720	2019年07月01日	2 200	5.0
天津	2015年04月01日	1 850	2017年07月01日	2 050	2.1
河北	2014年12月01日	1 480	2019年11月01日	1 900	5.1
山西	2015年05月01日	1 620	2017年10月01日	1 700	1.0
内蒙古	2014年07月01日	1 500	2017年08月01日	1 760	3.2
辽宁	2013年07月01日	1 300	2019年11月01日	1 810	6.8
吉林	2013年07月01日	1 320	2017年10月01日	1 780	6.2
黑龙江	2012年12月01日	1 160	2017年10月01日	1 680	7.7
上海	2015年04月01日	2 020	2019年04月01日	2 480	4.2
江苏	2014年11月01日	1 630	2018年08月01日	2 020	4.4
浙江	2014年08月01日	1 650	2017年12月01日	2 010	4.0
安徽	2013年07月01日	1 260	2018年11月01日	1 550	4.2
福建	2013年08月01日	1 320	2020年01月01日	1 800	6.4
江西	2014年07月01日	1 390	2018年01月01日	1 680	3.9
山东	2015年03月01日	1 600	2018年06月01日	1 910	3.6

续表

时间	2015年		2020年		2015—2019年年均增长率（%）
地区	标准实行日期	月最低工资标准第一档（元）	标准实行日期	月最低工资标准第一档（元）	
河南	2014年07月01日	1 400	2018年10月01日	1 900	6.3
湖北	2013年09月01日	1 300	2017年11月01日	1 750	6.1
湖南	2015年01月01日	1 390	2019年10月01日	1 700	4.1
广东	2015年05月01日	1 895	2018年07月01日	2 100	2.1
其中：深圳	2015年03月01日	2 030	2018年07月01日	2 200	1.6
广西	2015年01月01日	1 400	2020年03月01日	1 810	5.3
海南	2015年01月01日	1 270	2018年12月01日	1 670	5.6
重庆	2014年01月01日	1 250	2019年01月01日	1 800	7.6
四川	2014年07月01日	1 400	2018年07月01日	1 780	4.9
贵州	2014年07月01日	1 250	2019年12月01日	1 790	7.4
云南	2014年05月01日	1 420	2018年05月01日	1 670	3.3
西藏	2015年01月01日	1 400	2018年01月01日	1 650	3.3
陕西	2015年05月01日	1 480	2019年05月01日	1 800	4.0
甘肃	2015年04月01日	1 470	2017年06月01日	1 620	2.0
青海	2014年05月01日	1 270	2020年01月01日	1 700	6.0
宁夏	2013年05月01日	1 300	2017年10月01日	1 660	5.0
新疆	2013年06月01日	1 520	2018年01月01日	1 820	3.7
全国第一档月平均工资	—	1 477	—	1 836	4.4

注：数据源自人力资源和社会保障部和各地人社厅官网，数据时间截至2020年12月31日。

3. “十三五”以来农民工收入年均增长情况

“十三五”以来，农民工收入呈逐年稳步增长趋势，从2015年的月均收入3 072元增长为2019年的3 962元。2015—2019年农民工收入的年均增长率为6.6%，其中制造业增速最高为7.5%，住宿和餐饮业增速最低为4.8%（见表12）。

表12　2015—2019年农民工月均收入及增速情况

项目	月均收入（元）					同比增速（%）					年均增长率（%）
	2015年	2016年	2017年	2018年	2019年	2015年	2016年	2017年	2018年	2019年	2015—2019年
合计	3 072	3 275	3 485	3 721	3 962	7.2	6.6	6.4	6.8	6.5	6.6
制造业	2 970	3 233	3 444	3 732	3 958	4.9	8.9	6.5	8.4	6.1	7.5
建筑业	3 508	3 687	3 918	4 209	4 567	6.6	5.1	6.3	7.4	8.5	6.8
批发和零售业	2 716	2 839	3 048	3 263	3 472	6.4	4.5	7.4	7	6.4	6.3
交通运输、仓储和邮政业	3 553	3 775	4 048	4 345	4 667	7.7	6.2	7.2	7.3	7.4	7.0
住宿和餐饮业	2 723	2 872	3 019	3 148	3 289	6.2	5.5	5.1	4.3	4.5	4.8
居民服务、修理和其他服务业	2 686	2 851	3 022	3 202	3 337	6.1	6.1	6	6	4.2	5.6

注：“绝对数和同比增速”源自国家统计局2015-2019年《农民工监测调查报告》，“年均增长率”为大成课题组依据同比增长数据计算得出。

五、民间投资回升

——增幅有所降低，行业分化明显

2020年，在新冠肺炎疫情全球爆发并持续影响国内外经济社会生活的形势下，我国各地区、各部门统筹疫情防控和经济社会发展各项决策部署，固定资产投资呈现先抑后扬趋势，结构持续优化，复苏态势不断巩固。

（一）2020年全国和民间固定资产投资情况

1. 年度固定资产投资情况

统计局发布数据显示，在突发疫情的强势冲击下，2020年1—2月全国固定资产投资大幅下降24.5%，而后降幅逐月收窄，上半年整体下降3.1%，至前三季度增速实现由负转正。

2020年1—12月，全国固定资产投资（不含农户）518 907亿元，同比增长2.9%，增速比1—11月份提高0.3个百分点。其中，民间固定资产投资289 264亿元，增长1.0%，增速提高0.8个百分点（见表1、图1）。从环比速度看，12月份固定资产投资增长2.32%。

表1　2020年1—12月全国、国有及民间投资主要数据

类型	绝对值（亿元）	同比增长（%）	占比（%）
全国固定资产投资额	518 907	2.9	100
全国投资增量	15 048	–49.5	100

续表

类型	绝对值（亿元）	同比增长（%）	占比（%）
民间投资额	289 264	1.0	55.7
民间投资增量	2 893	–80.2	19.2
国有控股投资额	—	5.3	—

注：1. “全国、民间投资增量的绝对值、同比和占比”为大成课题组根据国家统计局发布的数据计算得出。

2. 本章固定资产数据均为不含农户统计口径。

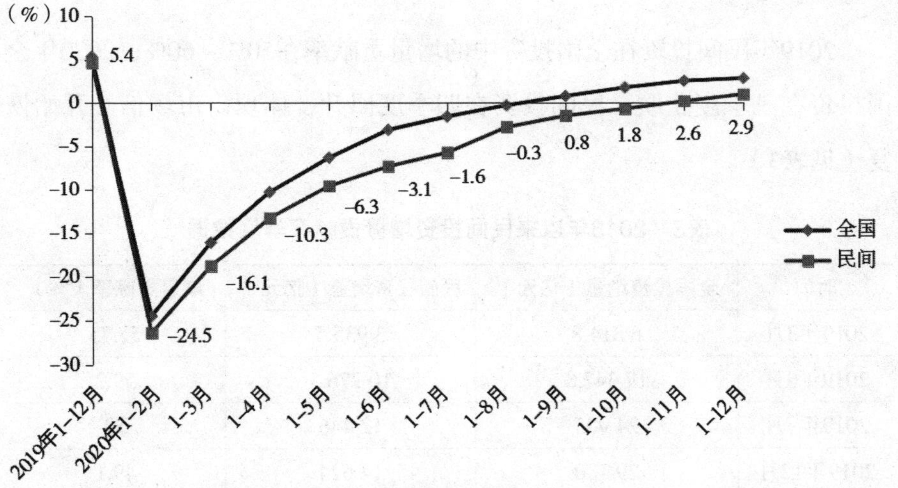

图1　2020年全国和民间固定资产投资（不含农户）同比增速

注：数据源自国家统计局。

2. 季度固定资产投资情况

2020年新冠肺炎疫情影响下，全国和民间固定资产投资依然走出了一轮先抑后扬的趋势。全国固定资产投资在三季度首先止跌回升，由一季度的同比下降16.1%至三季度的同比增长0.8%；民间投资在四季度恢复增长，由一季度的同比下降18.8%至四季度的同比增长1.0%（见表2）。

表2　全国、国有控股、民间固定资产投资季度数据

时间	全国固定资产投资		国有及国有控股投资		民间投资		
	绝对值（亿元）	同比增长（%）	绝对值	同比增长（%）	绝对值（亿元）	同比增长（%）	占比（%）
2020年3月	84 145	−16.1	—	−12.8	47 804	−18.8	56.8
2020年6月	281 603	−3.1	—	2.1	157 867	−7.3	56.1
2020年9月	436 530	0.8	—	4	243 998	−1.5	55.9
2020年12月	518 907	2.9	—	5.3	289 264	1.0	55.7

注：数据源自国家统计局。

2019年民间投资在全国投资中的增量贡献率在50%～60%；2020年全国投资在三季度止跌，民间投资在四季度回升，体现出市场信心开始恢复（见表3）。

表3　2018年以来民间投资增量贡献率季度数据

时间	全国投资增量（亿元）	民间投资增量（亿元）	增量贡献率（%）
2019年3月	6 814.8	3 935.5	57.75
2019年6月	17 347.8	10 276.5	59.2
2019年9月	24 905	12 446	50
2019年12月	29 780	14 624	49.1
2020年3月	−13 547	−8 987	−66.3
2020年6月	−8 730	−11 524	−132
2020年9月	3 492	−3 660	−104.8
2020年12月	15 048	2 893	19.2

注：“同比增量”为大成课题组根据国家统计局发布的同比增长率计算得出。

3. 按登记注册类型分各类企业固定资产投资比较

按登记注册类型分，2020年1—12月国有企业投资增速同比下降12.1%，同2019年年底相比降低10.4个百分点；有限责任公司同比增长10.8%，同2019年年底相比降低6.3个百分点；私营企业同比增长5.1%，同2019年底相比上升7.7个百分点；港澳台商投资同比增长4.2%，同2019年

底相比降低3.3个百分点；外商投资同比增长10.6%，同2019年底相比上升11.3个百分点（见表4）。

2020年，私营企业（5.1%）的同比增长率高于全国平均水平（2.9%），且明显高于国有企业水平（-12.1%）。各登记注册类型企业中，有限责任公司的固定资产年度同比增长率最高为10.8%，股份合作企业的固定资产年度同比增长率最低为-34.3%（见表4）。

2020年各季度同比累计增长情况，全国投资在三季度增速转正，同比增长2.9%；国有企业投资全年负增长，全年同比下降12.1%；私营企业在三季度实现正增长，全年同比增长5.1%；外商投资企业率先实现正增长，全年同比增长10.6%（见表4）。

表4　按登记注册类型分固定资产累计投资同比增长季度情况

单位：%

类型	2020年3月	2020年6月	2020年9月	2020年12月
全国投资	-16.1	-3.1	0.8	2.9
其中：国有企业	-23.3	-5.8	-4.0	-12.1
集体企业	-38.6	-30.1	-19.9	-21.4
股份合作企业	-46.5	-9.1	7.1	-34.3
联营企业	-49.1	-17.5	-10.8	-10.7
有限责任公司	-9.9	2.6	4.3	10.8
股份有限公司	-19.8	-10.9	-10.6	-12.2
私营企业	-18.2	-7.2	0.8	5.1
其他企业	-36.0	-15.5	-9.8	-18.3
港澳台商投资	-13.0	0.6	4.9	4.2
外商投资	-9.0	3.9	5.3	10.6
个体经营	-43.2	-23.4	-12.7	-7.5

注：数据源自国家统计局。

4. 按行业大类分各类企业固定资产投资比较

对比各行业大类2020年的全国固定资产投资年度同比增长情况，卫生和社会工作（26.8%），农林牧渔业（19.1%），电力热力燃气及水生产和供应业（17.6%）全国投资同比增速最高；采矿业（–14.1%），公共管理、社会保障和社会组织（–6.4%），制造业（–2.2%）全国投资同比增速为负。其中5个行业（农林牧渔业，电力热力燃气及水生产和供应业，建筑业，教育，卫生和社会工作）全国投资增速高于全国水平；6个行业（采矿业，制造业，交通运输、仓储和邮政业，水利、环境和公共设施管理业，文化、体育和娱乐业，公共管理、社会保障和社会组织）全国投资增速低于全国水平（见表5、图2）。

对比各行业大类2020年的民间投资年度同比增长情况，农林牧渔业（13.5%），电力热力燃气及水生产和供应业（12.3%），教育（6.1%），卫生和社会工作（4.6%）民间投资同比增速为正，且高于民间投资全国平均水平；公共管理、社会保障和社会组织（–24.8%），建筑业（–13.2%），水利、环境和公共设施管理业（–10.7%），采矿业（–7.2%），制造业（–4.6%），交通运输、仓储和邮政业（–3.8%），文化、体育和娱乐业（–3.6%）民间投资同比增速为负，且低于民间投资全国水平（见表5、图2）。

表5　按行业大类分固定资产投资同比增长年度情况

单位：%

类型	2015年		2016年		2017年		2018年		2019年		2020年		2015—2020年年均增长率	
	全国	民间	全国	民间	全国	民间	全国	民间	全国	民间	全国	民间	全国	民间
全国投资	10.0	10.1	8.1	3.2	7.2	6.0	5.9	8.7	5.4	4.7	2.9	1.0	5.9	4.7
农林牧渔业	30.8	32.8	19.5	16	9.1	12	12.3	12.4	0.7	2.1	19.1	13.5	11.9	11.1
采矿业	–8.8	–9.9	–20.4	–13.0	–10.0	–19.0	4.1	13.3	24.1	18.8	–14.1	–7.2	–4.5	–2.5
制造业	8.1	9.1	4.2	3.6	4.8	4.8	9.5	10.3	3.1	2.8	–2.2	–4.6	3.8	3.3
电力热力燃气及水生产和供应业	16.6	33.4	11.3	11.8	0.8	4.6	–6.7	–8.3	4.5	–5.9	17.6	12.3	5.2	2.5

续表

类型	2015年		2016年		2017年		2018年		2019年		2020年		2015—2020年年均增长率	
	全国	民间	全国	民间	全国	民间	全国	民间	全国	民间	全国	民间	全国	民间
建筑业	10.2	10.4	9.5	-2.4	—	-11.9	—	0.2	-63.8	-64.2	9.2	-13.2	—	-23.2
交通运输、仓储和邮政业	14.3	24.5	-0.2	-29.7	14.8	3.5	3.9	1.2	3.4	0.8	1.4	-3.8	4.5	-6.5
水利、环境和公共设施管理业	20.4	29.2	20.7	13.7	21.2	20.8	3.3	6.7	2.9	-1.9	0.2	-10.7	9.3	5.1
教育	15.2	15.8	4.3	-25.6	20.2	13.2	7.2	12.5	17.7	28.3	12.3	6.1	12.2	5.2
卫生和社会工作	29.7	53.3	8.1	3.2	18.1	25.4	8.4	7.7	5.3	2.9	26.8	4.6	13.1	8.4
文化、体育和娱乐业	8.9	11.3	9.1	6.8	12.9	13.9	21.2	39.3	13.9	16.5	1.0	-3.6	11.4	13.7
公共管理、社会保障和社会组织	9.1	25.9	12.0	5.9	—	-16.5	—	-21.6	-15.6	-21.9	-6.4	-24.8	—	-16.4

注：数据源自国家统计局，“年均增长率”为大成课题组计算得出。

对比上一年全国固定资产投资同比增速情况，2020年5个行业（农林牧渔业，电力、热力、燃气及水生产和供应业，建筑业，卫生和社会工作，公共管理、社会保障和社会组织）全国投资增速高于去年或者降幅缩窄，6个行业（交通运输、仓储和邮政业，水利、环境和公共设施管理业，教育，文化、体育和娱乐业，采矿业，制造业）全国投资增速低于去年或者由增转降（见表5）。

对比2019年民间投资同比增速情况，2020年4个行业（农林牧渔业，电力、热力、燃气及水生产和供应业，建筑业，卫生和社会工作）民间投资增速高于去年或者降幅缩窄，7个行业（教育，文化、体育和娱乐业，交通运输、仓储和邮政业，采矿业，制造业，水利、环境和公共设施管理业，公共管理、社会保障和社会组织）民间投资增速低于2019年，由增转降或者降幅扩大（见表5）。

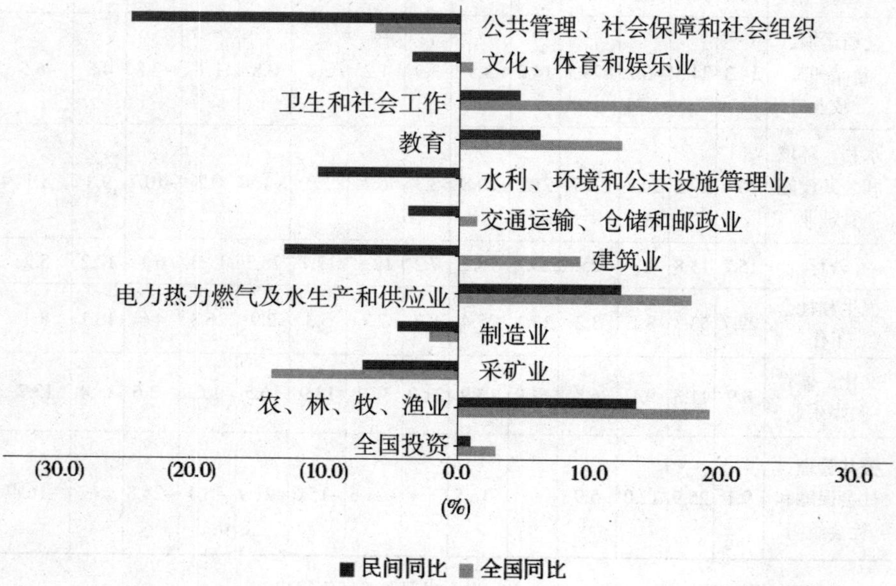

图2　2020年各行业固定资产投资全年同比增长情况

2020年一季度民间固定资产投资累计增速各行业均为负增长，二、三季度有4个行业企稳回升，四季度民间投资、全国投资额呈现小幅正增长（见表6、图3）。

2020年一季度全国固定资产投资累计增速仅有一个行业（电力热力燃气及水生产和供应业）为正增长，二季度有4个行业实现正增长，三季度有5个行业实现正增长，四季度有8个行业正增长（见表6、图3）。

表6　按行业大类分固定资产投资季度累计增速

单位：%

类型	2019年1–12月		2020年1–3月		2020年1–6月		2020年1–9月		2020年1–12月	
	全国	民间	全国	民间	全国	民间	全国	民间	全国	民间
全国投资	5.4	4.7	−16.1	−18.8	−3.1	−7.3	0.8	−1.5	2.9	1.0
农林牧渔业	0.7	2.1	−12.1	−16.6	5.5	0.1	15.3	10.3	19.1	13.5
采矿业	24.1	18.8	−3.2	−7.6	−3.9	−6.9	−9.5	−6.7	−14.1	−7.2
制造业	3.1	2.8	−25.2	−27.5	−11.7	−14.3	−6.5	−9.0	−2.2	−4.6
电力热力燃气及水生产和供应业	4.5	−5.9	2.0	−6.9	18.2	8.3	17.5	11.4	17.6	12.3
建筑业	−63.8	−64.2	−64.0	−62.9	−34.0	−35.8	−31.6	−48.2	9.2	−13.2
交通运输、仓储和邮政业	3.4	0.8	−20.7	−24.1	−1.2	−8.6	2.1	−3.0	1.4	−3.8
水利、环境和公共设施管理业	2.9	−1.9	−18.5	−26.0	−4.9	−16.1	−2.1	−11.6	0.2	−10.7
教育	17.7	28.3	−4.0	−3.0	10.8	11.7	12.7	13.2	12.3	6.1
卫生和社会工作	5.3	2.9	−1.3	−2.8	14.0	4.4	18.9	7.3	26.8	4.6
文化、体育和娱乐业	13.9	16.5	−19.7	−25.3	−6.9	−14.0	−1.6	−5.6	1.0	−3.6
公共管理、社会保障和社会组织	−15.6	−21.9	−25.1	−54.6	−23.5	−41.3	−22.0	−36.5	−6.4	−24.8

注：数据源自国家统计局。

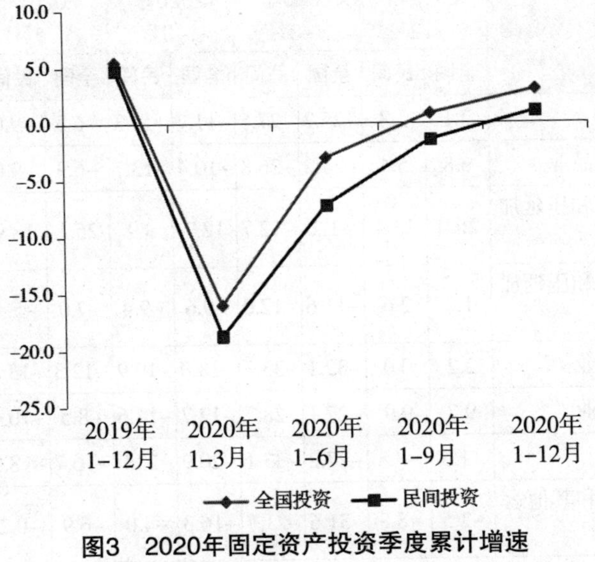

图3　2020年固定资产投资季度累计增速

5. 制造业固定资产投资同比增长情况

分析制造业各行业全国投资同比增长情况，制造业投资降幅持续收窄。2020年，制造业全国投资比上年下降2.2%，降幅比1—11月份收窄1.3个百分点。原材料制造业投资增长2.1%，增速比1—11月份加快2.0个百分点，其中，黑色金属冶炼和压延加工业投资增长26.5%，石油、煤炭及其他燃料加工业投资增长9.4%。装备制造业投资和消费品制造业投资降幅分别比1—11月份收窄1.6和0.4个百分点（见表7）。

分析制造业各行业民间投资同比增长情况，2020年，有4个细分行业黑色金属冶炼和压延加工业（27.5%）、计算机通信和其他电子设备制造业（7.8%）、铁路船舶航空和其他运输设备制造业（1.3%）、有色金属冶炼和压延加工业（1.2%）实现正增长。5个细分行业非金属矿物制品业（–5.0%）、通用设备制造业（–8.0%）、专用设备制造业（–4.2%）、汽车制造业（–14.0%）、电气机械和器材制造业（–10.4%） 民间投资同比下降（见表7、图4）。

表7 制造业固定资产投资季度累计增速

单位：%

类型	2019年1–12月		2020年1–3月		2020年1–6月		2020年1–9月		2020年1–12月	
	全国	民间	全国	民间	全国	民间	全国	民间	全国	民间
制造业	3.1	2.8	–25.2	–27.5	–11.7	–14.3	–6.5	–9.0	–2.2	–4.6
非金属矿物制品业	6.8	5.4	–24.2	–26.8	–10.4	–13.7	–6.9	–9.0	–3.0	–5.0
黑色金属冶炼和压延加工业	26.0	13.4	–1.2	–12.7	12.7	3.9	25.1	18.9	26.5	27.5
有色金属冶炼和压延加工业	1.2	2.6	–11.6	–12.0	–9.6	–9.4	–7.0	–5.4	–0.4	1.2
通用设备制造业	2.2	0.0	–32.1	–33.3	–18.0	–19.9	–12.3	–13.8	–6.6	–8.0
专用设备制造业	9.7	9.9	–27.1	–28.7	–12.7	–14.6	–8.5	–10.4	–2.3	–4.2
汽车制造业	–1.5	–8.8	–27.2	–33.1	–20.9	–23.0	–16.7	–18.0	–12.4	–14.0
铁路船舶航空和其他运输设备制造业	–2.5	–8.8	–31.6	–21.7	–16.3	–4.0	–6.9	–0.2	2.5	1.3

续表

类型	2019年1–12月		2020年1–3月		2020年1–6月		2020年1–9月		2020年1–12月	
	全国	民间	全国	民间	全国	民间	全国	民间	全国	民间
电气机械和器材制造业	–7.5	–5.0	–27.8	–29.0	–17.1	–18.8	–12.1	–14.9	–7.6	–10.4
计算机通信和其他电子设备制造业	16.8	33.4	–10.2	–14.7	9.4	2.2	11.7	6.8	12.5	7.8

注：数据源自国家统计局。

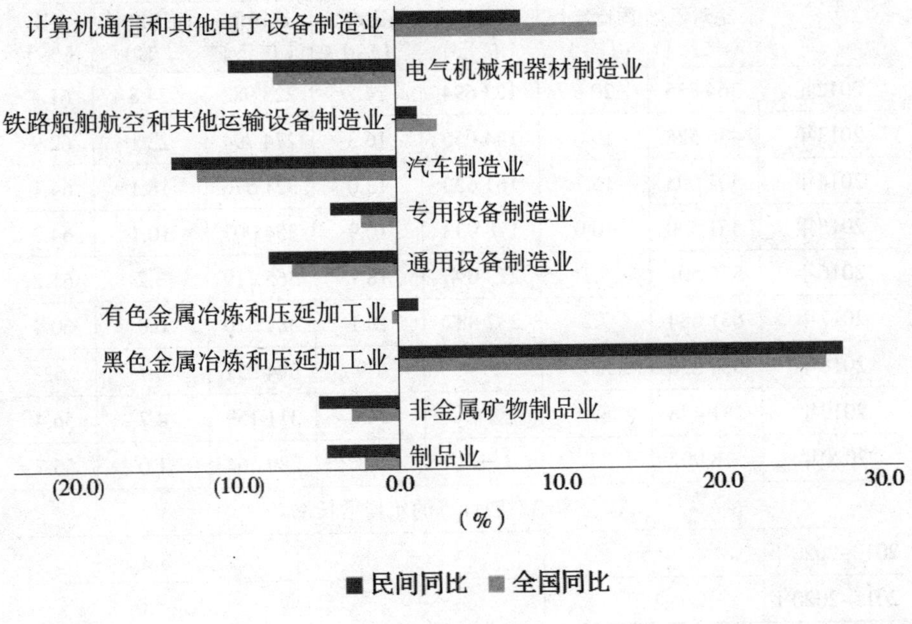

图4　2020年制造业固定资产投资同比增长情况

（二）十八大以来和“十三五”期间全国固定资产投资（不含农户）情况

1. 十八大以来固定资产投资情况（2012—2020年）

党的十八大以来，全国固定资产投资总额呈逐年增长趋势，但增速逐年放缓。2012—2020年按统计局公布的绝对数计算的年均增长率为

4.5%，按同比增长率计算的年均增长率为9.2%（见表8）。

十八大以来，民间投资总额逐年增长、增速放缓明显，2012年民间投资同比增长24.8%，2020年同比仅增长1.0%。2012—2020年按统计局公布的绝对数计算的年均增长率为3.2%，按同比增长率计算的年均增长率为9.1%（见表8）。

表8 全国、国有控股、民间固定资产投资年度数据

年份	全国固定资产投资		国有及国有控股投资		民间投资		
	绝对值（亿元）	同比增长（%）	绝对值（亿元）	同比增长（%）	绝对值（亿元）	同比增长（%）	占比（%）
2012年	364 835	20.6	123 694	14.7	223 982	24.8	61.4
2013年	436 528	19.6	144 056	16.3	274 794	23.1	62.9
2014年	502 005	15.7	161 629	13.0	321 576	18.1	64.1
2015年	551 590	10.0	178 933	10.9	354 007	10.1	64.2
2016年	596 501	8.1	213 096	18.7	365 219	3.2	61.2
2017年	631 684	7.2	232 887	10.1	381 510	6.0	60.4
2018年	635 636	5.9	—	1.9	394 051	8.7	62
2019年	551 478	5.4	—	6.8	311 159	4.7	56.4
2020年	518 907	2.9	—	5.3	289 264	1.0	55.7
按公布绝对数计算的年均增长率							
2012-2020年	4.5		—		3.2		
2015-2020年	-1.2		—		-4.0		
按公布增长率计算的年均增长率							
2012-2020年	9.2		10.2		9.1		
2015-2020年	5.9		8.4		4.7		

注：数据源自国家统计局，年均增长率为大成课题组计算得出。

党的十八大以来民间投资占比始终保持在55%以上，2020年1—12月全国投资总额中，民间投资占55.7%，占比较2019年底回落了0.7个百分点（见表8、图5）。

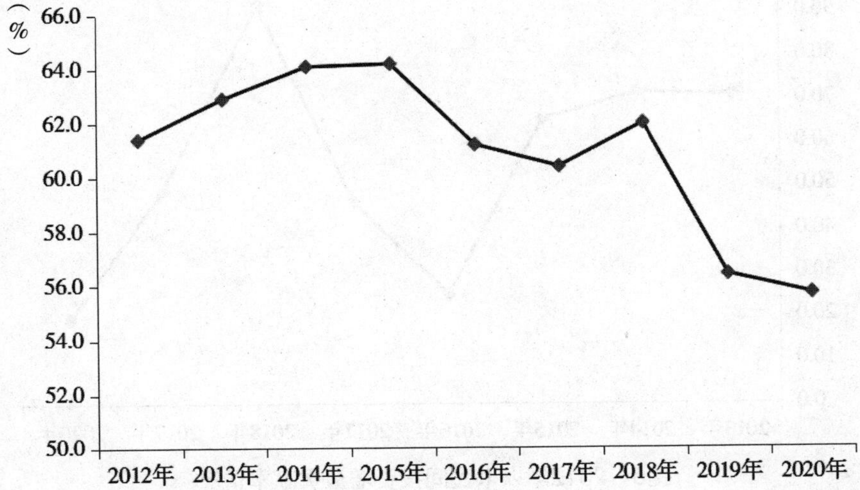

图5　2012年以来民间投资在全国固定资产投资中的占比情况

十八大以来，每年民间投资的增量贡献率均在半数左右，特殊的两年分别为2016年占25%、2020年占19.2%（见表9、图6）。

表9　2012—2020年民间投资增量贡献率情况

年份	全国投资增量（亿元）	民间投资增量（亿元）	增量贡献率（%）
2012年	62 439	44 509	71.3
2013年	71 693	50 812	70.9
2014年	65 477	46 782	71.4
2015年	49 585	32 431	65.4
2016年	44 911	11 212	25.0
2017年	35 183	16 291	46.3
2018年	37 502.5	34 282.4	91.4
2019年	29 780	14 624	49.1
2020年	15 048	2 893	19.2

注：“增量和贡献率”为大成课题组依据国家统计局发布的同比增长率计算得出。

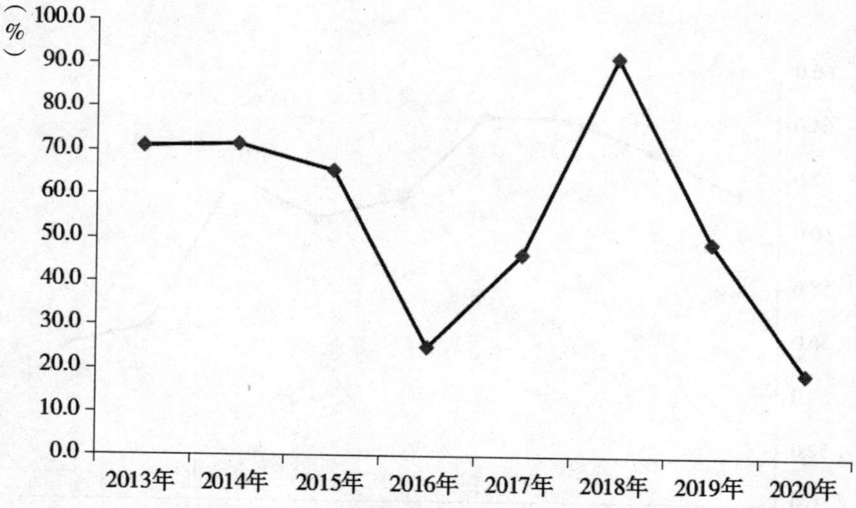

图6　2012年以来民间投资增量贡献率情况

十八大以来，全国固定资产投资的年均增长率为9.2%，其中私营企业的年均增长率最高为14.6%，国有企业、外商投资和港澳台投资企业的年均增长率分别为3.3%、5.9%和1.2%（见表10）。

表10　2012年以来按登记注册类型分固定资产投资同比增长年度情况

单位：%

类型	2012年	2013年	2014年	2015年	2016年	2017年	2018年	2019年	2020年	年均增长率	
										2012—2020年	2015—2020年
全国投资	20.6	19.6	15.7	10.0	8.1	7.2	5.9	5.4	2.9	9.2	5.9
国有企业	15.7	17.4	15.1	11.8	–6.7	9.0	–2.6	–1.7	–12.1	3.3	–3.1
集体企业	18.1	14.4	14.9	1.7	–42.0	–13.2	–19.6	1.7	–21.4	–9.9	–20.2
股份合作企业	10.6	20.3	10.8	–10.6	–31.2	–10.3	–28.3	10.9	–34.3	–11.3	–20.3
联营企业	29.0	12.2	16.1	3.3	–47.9	–19.3	–11.5	–9.4	–10.7	–10.7	–21.3
有限责任公司	17.5	14.6	11.5	7.0	35.4	5.3	–0.4	17.1	10.8	12.2	13.0
股份有限公司	13.0	6.3	–3.9	–6.9	–15.7	–2.5	0.0	12.4	–12.2	–3.2	–4.1
私营企业	30.3	32.9	24.5	14.6	10.1	11.2	25.3	–2.6	5.1	14.6	9.4

续表

类型	2012年	2013年	2014年	2015年	2016年	2017年	2018年	2019年	2020年	年均增长率	
										2012—2020年	2015—2020年
港澳台商投资	14.5	4.5	-0.3	-2.8	12.4	-2.7	-11.5	7.5	4.2	1.2	1.6
外商投资	34.3	8.6	2.0	9.9	5.7	5.2	6.1	-0.7	10.6	5.9	5.3
个体经营	8.0	7.0	8.7	0.0	18.5	-4.0	-9.3	0.4	-7.5	1.4	-0.8

注：数据源自国家统计局，“年均增长率”为大成课题组计算得出。

2. “十三五”期间固定资产投资情况（2015—2020）

“十三五”期间，全国固定资产投资和民间投资整体增速放缓，2015年两者同比增速相当，之后除2018年民间投资同比增速（8.7%）高于全国固定资产投资增速（5.9%）外，其他4年民间投资增速均低于全国固定资产投资增速（见表8、图7）。

“十三五”期间，按统计局公布的全国固定资产投资绝对数计算的年均增长率为-1.2%，按同比增长率计算的年均增长率为5.9%；按统计局公布的民间投资绝对数计算的年均增长率为-4.0%，按同比增长率计算的年均增长率为4.7%（见表8）。

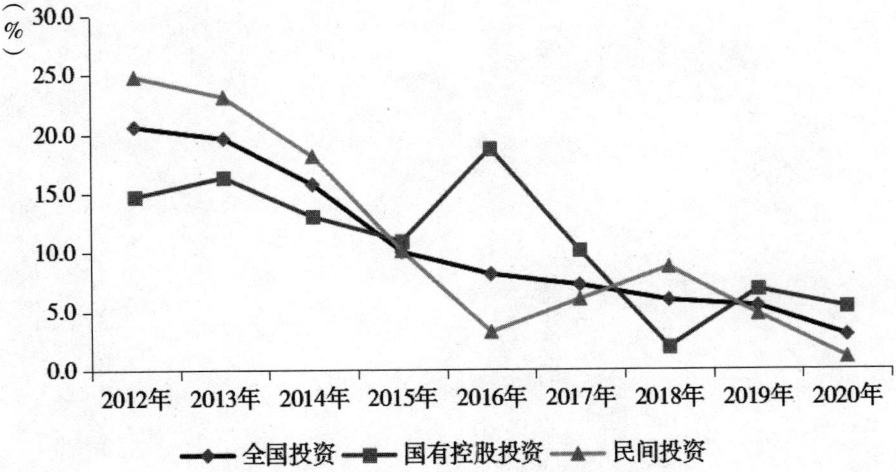

图7　2012年以来全国、国有控股、民间投资同比增长情况

“十三五”期间，全国固定资产投资的年均增长率为5.9%，其中有限责任公司的年均增长率最高为13.0%，私营企业、国有企业和外商投资企业的年均增长率分别为9.4%、–3.1%和5.3%（见表10）。

“十三五”期间，全国固定资产投资年均增长率为5.9%，民间投资年均增长率为4.7%。全国固定资产投资分行业大类来看，农林牧渔业（11.9%），水利、环境和公共设施管理业（9.3%），教育（12.2%），卫生和社会工作（13.1%），文化、体育和娱乐业（11.4%）共5个行业的年均增长率高于全国平均水平。民间投资分行业大类来看，农林牧渔业（11.1%），水利、环境和公共设施管理业（5.1%），教育（5.2%），卫生和社会工作（8.4%），文化、体育和娱乐业（13.7%）共5个行业的年均增长率高于全国平均水平（见表5）。

六、民营工业发展

——总体快于全国，复苏担当领跑

2020年，面对突如其来的新冠肺炎疫情以及复杂严峻的国内外环境，我国工业经济展现了应对复杂严峻局面的强大韧性和活力，在国家一系列政策支持下，工业企业复产水平稳步提升，工业生产持续稳定恢复，企业生产经营状况不断改善。

2020年，全国规模以上工业增加值比2019年增长2.8%。分季度看，一季度下降8.4%，二、三、四季度增速分别为-1.3%、1.2%、2.8%，工业生产呈现逐季稳步回升态势（见表1）。

2012年以来，全国规模以上工业及各类型工业企业增加值累计同比增速总体均呈现逐渐下降态势。营收方面，2012—2020年，全国工业企业营业收入由年均增长5.9%，私营工业年均增长7.3%，国有控股工业年均增长3.3%；利润方面，2012—2020年，全国工业企业利润总额年均增长6.5%，私营工业年均增长7.0%，国有控股工业年均增长2.0%；资产方面，2012—2020年，全国工业企业资产总额由768 421亿元增加到1 267 550亿元，年均增长7.6%，其中私营工业年均增长9.5%，国有控股工业年均增长6.0%。

（一）各类型工业企业增加值增长情况

2020年，规模以上工业企业月度增加值累计增速逐步回升，8月实现由负转正，各类型企业来看，私营工业企业工业增加值累计增速5月前低于全部规模以上工业和国有控股工业，5月后一直保持各类型工业企业中最高。

2020年，全国规模以上工业增加值累计同比增长2.8%，较2019年放缓2.9个百分点。分经济类型看，国有控股企业增加值同比增长2.2%；私营工业企业增长3.7%，外商及港澳台商投资企业增长2.4%（见表1、图1）。

表1　2020年规模以上工业企业增加值累计同比增速

单位：%

	2020年3月	2020年6月	2020年9月	2020年12月
全国工业	–8.4	–1.3	1.2	2.8
国有控股工业	–6	–1.5	0.9	2.2
私营工业	–11.3	–0.1	2.1	3.7
外商及港澳台商投资企业	–14.5	–3.4	0.3	2.4

说明：月度数据来源于国家统计局网站，本章同。

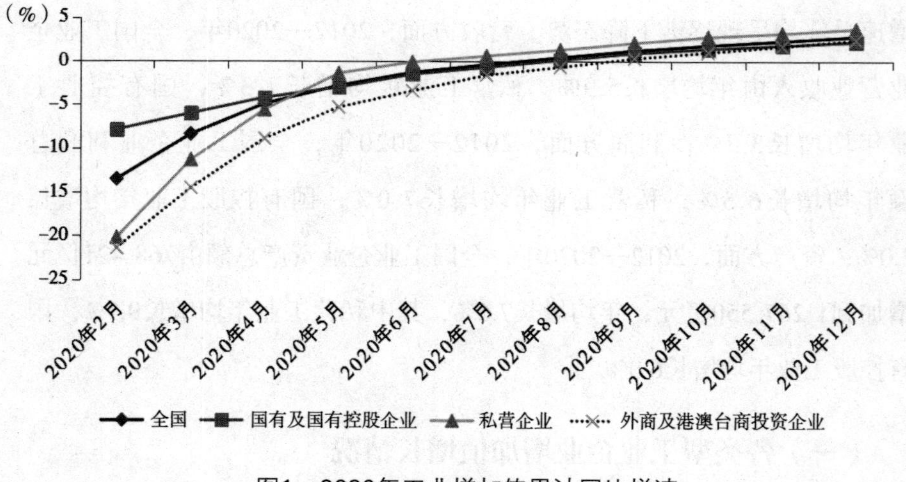

图1　2020年工业增加值累计同比增速

2012年，全国规模以上工业增加值累计同比增速10%，分经济类型看，国有控股企业为6.4%，私营工业企业为14.6%，外商及港澳台商投资企业为6.3%。2015年，全国规模以上工业增加值累计同比增长6.1%，分经济类型看，国有控股企业为1.4%，私营工业企业为8.6%，外商及港澳台商投资企业为3.7%（见表2）。

2012年以来，全国规模以上工业增加值累计同比增速呈逐渐下降态势，2020年相比2012年，全国工业增速下降了7.2个百分点，国有控股工业企业下降了4.2个百分点，私营工业企业下降了10.9个百分点，外商及港澳台商投资企业下降了3.9个百分点（见图2）。

表2　2010—2020年规模以上工业企业增加值同比增速

单位：%

时间	全国工业	国有控股工业	私营工业	外商及港澳台商投资企业
2010年	12.1	13.7	20.0	14.5
2011年	13.9	9.9	19.5	10.4
2012年	10	6.4	14.6	6.3
2013年	9.7	6.9	12.4	8.3
2014年	8.3	4.9	10.2	6.3
2015年	6.1	1.4	8.6	3.7
2016年	6	2	7.5	4.5
2017年	6.6	6.5	5.9	6.9
2018年	6.2	6.2	6.2	4.8
2019年	5.7	4.8	7.7	2
2020年	2.8	2.2	3.7	2.4

说明：数据来源于国家统计局网站。

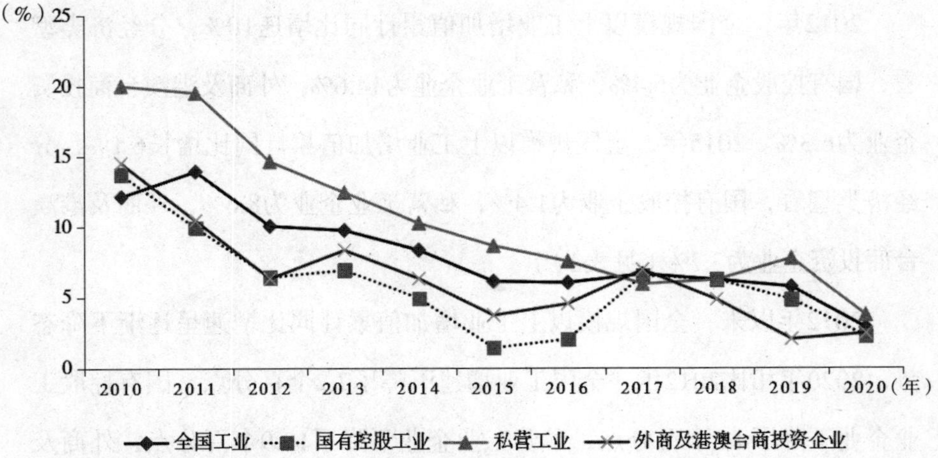

图2　2010—2020年工业增加值累计同比增速

（二）各类型工业企业营业收入情况

2020年，规模以上工业企业实现营业收入1 061 433.6亿元，同比增长0.8%。其中国有控股企业营业收入276 084.8亿元，同比上升0.8%；私营工业企业实现营业收入380 009.5亿元，增长0.7%；外商及港澳台商投资企业实现营业收入241 779.4亿元，同比增长0.9%（见表3、图3、表4）。

表3　2020年规模以上工业企业营业收入

		2020年3月	2020年6月	2020年9月	2020年12月
全国工业	总额（亿元）	198 574.9	463 093.3	742 293.2	1 061 433.6
	同比增长（%）	−15.1	−5.2	−1.5	0.8
国有及国有控股企业	总额（亿元）	57 585.7	125 810.7	198 131.8	276 084.8
	同比增长（%）	−12.2	−5.9	−2.7	−0.9
私营工业	总额（亿元）	64 085	155 493.5	260 509.7	380 009.5
	同比增长（%）	−16.1	−4.4	−1.5	0.7
外商及港澳台商投资企业	总额（亿元）	43 399.2	103 361	170 510.3	241 779.4
	同比增长（%）	−18.3	−6.1	−1.4	0.9

说明：月度数据来源于国家统计局网站，本章同。

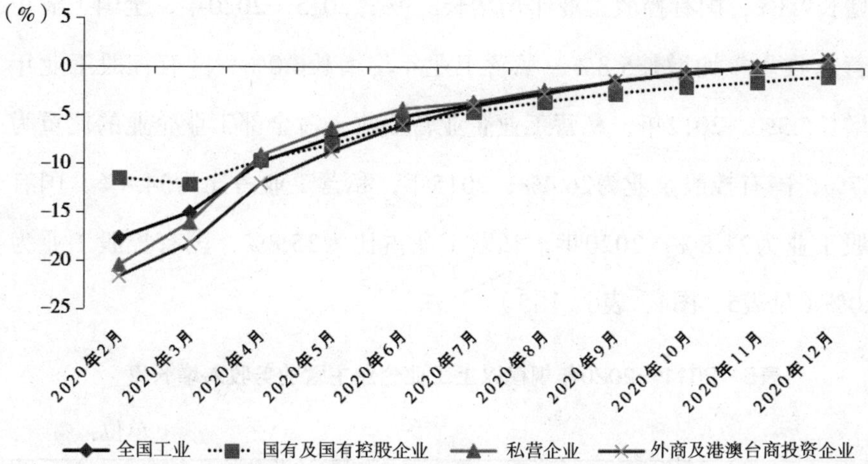

图3　2020年规模以上工业企业营业收入同比增速

表4　2010—2020年规模以上工业企业主营业务收入

单位：亿元

时间	全国工业	国有控股工业	私营工业	外商及港澳台商投资企业
2010年	697 744	194 340	207 838	188 729
2011年	841 830	228 900	247 278	216 304
2012年	929 292	245 076	285 622	221 949
2013年	1 038 659	257 817	342 003	242 964
2014年	1 107 033	262 692	372 176	252 630
2015年	1 109 853	241 669	386 395	245 698
2016年	1 158 999	238 990	410 188	250 393
2017年	113 3161	265 393	381 034	247 620
2018年	1 057 327	290 754	343 843	236 959
2019年	1 067 397	287 708	361 133	234 410
2020年	1 061 434	276 085	380 010	241 779

注1：年度数据来源于历年《中国统计年鉴》，2020年数据为2012年12月数据，本章同。

注2：2017年及以前为主营业务收入，2018年及以后为营业收入，本章同。

2012—2020年，全国工业企业营业收入年均增长5.9%，私营工业年均增长7.3%，国有控股工业年均增长3.3%；2015—2020年，全国工业企业营业收入年均增长5.8%，私营工业年均增长6.0%，国有控股工业年均增长5.3%。2012年，私营工业企业营业收入占全部工业企业的比重为30.7%，国有控股企业为26.4%；2015年，私营工业占比为34.8%，国有控股工业为21.8%；2020年，私营工业占比为35.8%，国有控股工业为26.0%（见表5、图4、表6、图5）。

表5　2011—2020年规模以上工业企业主营业务收入增长率

单位：%

时间	全国工业	国有控股工业	私营工业	外商及港澳台商投资企业
2011年	27.2	20.4	37	19.4
2012年	11	6.3	17.4	5.4
2013年	11.2	6.1	15.4	9
2014年	7	2.1	9.2	5.5
2015年	0.8	–7.8	4.5	–0.8
2016年	4.9	0.3	6.5	3.4
2017年	11.1	15	8.8	10.3
2018年	8.5	9.2	8.4	5.4
2019年	3.8	3.7	5.6	0.1
2020年	0.8	–0.9	0.7	0.9
按当年公布增长率计算的年均增长率				
2012–2020年	5.9	3.3	7.3	4.2
2015–2020年	5.8	5.3	6.0	4.0
按绝对值计算的年均增长率				
2012–2020年	1.7	1.5	3.6	1.1
2015–2020年	–0.9	2.7	–0.3	–0.3

说明："当年公布增长率"为统计局网站公布的"1–12月累计增长率"，本章同。

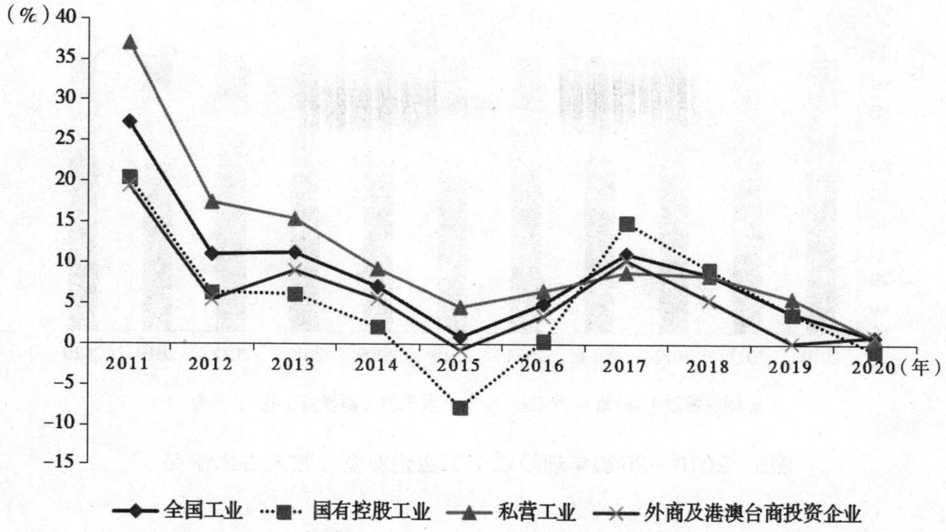

图4　2011—2020年规模以上工业企业营业收入同比增速

表6　2010—2020年规模以上工业企业主营业务收入占比情况

单位：%

时间	国有控股工业	私营工业	外商及港澳台商投资企业
2010年	27.9	29.8	27
2011年	27.2	29.4	25.7
2012年	26.4	30.7	23.9
2013年	24.8	32.9	23.4
2014年	23.7	33.6	22.8
2015年	21.8	34.8	22.1
2016年	20.6	35.4	21.6
2017年	23.4	33.6	21.9
2018年	27.5	32.5	22.4
2019年	27.0	33.8	22.0
2020年	26.0	35.8	22.8

说明：“占比”为按照统计局公布的绝对数计算得出，本章同。

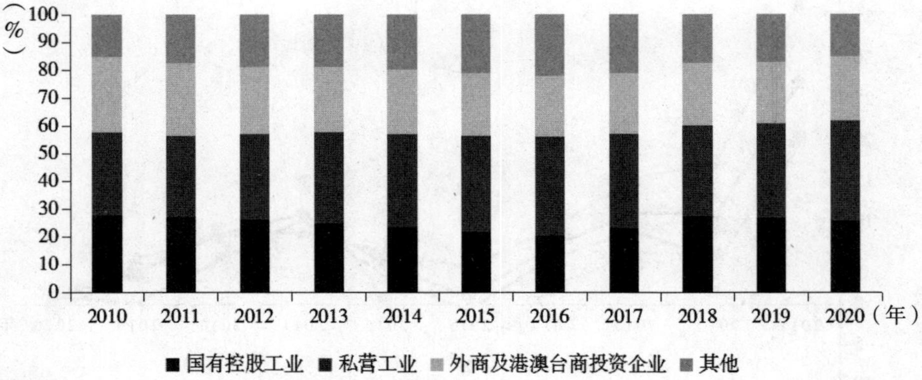

图5 2010—2020年规模以上工业企业营业收入占比情况

（三）各类型工业企业利润总额情况

2020年，规模以上工业企业实现利润总额64 516.1亿元，同比增长4.1%。其中国有控股企业利润总额为14 860.8亿元，同比下降2.9%；私营工业企业为20 261.8亿元，增长3.1%；外商及港澳台商投资企业为18 234.1亿元，同比增长7.0%（见表7、图6、表8）。

表7 2020年规模以上工业企业利润总额情况

		2020年3月	2020年6月	2020年9月	2020年12月
全国工业	总额（亿元）	7 814.5	25 114.9	43 665	64 516.1
	同比增长（%）	−36.7	−12.8	−2.4	4.1
国有及国有控股企业	总额（亿元）	2 226.7	6 614.1	11 303.1	14 860.8
	同比增长（%）	−45.5	−28.5	−14.3	−2.9
私营工业	总额（亿元）	2 344.8	7 119.8	12 748.3	20 261.8
	同比增长（%）	−29.5	−8.4	−0.5	3.1
外商及港澳台商投资企业	总额（亿元）	1 671.5	6 486.4	12 443	18 234.1
	同比增长（%）	−46.9	−8.8	2.6	7.0

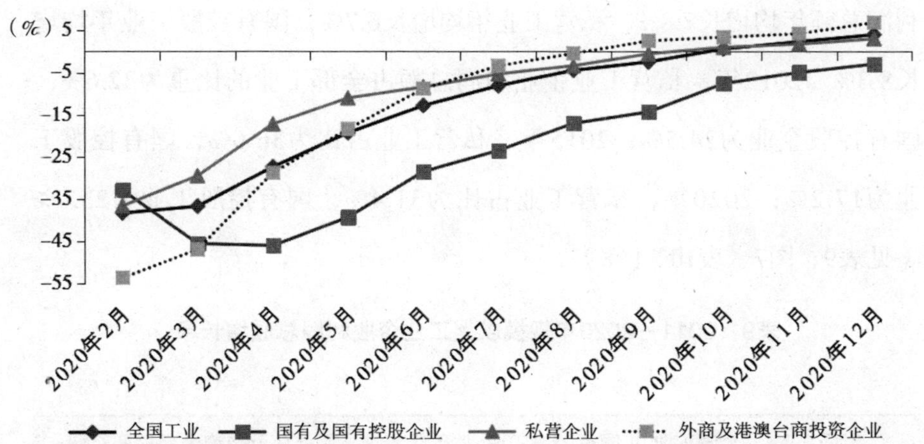

图6 2020年规模以上工业企业利润总额同比增速

表8 2010—2020年规模以上工业企业利润总额

单位：亿元

时间	全国工业	国有控股工业	私营工业	外商及港澳台商投资企业
2010年	53 050	14 738	15 103	15 020
2011年	61 396	16 458	18 156	15 494
2012年	61 910	15 176	20 192	13 966
2013年	68 379	15 918	23 327	15 803
2014年	68 155	14 508	23 550	16 577
2015年	66 187	11 417	24 250	15 906
2016年	71 921	12 324	25 495	17 597
2017年	74 916	17 216	23 043	18 412
2018年	71 609	19 285	21 763	16 944
2019年	65 799	16 068	20 651	16 483
2020年	64 516	14 861	20 262	18 234

2012—2020年，全国工业企业利润总额年均增长6.5%，私营工业年

均增长7.0%，国有控股工业年均增长2.0%；2015—2020年，全国工业企利润总额年均增长7.8%，私营工业年均增长6.7%，国有控股工业年均增长8.3%。2012年，私营工业企业利润总额占全部工业的比重为32.6%，国有控股企业为24.5%；2015年，私营工业占比为36.6%，国有控股工业为17.2%；2020年，私营工业占比为31.4%，国有控股工业为23.0%（见表9、图7、表10、图8）。

表9　2011—2020年规模以上工业企业利润总额增长率

单位：%

时间	全国工业	国有控股工业	私营工业	外商及港澳台商投资企业
2011年	25.4	15	46	10.6
2012年	5.3	–5.1	20	–4.1
2013年	12.2	6.4	14.8	15.5
2014年	3.3	–5.7	4.9	9.5
2015年	–2.3	–21.9	3.7	–1.5
2016年	8.5	6.7	4.8	12.1
2017年	21	45.1	11.7	15.8
2018年	10.3	12.6	11.9	1.9
2019年	–3.3	–12	2.2	–3.6
2020年	4.1	–2.9	3.1	7
按当年公布增长率计算的年均增长率				
2012–2020年	6.5	2.0	7.0	6.9
2015–2020年	7.8	8.3	6.7	6.4
按绝对值计算的年均增长率				
2012–2020年	0.5	–0.3	0.04	3.4
2015–2020年	–0.5	5.4	–3.5	2.8

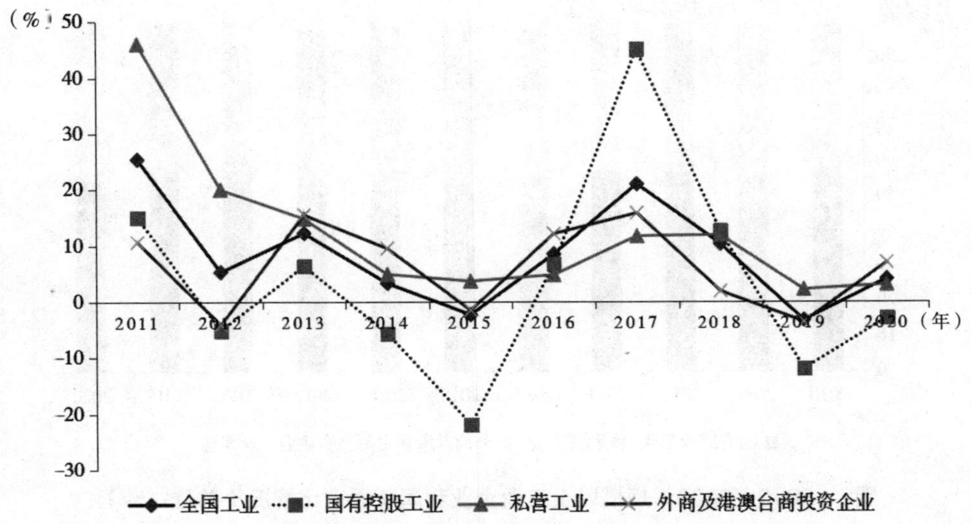

图7　2011—2020年规模以上工业企业利润总额同比增速

表10　2010—2020年规模以上工业企业利润总额占比情况

单位：%

时间	国有控股工业	私营工业	外商及港澳台商投资企业
2010年	27.8	28.5	28.3
2011年	26.8	29.6	25.2
2012年	24.5	32.6	22.6
2013年	23.3	34.1	23.1
2014年	21.3	34.6	24.3
2015年	17.2	36.6	24
2016年	17.1	35.4	24.5
2017年	23.0	30.8	24.6
2018年	26.9	30.4	23.7
2019年	24.4	31.4	25.1
2020年	23.0	31.4	28.3

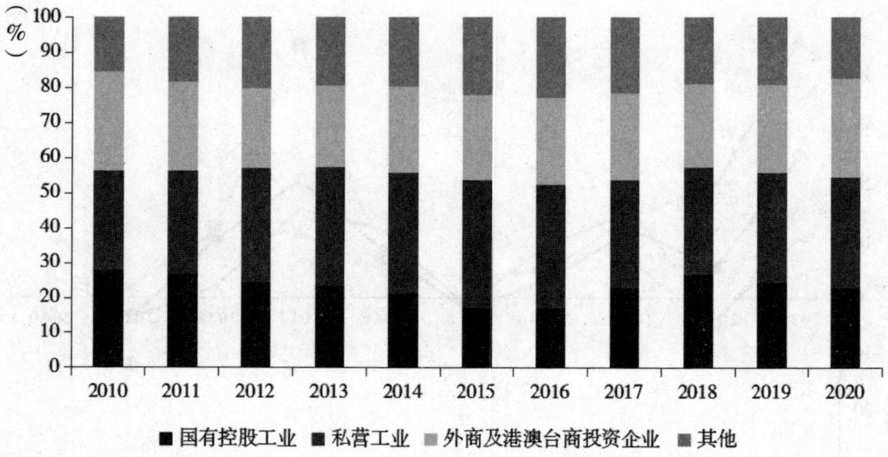

图8　2010—2020年规模以上工业企业利润总额占比情况（单位：%）

（四）各类型工业企业资产及资产负债率情况

2020年，规模以上工业企业资产总额为1 267 550.2亿元，同比增长6.7%。其中国有控股企业资产总额476 078.2亿元，同比增长4.8%；私营工业企业资产总额321 959.7亿元，增长8.1%；外商及港澳台商投资企业资产总额252 578.5亿元，同比增长6.8%（见表11、图9、表12、图10）。

表11　2020年规模以上工业企业资产总额

		2020.03	2020.06	2020.09	2020.11
全国工业	总额（亿元）	1 165 720	1 201 394.2	1 236 779	1 267 550.2
	同比增长（%）	6.2	6.5	6.7	6.7
国有及国有控股企业	总额（亿元）	456 552	464 602.4	471 187.6	476 078.2
	同比增长（%）	4.6	4.7	4.8	4.8
私营工业	总额（亿元）	271 065.5	284 783.1	307 323.6	321 959.7
	同比增长（%）	9.3	9.1	8.3	8.1
外商及港澳台商投资企业	总额（亿元）	225 209.5	232 682.3	245 098.7	252 578.5
	同比增长（%）	4.2	5.5	5.9	6.8

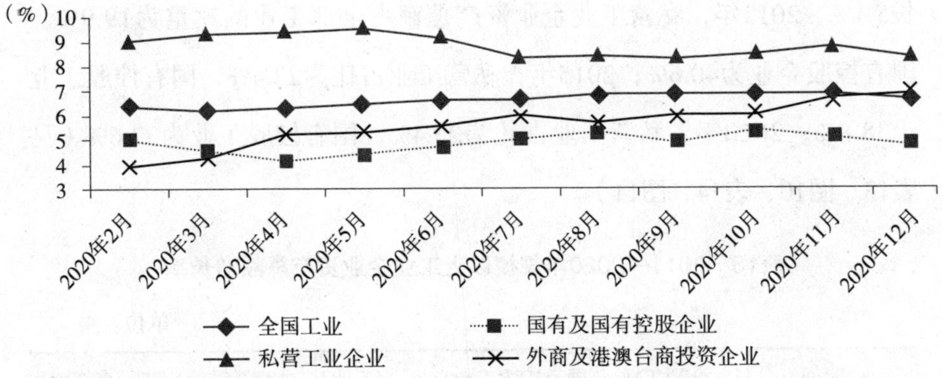

图9　2020年规模以上工业企业资产总额累计同比增速

表12　2010—2020年规模以上工业企业资产总额

单位：亿元

时间	全国工业	国有控股工业	私营工业	外商及港澳台商投资企业
2010年	592 882	247 760	116 868	148 552
2011年	675 797	281 674	127 750	161 988
2012年	768 421	312 094	152 548	172 320
2013年	870 751	343 986	187 704	188 661
2014年	956 777	371 309	213 114	198 162
2015年	1 023 398	397 404	229 007	201 303
2016年	1 085 866	417 704	239 543	212 744
2017年	1 121 910	439 623	242 637	215 998
2018年	1 153 251	456 504	263 451	219 165
2019年	1 205 869	469 680	282 830	228 744
2020年	1 267 550	476 078	321 960	252 579

2012—2020年，全国工业企业资产总额年均增长7.6%，私营工业年均增长9.5%，国有控股工业年均增长6.0%；2015—2020年，全国工业企

资产总额年均增长6.6%，私营工业年均增长7.5%，国有控股工业年均增长5.1%。2012年，私营工业企业资产总额占全部工业的比重为19.9%，国有控股企业为40.6%；2015年，私营工业占比为22.4%，国有控股工业为38.8%；2020年，私营工业占比为25.4%，国有控股工业为37.6%（见表13、图10、表14、图11）。

表13　2011—2020年规模以上工业企业资产总额增长率

单位：%

时间	全国工业	国有控股工业	私营工业	外商及港澳台商投资企业
2011年	18.8	13.8	29.5	14.6
2012年	12	9.3	19.4	6.6
2013年	11.9	9.6	17.4	8.5
2014年	9.3	6.3	13.6	6.5
2015年	6.9	6.6	8.2	3.1
2016年	7.1	5.9	7.3	6.9
2017年	6.9	5.3	7.3	6.8
2018年	6.1	3.9	6.6	5.8
2019年	5.8	5.3	7.5	3.7
2020年	6.7	4.8	8.1	6.8
按当年公布增长率计算的年均增长率				
2012–2020年	7.6	6.0	9.5	6.0
2015–2020年	6.6	5.1	7.5	6.0
按绝对值计算的年均增长率				
2012–2020年	6.5	5.4	9.8	4.9
2015–2020年	4.4	3.7	7.1	4.6

注：“2020年工业企业资产总额绝对值”数据为2020年12月数据。

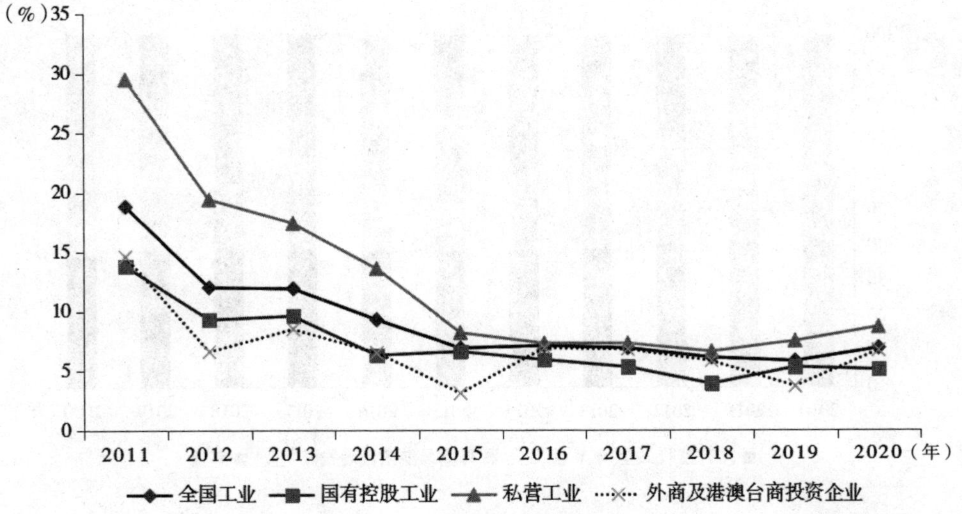

图10　2011—2020年规模以上工业企业资产总额同比增速

表14　2010—2020年规模以上工业企业资产总额占比情况

单位：%

时间	国有控股工业	私营工业	外商及港澳台商投资企业
2010年	41.8	19.7	25.1
2011年	41.7	18.9	24
2012年	40.6	19.9	22.4
2013年	39.5	21.6	21.7
2014年	38.8	22.3	20.7
2015年	38.8	22.4	19.7
2016年	38.5	22.1	19.6
2017年	39.2	21.6	19.3
2018年	39.6	22.8	19.0
2019年	38.9	23.5	19.0
2020年	37.6	25.4	19.9

注：“2020年工业企业资产总额绝对值”数据为2020年12月数据。

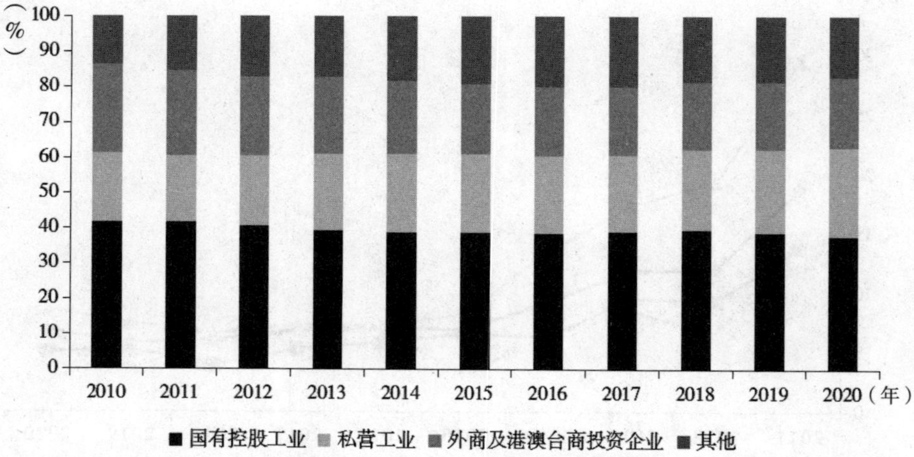

图11　2010—2020年规模以上工业企业资产总额占比情况

资产负债率方面，2020年全国规模以上工业企业资产负债率为56.1%，较2019年末下降了0.4个百分点。其中，国有控股工业企业资产负债率为57.3%，较2019年下降0.5个百分点；私营工业企业资产负债率为57.4%，略高于全国平均水平，与2019年年底持平；外商及港澳台商投资企业资产负债率最低，为53.7%（见表15、图12、表16、图13）。

表15　2020年规模以上工业企业资产负债率

单位：%

	2020年3月	2020年6月	2020年9月	2020年12月
全国工业	56.6	56.9	56.7	56.1
国有控股工业	57.7	58.0	57.4	57.3
私营工业	58.3	58.7	58.2	57.4
外商及港澳台商投资企业	52.9	53.7	54.1	53.7

注：数据来源为国家统计局网站。

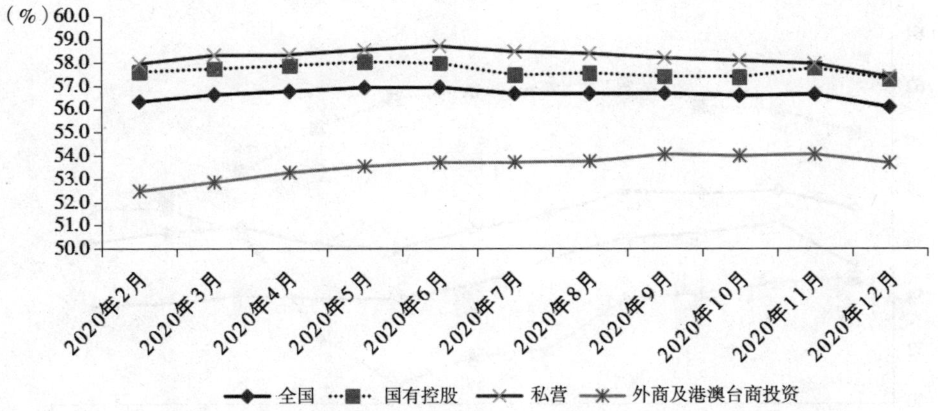

图12　2020年规模以上工业企业资产负债率

2012年，规模以上工业资产负债率为58.0%，私营工业企业为54.2%，国有控股企业为61.3%；2015年，规模以上工业资产负债率为56.6%，私营工业企业为51.8%，国有控股企业为61.9%（见表16）。

2012—2020年，私营工业企业资产负债率呈先降后升的趋势，而国有控股工业企业则先小幅升高，后逐渐下降（见图13）。

表16　2010—2020年工业企业资产负债率

单位：%

时间	全国工业	国有控股工业	私营工业	外商及港澳台商投资企业
2010年	57.4	60.3	54.8	55.2
2011年	58.1	61.2	54.6	56.9
2012年	58	61.3	54.2	56.5
2013年	58.1	62.3	54	56.3
2014年	57.2	62	52.1	55.5
2015年	56.6	61.9	51.8	54.5
2016年	55.9	61.6	50.7	54
2017年	56	60.5	52.6	54
2018年	56.7	58.8	56.5	54.1
2019年	56.5	57.8	57.4	53.8
2020年	56.1	57.3	57.4	53.7

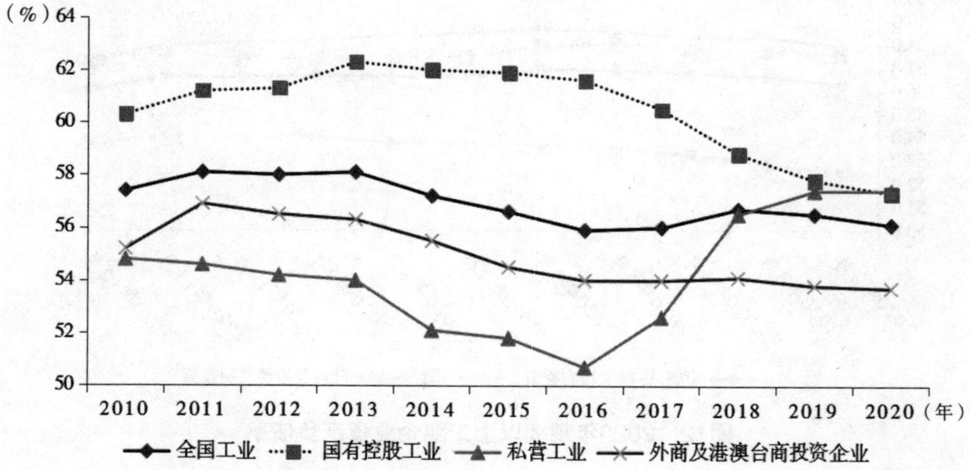

图13　2010—2020年规模以上工业企业资产负债率

（五）各类型工业企业效益情况

主营业务收入利润率方面，2020年全国规模以上工业企业主营业务收入利润率为6.1%，较2019年末下降了0.1个百分点。其中，国有控股工业企业主营业务收入利润率为5.4%，较2019年下降0.2个百分点；私营工业企业主营业务收入利润率为5.3%，较2019年下降0.4个百分点；外商及港澳台商投资企业主营业务收入利润率最高，为7.5%（见表17、表18、图15）。

表17　2020年规模以上工业企业主营业务收入利润率

单位：%

	2020年3月	2020年6月	2020年9月	2020年12月
全国工业	3.9	5.4	5.9	6.1
国有及国有控股企业	3.9	5.3	5.7	5.4
私营工业	3.7	4.6	4.9	5.3
外商及港澳台商投资企业	3.9	6.3	7.3	7.5

注：“收入利润率”根据统计局公布的绝对数计算得出，下同。

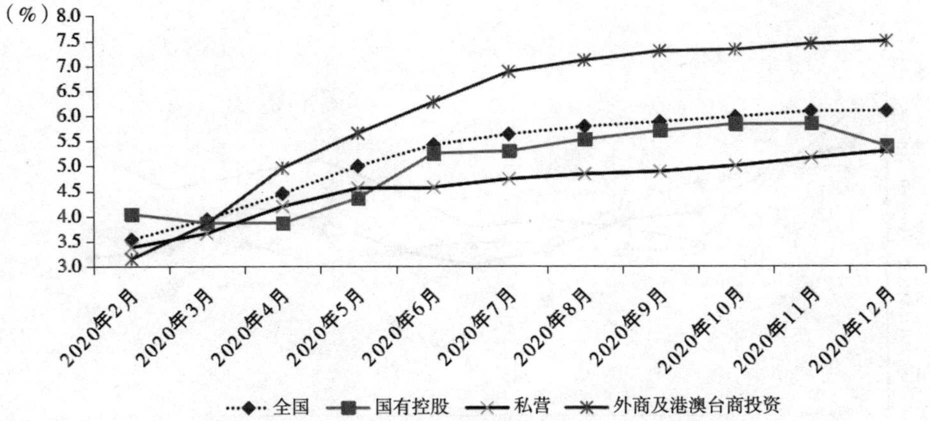

图14　2020年规模以上工业企业营业收入利润率

2012年，规模以上工业主营业务收入利润率为6.7%，私营工业企业为7.1%，国有控股企业为6.2%；2015年，规模以上工业主营业务收入利润率为6.0%，私营工业企业为6.3%，国有控股企业为4.7%（见表18、图15）。

表18　2010—2020年工业企业收入利润率

单位：%

时间	全国工业	国有控股工业	私营工业	外商及港澳台商投资企业
2010年	7.6	7.6	7.3	8
2011年	7.3	7.2	7.3	7.2
2012年	6.7	6.2	7.1	6.3
2013年	6.6	6.2	6.8	6.5
2014年	6.2	5.5	6.3	6.6
2015年	6	4.7	6.3	6.5
2016年	6.2	5.2	6.2	7
2017年	6.6	6.5	6.0	7.4
2018年	6.8	6.6	6.3	7.2
2019年	6.2	5.6	5.7	7.0
2020年	6.1	5.4	5.3	7.5

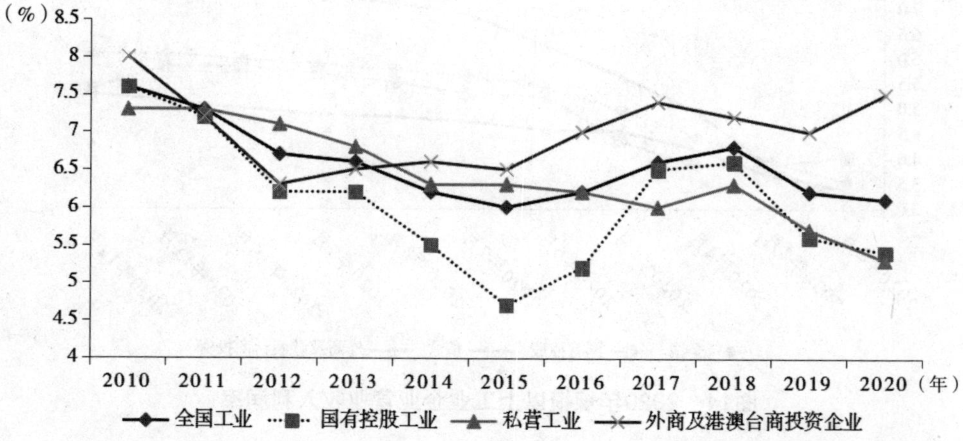

图15　2010—2020年规模以上工业企业营业收入利润率

资产利润率方面，2020年全国规模以上工业企业资产利润率为5.1%，较2019年末下降了0.4个百分点。其中，国有控股工业企业资产利润率为3.1%，较2019年下降0.3个百分点；私营工业企业资产利润率为6.3%，高于全国平均水平，但较2019年降低了1个百分点；外商及港澳台商投资企业为7.2%，与上年持平（见表19、图15、表20、图16）。

表19　2020年规模以上工业企业资产利润率

单位：%

	2020年3月	2020年6月	2020年9月	2020年12月
全国工业	2.7	4.2	4.7	5.1
国有及国有控股企业	2.0	2.8	3.2	3.1
私营工业	3.5	5.0	5.5	6.3
外商及港澳台商投资企业	3.0	5.6	6.8	7.2

注：“规模以上各类工业企业的资产利润率”为北京大成企业研究院根据国家统计局网站和年鉴公布的相关数据计算得出。月度资产利润率计算公式为：资产利润率=利润总额/资产总额×12/月份数×100%。

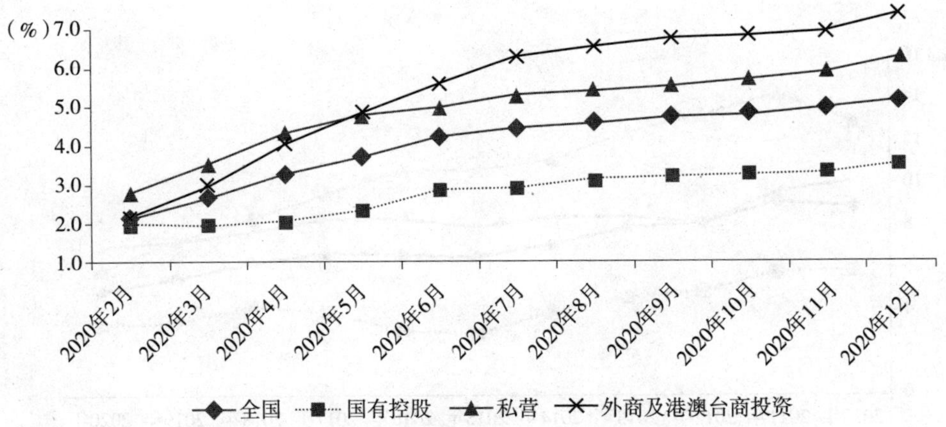

图16　2020年规模以上工业企业资产利润率

2012年，规模以上工业企业资产利润率为8.1%，私营工业企业为13.2%，国有控股企业为4.9%；2015年，规模以上工业资产利润率为6.5%，私营工业企业为10.6%，国有控股企业为2.9%（见表20、图17）。

2012—2020年，各类型工业企业资产利润率都呈下降态势。

表20　2010—2020年工业企业资产利润率

单位：%

时间	全国工业	国有控股工业	私营工业	外商及港澳台商投资企业
2010年	8.9	5.9	12.9	10.1
2011年	9.1	5.8	14.2	9.6
2012年	8.1	4.9	13.2	8.1
2013年	7.9	4.6	12.4	8.4
2014年	7.1	3.9	11.1	8.4
2015年	6.5	2.9	10.6	7.9
2016年	6.6	3	10.6	8.3
2017年	6.7	3.9	9.5	8.3
2018年	6.2	4.2	8.3	7.7
2019年	5.5	3.4	7.3	7.2
2020年	5.1	3.1	6.3	7.2

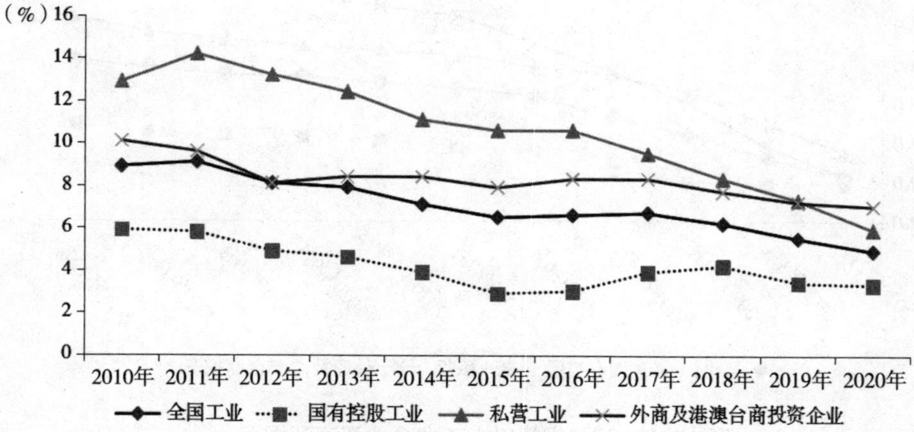

图17　2010—2020年规模以上工业企业资产利润率

（六）各类型工业企业亏损面

2020年，全国规模以上工业企业亏损面为17.3%，较2019年末扩大了1.4个百分点。其中，国有控股工业企业亏损面为22.9%，较2019年缩小0.7个百分点；私营工业企业亏损面为15.3%，较2019年扩大了1.7个百分点；外商及港澳台商投资企业亏损面为23.2%，较上年扩大1.3个百分点（见表21、图18、表22）。

表21　2020年规模以上工业企业亏损面

单位：%

	2020年3月	2020年6月	2020年9月	2020年12月
全国工业	34.8	26.0	22.0	17.3
国有控股工业	44.5	33.4	30.0	22.9
私营工业	31.7	23.5	19.7	15.3
外商及港澳台商投资企业	45.2	33.2	27.9	23.2

注：“规模以上各类工业企业的亏损面”为北京大成企业研究院根据国家统计局网站公布的相关数据计算得出。

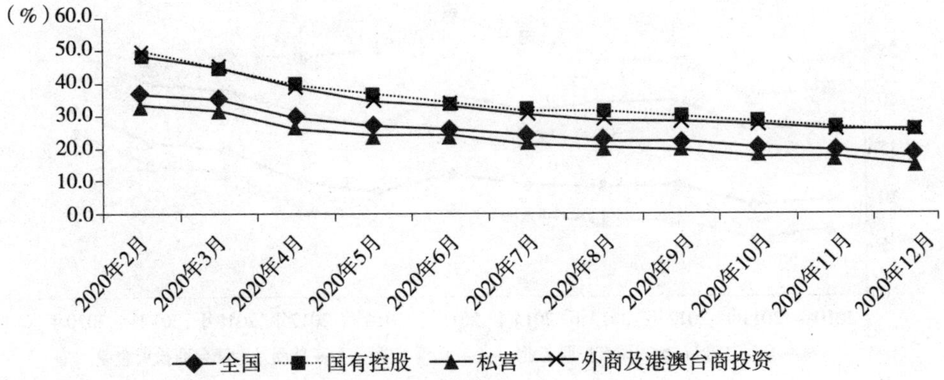

图18 2020年规模以上工业企业亏损面

2012年，规模以上工业企业亏损面为11.5%，私营工业企业为7.8%，国有控股企业为24%；2015年，规模以上工业企业亏损面为12.6%，私营工业企业为9.1%，国有控股企业为28.9%（见表22、图19）。

表22 2010—2020年工业企业亏损面

单位：%

时间	全国工业	国有控股工业	私营工业	外商及港澳台商投资企业
2010年	10	21.4	6.9	17.8
2011年	9.4	20.6	5.9	17
2012年	11.5	24	7.8	20.2
2013年	11.3	24.7	7.8	20
2014年	11.5	26.7	8.1	19.2
2015年	12.6	28.9	9.1	20.8
2016年	10.8	25.6	7.8	17.7
2017年	11.8	24.7	9	19
2018年	15.1	25	12.8	21.3
2019年	15.9	23.6	13.6	21.9
2020年	17.3	22.9	15.3	23.2

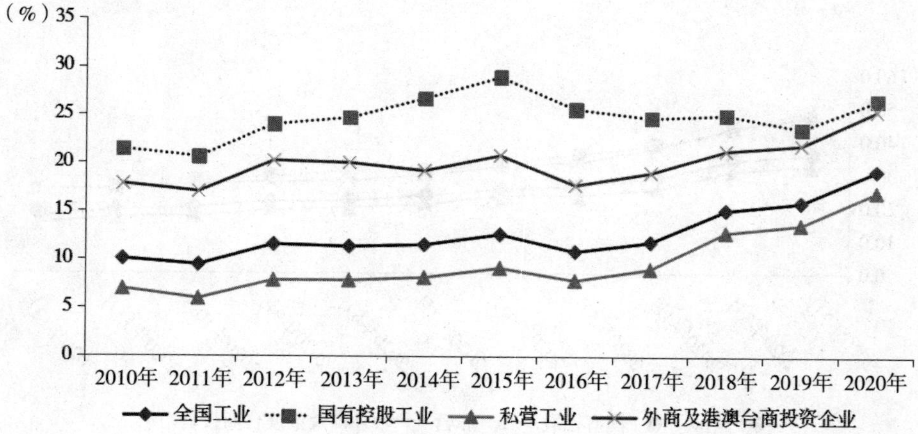

图19　2010—2020年规模以上工业企业亏损面

（七）工业企业劳动生产率

人均主营业务收入方面，2020年全国规模以上工业企业人均主营业务收入为145万元，较2019年增加了10.4万元。其中，国有控股工业企业人均主营业务收入为215.6万元，较2019年增加了12.8万元；私营工业企业人均主营业务收入为120.8万元，较2019增加了9.5万元；外商及港澳台商投资企业人均主营业务收入148.1万元，较上年增加14万元（见表23）。

2012年，规模以上工业人均主营业务收入为97.1万元，私营工业企业为91.5万元，国有控股企业为129.5万元；2015年，规模以上工业人均主营业务收入为113.5万元，私营工业企业为111.5万元，国有控股企业为135.9万元（见表23、图20）。

表23　2010—2020年工业企业人均主营业务收入

单位：万元

时间	全国工业	国有控股工业	私营工业	外商及港澳台商投资企业
2010年	73.1	105.8	62.8	71.3
2011年	91.8	126.3	83.6	84.0
2012年	97.1	129.5	91.5	86.2

续表

时间	全国工业	国有控股工业	私营工业	外商及港澳台商投资企业
2013年	106.1	136.4	101.8	95.8
2014年	111.0	142.6	106.2	102.2
2015年	113.5	135.9	111.5	104.3
2016年	122.3	140.9	120.7	114.7
2017年	126.5	166.3	118.0	120.7
2018年	126.5	190.8	103.6	127.6
2019年	134.6	202.8	111.3	134.1
2020年	145.0	215.6	120.8	148.1

注：“2010-2019年人均主营业务收入”根据统计局公布的营业收入总额及平均用工人数的绝对数计算得出，2020年数据为统计局网站公布数据。

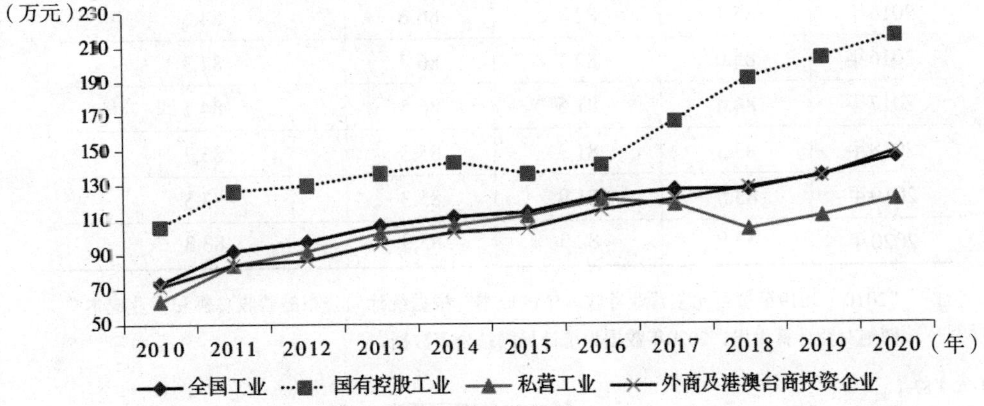

图20　2010—2020年规模以上工业企业人均营业收入

每百元主营业务收入中的成本方面，2020年全国规模以上工业企业每百元主营业务收入中的成本为83.9元，较2019年上升了0.4元。其中，国有控股工业企业每百元主营业务收入中的成本为82.3元，较2019年增长0.4元；私营工业企业每百元主营业务收入中的成本为85.9元，高于全国平均水平，较2019上升了0.6元；外商及港澳台商投资企业每百元主营业务收入中的成本为83.3元（见表24）。

2012年，规模以上工业每百元主营业务收入中的成本为84.4元，私营工业企业为85.1元，国有控股企业为82.7元；2015年，规模以上工业每百元主营业务收入中的成本为85.1元，私营工业企业为86.6元，国有控股企业为82.7元（见表24、图21）。

表24　2010—2020年工业企业每百元主营业务收入中的成本

单位：元

时间	全国工业	国有控股工业	私营工业	外商及港澳台商投资企业
2010年	83.9	81.7	85.2	84.4
2011年	84.1	82.0	85.0	85.0
2012年	84.4	82.7	85.1	85.4
2013年	84.8	82.7	85.9	85.3
2014年	85.2	82.8	86.6	85.1
2015年	85.1	82.7	86.6	84.8
2016年	85.0	82.1	86.7	84.3
2017年	84.4	81.5	86.5	84.1
2018年	83.3	81.3	85.3	83.7
2019年	83.5	81.9	85.3	83.5
2020年	83.9	82.3	85.9	83.3

注：“2010—2019年每百元主营业务收入中的成本”根据统计局公布的营收总额和营业成本总额绝对数计算得出，2020年数据为统计局网站公布数据。

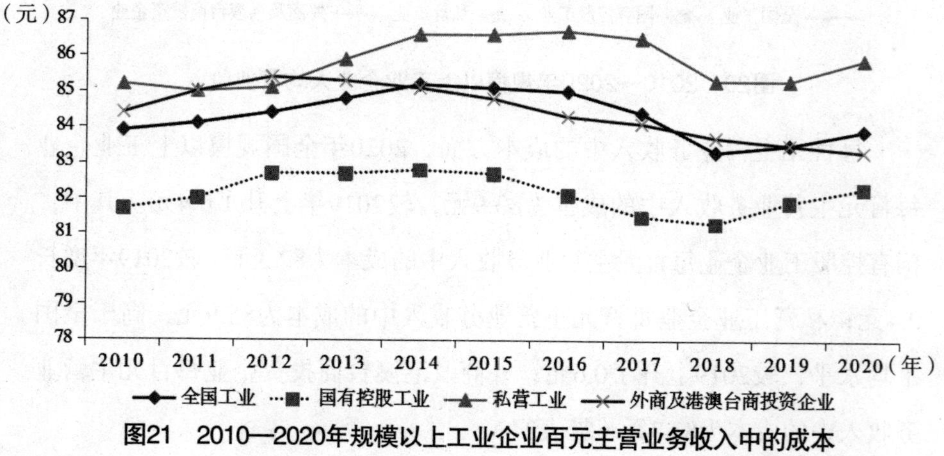

图21　2010—2020年规模以上工业企业百元主营业务收入中的成本

每百元资产实现的营业收入方面，2020年全国规模以上工业企业每百元资产实现的营业收入为87.8元，较2019年末下降了0.7元。其中，国有控股工业企业每百元资产实现的营业收入为59.4元，较2019年下降1.9元；私营工业企业每百元资产实现的营业收入为130元，远高于全国平均水平，较2019年提高了2.3元；外商及港澳台商投资企业每百元资产实现的营业收入为102.1元（见表25）。

2012年，规模以上工业每百元资产实现的营业收入为120.9元，私营工业企业为187.2元，国有控股企业为78.5元；2015年，规模以上工业每百元资产实现的营业收入为108.4元，私营工业企业为168.7元，国有控股企业为60.8元（见表25、图22）。

表25　2010—2020年工业企业每百元资产实现的收入

单位：元

时间	全国工业	国有控股工业	私营工业	外商及港澳台商投资企业
2010年	117.7	78.4	177.8	127.0
2011年	124.6	81.3	193.6	133.5
2012年	120.9	78.5	187.2	128.8
2013年	119.3	74.9	182.2	128.8
2014年	115.7	70.7	174.6	127.5
2015年	108.4	60.8	168.7	122.1
2016年	106.7	57.2	171.2	117.7
2017年	101.0	60.4	157.0	114.6
2018年	91.7	63.7	130.5	108.1
2019年	88.5	61.3	127.7	102.5
2020年	87.8	59.4	130.0	102.1

注：“2010—2019年每百元资产实现的收入”根据统计局公布的资产总额和营收总额绝对数计算得出，2020年数据为统计局网站公布数据。

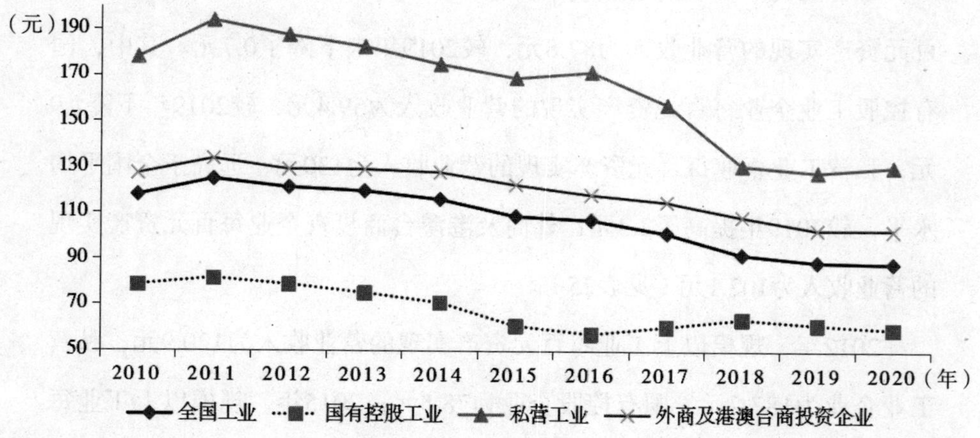

图22　2010—2020年规模以上工业企业百元资产实现的收入

七、大中小型工业企业发展

——整体效益走低，小企稳健增长

大中小型企业的划分标准在2011年进行过调整，因此本章只对党的十八大（2012年）以来的各类规模以上工业企业数据走势进行比较分析。大中小型企业整体延续近年来的发展态势，规模以上小型工业企业的数量和占比连年小幅提升，中型和大型企业数量和占比小幅下降，小型企业的资产和营收的增速也保持领先。然而不乐观的是各类规模以上工业企业的资产营收率、营收利润率、资产利润率等效益指标整体呈下降趋势，且小型工业企业的降幅最大。

（一）企业单位数

全国规模以上工业企业单位数2019年增长-0.2%，“十三五”以来增长-1.4%，十八大以来增长9.9%。规模以上大型工业企业单位数2019年增长-9.8%，“十三五”以来增长-14.8%，十八大以来增长-13.1%。规模以上中型工业企业单位数2019年增长-19.7%，“十三五”以来增长-26.1%，十八大以来增长-25.8%。规模以上小型工业企业单位数2019年增长3.2%，“十三五”以来增长3.2%，十八大以来增长17.5%。

2019年小型工业企业单位数占全部工业企业单位数的比例为87.2%，中型工业企业占比为10.6%，大型工业企业占比为2.2%。“十八大”以来，小型工业企业占比逐年增长，中型和大型工业企业占比逐年下降（见表1）。

表1　规模以上大中小型工业企业单位数

时间	2019年	2018年	2017年	2016年	2015年	2012年	2010年
工业企业（个）	377 815	378 440	372 729	378 599	383 148	343 769	452 872
大型工业企业（个）	8 210	9 103	9 240	9 631	9 633	9 448	3 742
占比	2.2%	2.4%	2.5%	2.5%	2.5%	2.7%	0.8%
中型工业企业（个）	39 974	49 778	49 614	52 681	54 070	53 866	42 906
占比	10.6%	13.2%	13.3%	13.9%	14.1%	15.7%	9.5%
小型工业企业（个）	329 631	319 559	313 875	316 287	319 445	280 455	406 224
占比	87.2%	84.4%	84.2%	83.5%	83.4%	81.6%	89.7%

注：大中小型企业的划型标准在2011年进行过调整。

（二）资产总计

全国规模以上工业企业资产总计2019年增长4.6%，“十三五”以来增长17.8%，十八大以来增长56.9%。规模以上大型工业企业资产总计2019年增长4.4%，“十三五”以来增长19.6%，十八大以来增长50.0%。规模以上中型工业企业资产总计2019年增长4.2%，“十三五”以来增长11.8%，十八大以来增长46.9%。规模以上小型工业企业资产总计2019年增长11.1%，“十三五”以来增长19.9%，十八大以来增长79.0%。

2019年小型工业企业资产总计占全部工业企业资产总计的比例为30.3%，中型工业企业占比为22.5%，大型工业企业占比为47.2%。“十三五”以来，各类型企业资产占比整体平稳（见表2）。

表2　规模以上大中小型工业企业资产总计

单位：亿元

时间	2019年	2018年	2017年	2016年	2015年	2012年	2010年
工业企业	1 205 868.9	1 153 251.2	1 121 909.6	1 085 865.9	1 023 398.1	768 421.2	592 881.9
大型工业企业	569 249.1	545 158.1	534 349.3	508 070.4	476 028.2	379 618.4	236 257.0
占比	47.2%	47.3%	47.6%	46.8%	46.5%	49.4%	39.8%

续表

时间	2019年	2018年	2017年	2016年	2015年	2012年	2010年
中型工业企业	271 433.5	260 495.1	263 386.8	258 989.4	242 810.4	184 742.0	191 194.6
占比	22.5%	22.6%	23.5%	23.9%	23.7%	24.0%	32.2%
小型工业企业	365 186.4	328 729.0	324 173.4	318 806.1	304 559.5	204 060.8	165 430.3
占比	30.3%	28.5%	28.9%	29.4%	29.8%	26.6%	27.9%

（三）营业收入

全国规模以上工业企业营业收入2019年增长1.7%，“十三五”以来增长-3.8%，十八大以来增长14.9%。规模以上大型工业企业营业收入2019年增长-1.8%，“十三五”以来增长7.0%，十八大以来增长17.2%。规模以上中型工业企业营业收入2019年增长0.9%，“十三五”以来增长-11.7%，十八大以来增长10.2%。规模以上小型工业企业营业收入2019年增长6.8%，“十三五”以来增长-9.6%，十八大以来增长15.2%。

2019年小型工业企业营业收入占全部工业企业营业收入的比例为35.2%，中型工业企业占比为22.5%，大型工业企业占比为42.3%。“十三五”以来，各类型企业营业收入占比整体平稳，随经济周期的波动而有小幅波动，当经济下行时大型工业企业营业收入占比下滑，小型和中型工业企业营业收入占比提升，如在2015—2016年；当经济景气时，大型工业企业营业收入占比提升，小型和中型工业企业营业收入占比下降，如在2017—2018年（见表3）。

表3 规模以上大中小型工业企业营业收入

单位：亿元

时间	2019年	2018年	2017年	2016年	2015年	2012年	2010年
工业企业	1 067 397.2	1 049 490.5	1 133 161	1 158 999	1 109 853	929 291.5	697 744
大型工业企业	451 017.8	459 178.9	452 178.5	436 444.5	421 567.3	384 664.5	238 016.8

续表

时间	2019年	2018年	2017年	2016年	2015年	2012年	2010年
占比	42.3%	43.8%	39.9%	37.7%	38.0%	41.4%	34.1%
中型工业企业	240 542.7	238 287.8	269 166.2	286 489.9	272 360.5	218 356.9	200 996.9
占比	22.5%	22.7%	23.8%	24.7%	24.5%	23.5%	28.8%
小型工业企业	375 836.6	352 023.8	411 816.1	436 064.1	415 925.1	326 270.1	258 730.3
占比	35.2%	33.5%	36.3%	37.6%	37.5%	35.1%	37.1%

（四）利润总额

全国规模以上工业企业利润总额2019年增长-8.1%，“十三五”以来增长-0.6%，十八大以来增长6.3%。规模以上大型工业企业利润总额2019年增长-8.1%，“十三五”以来增长25.2%，十八大以来增长17.3%。规模以上中型工业企业利润总额2019年增长6.3%，“十三五”以来增长-8.3%，十八大以来增长7.1%。规模以上小型工业企业利润总额2019年增长5.7%，“十三五”以来增长-19.7%，十八大以来增长-7.3%。

2019年小型工业企业利润总额占全部工业企业营业收入的比例为30.1%，中型工业企业占比为25.1%，大型工业企业占比为44.9%。利润总额与营业收入、资产总计一样，随经济周期的波动而有小幅波动，且方向一致，但波动幅度最大（见表4）。

表4　规模以上大中小型工业企业利润总额

单位：亿元

时间	2019年	2018年	2017年	2016年	2015年	2012年	2010年
工业企业	65 799.0	71 608.9	74 916.3	71 921.4	66 187.1	68 154.9	68 378.9
大型工业企业	29 526.4	32 129.4	32 713.1	26 787.8	23 582.3	26 350.8	26 557.4
占比	44.9%	44.9%	43.7%	37.2%	35.6%	40.7%	33.2%
中型工业企业	16 496.6	15 520.5	18 648.5	19 405.0	17 982.6	17 802.1	17 449.8
占比	25.1%	21.7%	24.9%	27.0%	27.2%	24.9%	32.7%

续表

时间	2019年	2018年	2017年	2016年	2015年	2012年	2010年
小型工业企业	19 776.1	18 701.5	23 554.7	25 728.6	24 622.2	24 002.0	24 371.7
占比	30.1%	26.1%	31.4%	35.8%	37.2%	34.5%	34.1%

（五）资产利润率

2019年，全国规模以上工业企业资产利润率为5.5%，其中大型、中型、小型企业资产利润率分别为5.2%、6.1%、5.4%。各类规上工业企业的资产利润率随经济周期的波动而波动，经济景气时资产利润率提升，经济下行时资产利润率下降。这些年各类工业企业的资产利润率整体呈现下降趋势，反映了中国经济增速下台阶的实际情况。2012年以来，小型工业企业资产利润率下降幅度最大，降幅接近一半，中型工业企业资产利润率降幅居中，大型工业企业资产利润率下降幅度最小（见表5）。

表5 规模以上大中小型工业企业资产利润率

单位：%

时间	2019年	2018年	2017年	2016年	2015年	2012年	2010年
工业企业	5.5	6.2	6.7	6.6	6.5	8.1	8.9
大型工业企业	5.2	5.9	6.1	5.3	5.0	6.6	7.5
中型工业企业	6.1	6.0	7.1	7.5	7.4	8.3	9.1
小型工业企业	5.4	5.7	7.3	8.1	8.1	10.5	10.9

（六）资产营收率

2019年，全国规模以上工业企业资产营收率为88.5%，其中大型、中型、小型企业资产营收率分别为79.2%、88.6%、102.9%。规模以上工业企业的资产营收率整体呈现下降趋势，与资产利润率在2016—2017年经济景气周期时小幅反弹不同，2012年以来资产营收率连年下滑，依然不见见底迹象，反映了中国经济以投资驱动为主，工业部门产能过剩、资产周转率下降的情况（见表6）。

表6　规模以上大中小型工业企业资产营收率

单位：%

时间	2019年	2018年	2017年	2016年	2015年	2012年	2010年
工业企业	88.5	91.0	101.0	106.7	108.4	120.9	117.7
大型工业企业	79.2	84.2	84.6	85.9	88.6	101.3	100.7
中型工业企业	88.6	91.5	102.2	110.6	112.2	118.2	105.1
小型工业企业	102.9	107.1	127.0	136.8	136.6	159.9	156.4

（七）营收利润率

2019年，全国规模以上工业企业营收利润率为6.2%，其中大型、中型、小型企业营收利润率分别为6.5%、6.9%、5.3%。营收利润率与资产营收率、资产利润率一样，都整体呈现下降趋势。其中，小型工业企业营收利润率一路下滑，是规上工业企业营收利润率下降的原因，大型和中型工业企业营收利润率则基本平稳（见表7）。

表7　规模以上大中小型工业企业营收利润率

单位：%

时间	2019年	2018年	2017年	2016年	2015年	2012年	2010年
工业企业	6.2	6.8	6.6	6.2	6.0	6.7	7.6
大型工业企业	6.5	7.0	7.2	6.1	5.6	6.5	7.4
中型工业企业	6.9	6.5	6.9	6.8	6.6	7.1	8.6
小型工业企业	5.3	5.3	5.7	5.9	5.9	6.5	7.0

八、民企外经外贸

——出口长期领跑，已超半壁江山

从2010—2020年这十年间，中国对外贸易取得了长足发展，民营企业份额不断扩大，涨幅持续领跑。2018年我国进出口总额突破4.6万亿美元，成为全球第一大货物贸易国，民营企业占总量的40.2%；2019年、2020年，民营企业进出口额占比均超过外资企业，接近总量的一半，成为我国对外贸易的中流砥柱。2020年，在新冠疫情的持续影响下，世界经济增长和全球贸易遭受严重冲击，而中国经济一枝独秀，成为全球唯一实现经济正增长的主要经济体；更难能可贵的是，我国外贸企业扛过了复杂严峻的外部形势，不仅实现了快速回稳，还创下多个历史新高，展现了强大的韧性和竞争实力。

2002—2019年，我国对外直接投资流量年均增速达26%，尤其是近两年，在全世界贸易环境、投资环境疲软的形势下，保持对外直接投资全球第二的位置，非国有企业投资存量占比不断扩大，民营经济活力和优势得以彰显。

（一）2010—2020年中国对外贸易情况回顾

“十二五”以来，我国进出口总额由2010年的3万亿美元增至2020年的4.7万亿美元，年均增长4.6%；出口总额由2010年的1.6万亿美元增至2020年的2.6万亿美元，年均增长5.1%；进口总额由2010年的1.4万亿美元增至2020年的2.1万亿美元，年均增长4%。各类企业中，民营企业外贸额保持连年增长，国有企业、外资企业外贸额时有下降。2010-2020年，民营企业进出口额年均增长11.3%，国有企业进出口额年均增长0.7%，外资企业进出口额年均增长1.2%（见表1、表2、表3）。

十八大以来，我国进出口总额年均增长2.3%，民营企业进出口额年均增长7.5%，国有企业进出口额年均下降1.5%，外资企业进出口额年均下降0.7%（见表1）。

“十三五”以来，我国进出口额年均增长3.3%。民营企业进出口额年均增长8.2%，国有企业进出口额年均增长0.5%，外资企业进出口额年均下降0.4%（见表1）。

表1 2010—2020年各类企业进出口情况

时间	全国企业		国有企业			外资企业			民营企业		
	金额（亿美元）	增长率（%）	金额（亿美元）	比重（%）	增长率（%）	金额（亿美元）	比重（%）	增长率（%）	金额（亿美元）	比重（%）	增长率（%）
2010年	29 740	34.7	6 219	20.9	29.7	16 003	53.8	31.4	7 506	25.2	47.1
2011年	36 419	22.5	7 606	20.9	22.3	18 602	51.1	16.2	10 213	28.0	36.1
2012年	38 671	6.2	7 517	19.4	−1.2	18 940	49.0	1.8	12 211	31.6	19.6
2013年	41 590	7.5	7 480	18.0	−0.5	19 191	46.1	1.3	14 933	35.9	22.3
2014年	43 015	3.4	7 476	17.4	−0.1	19 840	46.1	3.4	15 714	36.5	5.2
2015年	39 530	−8.1	6 502	16.4	−13.0	18 346	46.4	−7.5	14 721	37.2	−6.3
2016年	36 849	−6.8	5 764	15.6	−11.4	16 874	45.8	−8.0	14 206	38.6	−3.5
2017年	41 045	11.4	6 687	16.3	16.0	18 391	44.8	9.0	15 967	38.9	12.4
2018年	46 230	12.6	8 046	17.4	20.3	19 681	42.6	7.0	18 504	40.2	15.9
2019年	45 761	−1.0	7 725	16.9	−4.0	18 239	39.9	−7.3	19 796	43.3	7.0
2020年	46 463	1.5	6 657	14.3	−13.8	17 976	38.7	−1.4	21 830	47.0	10.3
进出口额年均增长率											
2010-2020年	4.6%		0.7%			1.2%			11.3%		
2012-2020年	2.3%		−1.5%			−0.7%			7.5%		
2015-2020年	3.3%		0.5%			−0.4%			8.2%		

注：“绝对数和年度增长率”来自中国海关总署、海关信息网；“比重、年均增长率”为北京大成企业研究院根据绝对数计算得出，下同。

表2　2010—2020年各类企业出口走势情况

时间	全国企业		国有企业			外资企业			民营企业		
	金额(亿美元)	增长率(%)	金额(亿美元)	比重(%)	增长率(%)	金额(亿美元)	比重(%)	增长率(%)	金额(亿美元)	比重(%)	增长率(%)
2010年	15 779	31.3	2 344	14.9	22.7	8 623	54.6	28.3	4 813	30.5	42.2
2011年	18 986	20.3	2 672	14.1	14.1	9 953	52.4	15.4	6 361	33.5	32.2
2012年	20 490	7.9	2 563	12.5	–4.1	10 228	49.9	2.8	7 699	37.6	21.1
2013年	22 100	7.9	2 490	11.3	–2.8	10 443	47.3	2.1	9 168	41.5	19.1
2014年	23 428	6.1	2 565	10.9	3.1	10 747	45.9	3.0	10 115	43.1	10.3
2015年	22 750	–2.9	2 424	10.7	–5.5	10 047	44.2	–6.5	10 278	45.2	1.6
2016年	20 982	–7.7	2 156	10.3	–11	9 170	43.7	–8.7	9 651	46.0	–6.1
2017年	22 635	7.9	2 312	10.2	7.3	9 776	43.2	6.6	10 547	46.6	9.3
2018年	24 874	9.9	2 573	10.3	11.1	10 360	41.7	6.0	11 941	48.0	13.2
2019年	24 990	0.5	2 356	9.4	–8.3	9 661	38.7	–6.7	12 974	51.9	8.6
2020年	25 906	3.6	2 075	8.0	–12.0	9 323	36.0	–3.5	14 509	56.0	11.8
出口额年均增长率											
2010–2020年	5.1%		–1.2%			0.8%			11.7%		
2012–2020年	3.0%		–2.6%			–1.2%			8.2%		
2015–2020年	2.6%		–3.1%			–1.5%			7.1%		

表3　2010—2020年6月各类企业进口走势情况

时间	全国企业		国有企业			外资企业			民营企业		
	金额(亿美元)	增长率(%)	金额(亿美元)	比重(%)	增长率(%)	金额(亿美元)	比重(%)	增长率(%)	金额(亿美元)	比重(%)	增长率(%)
2010年	13 948	38.7	3 876	27.8	34.3	7 380	52.9	35.3	2 693	19.3	56.6
2011年	17 435	24.9	4 934	28.3	27.1	8 648	49.6	17.1	3 852	22.1	42.9
2012年	18 178	4.3	4 954	27.3	0.3	8 713	47.9	0.8	4 512	24.8	17.2
2013年	19 503	7.3	4 990	25.6	0.6	8 748	44.9	0.4	5 765	29.6	27.8
2014年	19 603	0.4	4 911	25.1	–1.9	9 093	46.4	3.9	5 599	28.5	–3
2015年	16 820	–14.2	4 078	24.2	–16.9	8 299	49.3	–8.7	4 442	26.4	–21

续表

时间	全国企业		国有企业			外资企业			民营企业		
	金额(亿美元)	增长率(%)	金额(亿美元)	比重(%)	增长率(%)	金额(亿美元)	比重(%)	增长率(%)	金额(亿美元)	比重(%)	增长率(%)
2016年	15 874	–5.5	3 608	22.8	–11.4	7 705	48.6	–7	4 555	28.8	3
2017年	18 410	15.9	4 374	23.8	21.1	8 616	46.8	11.8	5 420	29.4	19
2018年	21 356	15.8	5 474	25.6	24.9	9 321	43.6	8.1	6 561	30.8	21.1
2019年	20 771	–2.7	5 369	25.8	–1.9	8 578	41.3	–7.9	6 824	32.9	4.0
2020年	20 556	–1.1	4 582	22.3	–14.7	8 653	42.1	0.9	7 321	35.6	7.3
进口额年均增长率											
2010–2020年	4.0		1.7			1.6			10.5		
2012–2020年	1.5		107.1			–0.1			6.2		
2015–2020年	4.1		2.4			0.8			10.5		

（二）2020年1—12月各类型企业进出口数据分析

2020年1—12月，我国外贸数据明显好于预期，进出口、出口总额创历史新高——进出口总额4.6万亿美元，比去年同期增长1.5%；出口总额2.6万亿美元，增长3.6%；贸易顺差达到5 350.3亿美元，较去年进一步扩大了26.8%。根据WTO和各国已公布的数据，2020年前10个月，我国进出口、出口、进口的国际市场份额分别达12.8%、14.2%、11.5%，均创历史新高，进一步巩固了世界第一大贸易国的地位（见表4、表5）。

2020年前三季度，受疫情影响，各类企业外贸额都较去年同期有所下降，第一季度进出口额下降8.7%，第二季度下降6.5%，第三季度下降2.1%，但总体趋势平稳向好；第四季度，我国实现进出口正增长，主要归功于民营企业进出口的快速回稳（见表4）。

从2020年1—12月的海关数据中还能看出，民营企业作为我国市场的主体作用进一步提升——全部民营企业进出口额2.18万亿美元，比去年同期增长了10.3%，贡献了全部增量的289.6%，占比接近总量一半，达到

47%。与此同时，国有企业进出口额0.67万亿美元，下降13.8%，占比进一步缩小至14.3%；外资企业进出口额1.8万亿美元，下降1.4%，占比缩小至38.7%（见表4）。

出口贸易方面，2020年1—12月，我国出口总额为2.6万亿美元，增长了3.6%。其中，民营企业出口额1.5万亿美元，增长11.8%，占比扩大到56%；外资企业出口额0.9万亿美元，下降3.5%，占比进一步缩小至36%；国有企业出口额2 075亿美元，下降12%，占8%（见表5）。

进口贸易方面，2020年1—12月，我国进口总额为2.1万亿美元，下降了1.1%。其中，民营企业进口额7 321亿美元，增长7.3%，占比提升至35.6%；外资企业进口额8 653亿美元，增长0.9%，占比提升至42.1%；国有企业进口额4 582亿美元，下降14.7%，占比缩小至22.3%（见表6）。

表4　2020年1—12月进出口总额情况（商品贸易方式企业性质）

		2019年12月	2020年3月	2020年6月	2020年9月	2020年12月
全国企业	进出口金额（亿美元）	45 761	9 407	20 248	32 877	46 463
	进出口增长额（亿美元）	–469	–898	–1 418	–708	684
	进出口增长率（%）	–1.0	–8.7	–6.5	–2.1	1.5
国有企业	进出口金额（亿美元）	7 725	1 668	3 162	4 935	6 657
	进出口增长率（%）	–4.0	–8.4	–16.4	–14.1	–13.8
	进出口比重（%）	16.9	17.7	15.6	15.0	14.3
	进出口增长额（亿美元）	–321	–153	–621	–812	–1 068
	进出口贡献率（%）	68.5	17.7	45.5	126.6	–152.2
外商投资企业	进出口金额（亿美元）	18 239	3 736	7 917	12 712	17 976
	进出口增长率（%）	–7.3	–12.0	–9.3	–5.8	–1.4
	进出口比重（%）	39.9	39.7	39.1	38.7	38.7
	进出口增长额（亿美元）	–1 442	–510	–812	–777	–263
	进出口贡献率（%）	307.3	59.0	59.5	121.3	–37.5
民营企业	进出口金额（亿美元）	19 798	4 027	9 217	15 321	21 830
	进出口增长率（%）	7.0	–4.2	1.3	7.3	10.3

续表

		2019年12月	2020年3月	2020年6月	2020年9月	2020年12月
民营企业	进出口比重（%）	43.2	42.8	45.5	46.6	47.0
	进出口增长额（亿美元）	1 294	–178	119	1 038	2 032
	进出口贡献率（%）	–275.8	20.6	–8.7	–162.0	289.6
贸易差额（亿美元）		4 219	5 350			

资料来源：中国海关总署。

表5　2020年1—12月出口总额情况（商品贸易方式企业性质）

		2019年12月	2020年3月	2020年6月	2020年9月	2020年12月
全国企业	出口金额（亿美元）	24 990	4 780	10 987	18 114	25 906
	出口增长率（%）	0.5	–13.3	–6.2	–1	3.6
	出口占比（%）	100	100	100	100	100
	出口增长额（亿美元）	116	–737	–724	–137	916
国有企业	出口金额（亿美元）	2 356	482	1 000	1 528	2 075
	出口增长率（%）	–8.3	–11.2	–12.7	–12.5	–12.0
	出口比重（%）	9.4	10.1	9.1	8.4	8.0
	出口增长额（亿美元）	–216.6	–62	–145	–217	–281
	出口贡献率（%）	–186.7	8.4	20.0	158.4	–30.7
外商投资企业	出口金额（亿美元）	9 661	1 834	4 066	6 537	9 323
	出口增长率（%）	–6.7	–18.5	–12	–8.3	–3.5
	出口比重（%）	38.7	38.4	37.0	36.1	36.0
	出口增长额（亿美元）	–699.2	–417	–561	–595	–338
	出口贡献率（%）	–602.8	56.6	77.5	434.0	–36.9
民营企业	出口金额（亿美元）	12 973	2 464	5921	10 049	14 509
	出口增长率（%）	8.6	–9.5	–0.3	7.2	11.8
	出口比重（%）	51.9	51.5	53.9	55.5	56.0
	出口增长额（亿美元）	1 031.8	–258	–18	675	1 536
	出口贡献率（%）	889.5	35.1	2.4	–492.4	167.6

资料来源：中国海关总署。

表6 2020年1—12月进口总额情况（商品贸易方式企业性质）

		2019年12月	2020年3月	2020年6月	2020年9月	2020年12月
全国企业	进口金额（亿美元）	20 771	4 650	9 309	14 853	20 556
	进口增长率（%）	–2.7	–2.9	–6.4	–3.1	–1.1
	进口占比（%）	100	100	100	100	100
	进口增长额（亿美元）	–594.4	–104	–591	–413	–215
国有企业	进口金额（亿美元）	5 369	1 185	2 162	3 407	4 582
	进口增长率（%）	–1.9	–7.8	–18.5	–15	–14.7
	进口比重（%）	25.9	25.5	23.2	22.9	22.3
	进口增长额（亿美元）	–104.5	–91	–476	–594	–787
	进口贡献率（%）	17.6	87.6	80.7	143.8	366.1
外商投资企业	进口金额（亿美元）	8 578	1 902	3 851	6 175	8 653
	进口增长率（%）	–7.9	–4.7	–6.1	–2.9	0.9
	进口比重（%）	41.3	40.9	41.4	41.6	42.1
	进口增长额（亿美元）	–742.5	–93	–251	–182	75
	进口贡献率（%）	124.9	101.8	52.6	30.6	–9.6
民营企业	进口金额（亿美元）	6 824	1 562	3 297	5 272	7 321
	进口增长率（%）	24.2	5.4	4.3	7.4	7.3
	进口比重（%）	30.6	33.6	35.4	35.5	35.6
	进口增长额（亿美元）	1 177.0	80.1	136.3	363.2	496.6
	进口贡献率（%）	38.1	–76.8	–23.1	–87.9	–231.1

资料来源：中国海关总署。

（三）2002—2019年中国对外直接投资回顾

自中国加入世界贸易组织以来，随着我国国力的提升和企业竞争力的加强，中国企业纷纷响应国家“走出去”的号召，持续对世界各个国家和地区进行对外投资。2002—2019年，我国对外直接投资流量年均增速达26%，实现总体高速增长；2011年以来，我国连续八年位列对外直接投资世界前三，2016年末对外投资净额一度接近2 000亿美元，在世界范围内打响了中国品牌，为人民币国际化奠定坚实基础（见图1）。

“十二五”以来，我国企业对外投资流量增速较快，从2010年的688亿美元增至2019年的1 369亿美元，年均增长7.9%。十八大以来，企业对外投资保持高增长，对外直接投资流量年均增长6.6%（见表7、表8）。

“十三五”以来，资金流出速度企稳，2015—2019年，对外直接投资流量年均下降1.5%（见表8）。2017—2019年，对外直接投资净额连续三年下降，背后原因是我国对外投资结构不断优化，不再盲目追求高增长，转而向高质量发展的目标迈进。2019年，对外直接投资流量降至1369.1亿美元，是2002年流量的51倍（见图1），仍然位列世界第二，仅次于日本，占全球份额的10.4%；对外直接投资存量2.2万亿美元，是2002年存量的74倍，位列世界第三，仅次于美国、荷兰，占全球份额的6.4%（见表7、表8）。

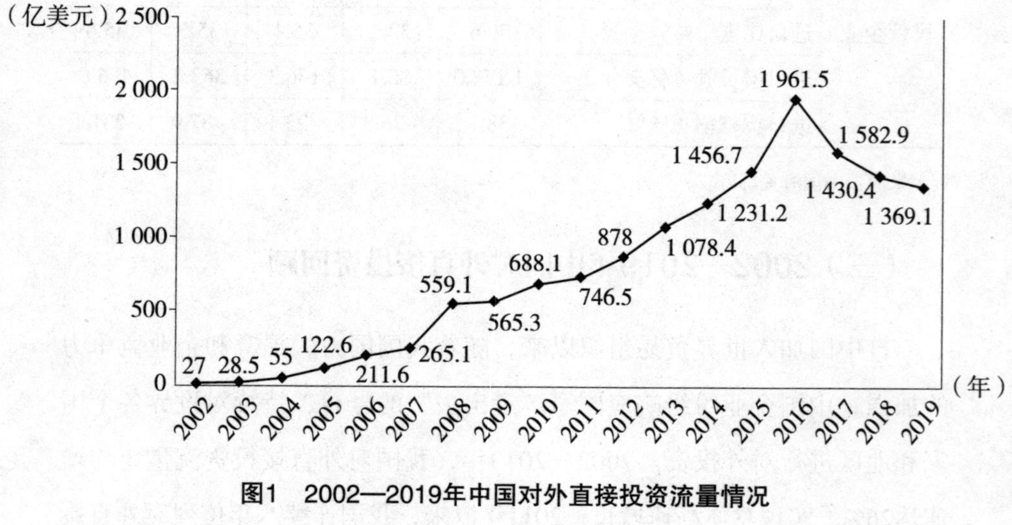

图1　2002—2019年中国对外直接投资流量情况

来源：《2019年度中国对外直接投资统计公报》，下同。

表7　中国建立对外直接投资统计制度各年份的统计结果

年份	流量			存量	
	金额（亿美元）	全球位次	同比（%）	金额（亿美元）	全球位次
2002	27.0	26	—	299.0	25
2003	28.5	21	5.6	332.0	25
2004	55.0	20	93.0	448.0	27
2005	122.6	17	122.9	572.0	24
2006	211.6	13	43.8	906.3	23
2007	265.1	17	25.3	1 179.1	22
2008	559.1	12	110.9	1 839.7	18
2009	565.3	5	1.1	2 457.5	16
2010	688.1	5	21.7	3 172.1	17
2011	746.5	6	8.5	4 247.8	13
2012	878.0	3	17.6	5 319.4	13
2013	1 078.4	3	22.8	6 604.8	11
2014	1 231.2	3	14.2	8 826.4	8
2015	1 456.7	2	18.3	10 978.6	8
2016	1 961.5	2	34.7	13 573.9	6
2017	1 582.9	3	−19.3	18 090.4	2
2018	1 430.4	2	−9.6	19 822.7	3
2019	1 369.1	2	−4.3	21 988.8	3

注：1. 2002—2005年数据为中国对外非金融类直接投资数据，2006—2019年数据为对外全行业直接投资数据。

2. 2006年同比为对外非金融类直接投资比值。

表8　2010—2019年中国对外直接投资流量年均增长率

时间	2010年	2011年	2012年	2013年	2014年	2015年	2016年	2017年	2018年	2019年
对外直接投资流量（亿美元）	688.1	746.5	878.0	1 078.4	1 231.2	1 456.7	1 961.5	1 582.9	1 430.4	1 369.1
2010—2019年年均增长率（%）	7.9									
2012—2019年年均增长率（%）			6.6							
2015—2019年年均增长率（%）						−1.5				

（四）2019—2020年中国对外直接投资情况

1. 2019—2020年中国对外投资流量和存量分布

据商务部、外汇局统计，2020年我国对外全行业直接投资1 329.4亿美元，同比增长3.3%，其中，我国境内投资者共对全球172个国家和地区的6 790家境外企业进行了非金融类直接投资1 101.5亿美元，同比下降0.4%。

2019年我国对外直接投资存量2.2万亿美元，同比增长10.9%，与排名第二的荷兰（2.6万亿美元）差距缩小，但与排名第一的美国（7.7万亿美元）差距进一步拉大，占全球份额与2018年持平。对外直接投资流量1 369.1亿美元，下降4.3%，占全球份额连续四年超过一成，份额较2018年下降了4.1个百分点，其中，2019年中国内地对中国香港地区的投资流量达905.5亿美元，增长4.2%，占当年中国对外投资总额的66.1%。从双向投资流量看，2019年中国对外投资规模低于吸引外资（1 412.3亿美元）3.1个百分点。

截至2019年年末，中国2.75万家境内投资者在国（境）外188个国家和地区设立4.4万家对外投资企业，资产总额7.2万亿美元，较上一年增长了9.1%。中国在2019年的对外直接投资涵盖18个行业大类，资金流向的前三名行业是：租赁和商务服务业（30.6%）、制造业（14.8%）、金融业（14.6%）；其中新增股权投资占55%，当期收益再投资占31.2%。

2019年中国对外投资存量中，在亚洲的存量占66.4%，在拉丁美洲的存量占19.8%，在欧洲的存量占5.2%，在北美洲的存量占4.6%；占存量前六位的国家和地区分别是：中国香港（58%）、开曼群岛（12.6%）、英属维京群岛（6.5%）、美国（3.5%）、新加坡（2.4%）、澳大利亚（1.7%）。

2. 对“一带一路”沿线国家投资情况

2013—2020年，我国与“一带一路”沿线国家的投资合作稳步推进，对“一带一路”沿线国家投资流量累计达1 314.5亿美元，2017年投资流量一度突破200亿美元（见图2）。2020年，我国在“一带一路”沿线的58个国家直接投资177.9亿美元，同比增长2.6%，占同期流量的16.2%，主要流向新加坡、印度尼西亚、越南、老挝、马来西亚、柬埔寨、泰国、阿联酋、哈萨克斯坦、以色列等国家；在沿线国家新签承包工程合同额1 414.6亿美元，完成营业额911.2亿美元，分别占同期总额的55.4%和58.4%（见表9、图2）。

表9 “一带一路”沿线国家投资合作情况

	2020年	2019年	2018年	2017年	2016年
“一带一路”沿线国家（个）	58	56	56	59	53
主要流向	新加坡、印度尼西亚、越南、老挝、马来西亚、柬埔寨、泰国、阿联酋、哈萨克斯坦、以色列	新加坡、越南、老挝、印度尼西亚、巴基斯坦、泰国、马来西亚、阿联酋、柬埔寨、哈萨克斯坦	新加坡、老挝、巴基斯坦、印度尼西亚、越南、马来西亚、泰国、柬埔寨	新加坡、马来西亚、老挝、印度尼西亚、巴基斯坦、越南、俄罗斯、阿联酋、柬埔寨	新加坡、印度尼西亚、印度、泰国、马来西亚
非金融类投资（亿美元）	177.9	150.4	129.6	143.6	145.3
占同期总额（%）	16.2	13.6	12.4	12	8.50
同比（%）	↑2.6	↓3.8	↑4.8	↓1.2	↓2
新签对外承包工程项目合同（亿美元）	1 414.6	1 276.7	904.3	1 443.2	1 260.3
占同期对外承包工程新签合同额（%）	55.4	59.5	48.8	54.4	51.60
同比（%）	↓8.7	↑23.1	↓20.3	↑14.5	↑36

数据来源：商务部“走出去”服务平台。

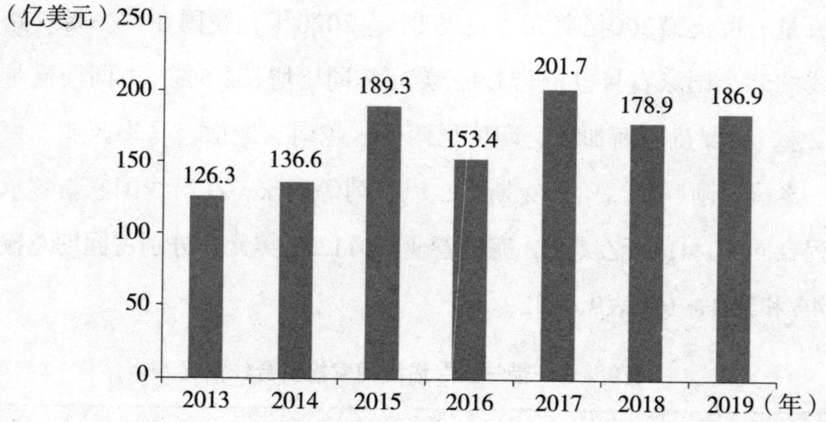

图2　2013—2019年中国对“一带一路”沿线国家投资流量

3. 非国有企业持续占据对外直接投资半壁江山

2006—2019年，我国非国有企业境内投资者数量不断增多，尤其是“十三五”以来，非国有企业对外直接投资存量连续接近或超过五成，牢牢占据对外直接投资的半壁江山。值得注意的是，非国有企业投资者中，7.1%为外商投资企业和港澳台商投资企业，92.9%为广义的民营企业，这一数据显示，民营经济在我国对外投资中占据了重要地位。

2019年对外非金融类直接投资存量中，国有企业对外投资存量9 741.2亿美元，较上一年同期增长15%，占50.1%；非国有企业对外直接投资存量9 702.3亿美元，增长5.8%，占49.9%。其中，私营企业对外直接投资存量1 477.7亿美元，占7.6%，较上一年同期增长18%；个体经营者对外直接投资存量1 341.6亿美元，占6.9%，较上一年同期增长28.9%，涨幅在各类投资者中领跑（见图3、图4、表10）。

在投资者数量方面，2009年以来，我国境内投资者中非国有企业始终占据绝对多数，非国有企业投资者占比逐年上升，国有企业投资者占比逐年下降。2019年我国境内共有对外投资者2.7万个；其中，非国有企业投资者占95%，国有企业投资者占5%，私营企业投资者数量快速增长，占比由前一年的24.3%升至27.4%（见表11）。

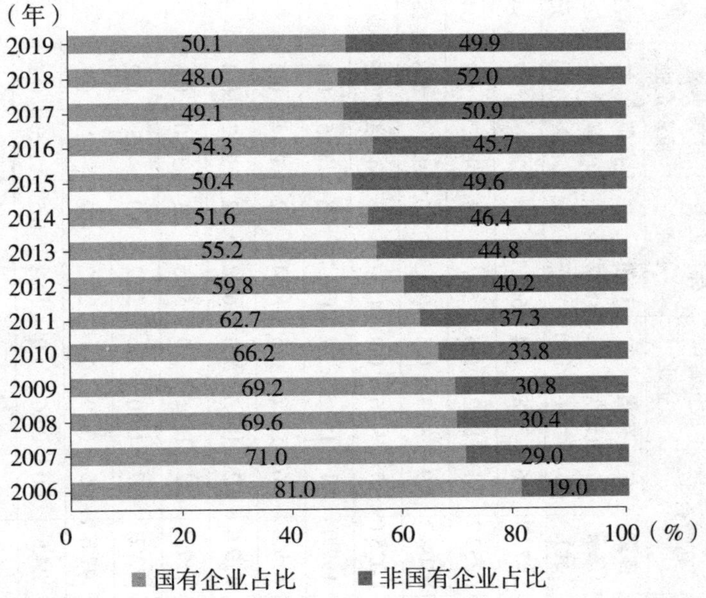

图3　2006—2019年中国国有企业和非国有企业对外直接投资存量占比情况

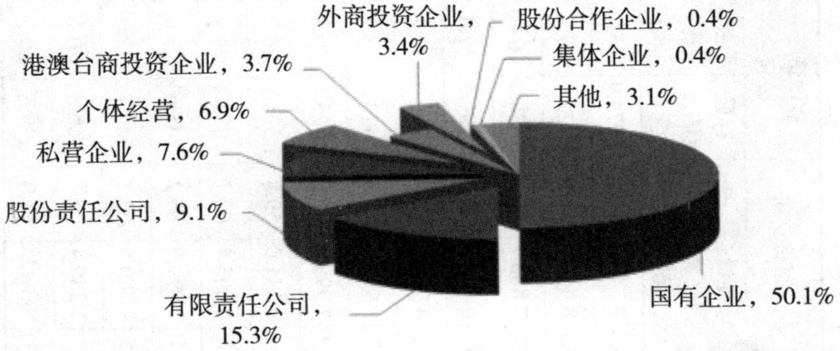

图4　2019年末中国对外非金融类直接投资存量按境内投资者注册类型分布情况

表10　2007—2019年中国对外直接投资企业类型构成（非金融类存量）

时间	投资总存量（亿美元）	国有企业		有限责任公司		股份有限公司		私营企业		股份合作企业		外商投资企业		港澳台商投资企业		个体经营		其他	
		存量(亿美元)	占比(%)	存量(亿美元)	占比(%)	存量(亿美元)	占比(%)	存量(亿美元)	占比(%)	存量(亿美元)	占比(%)	存量(亿美元)	占比(%)	存量(亿美元)	占比(%)	存量(亿美元)	占比(%)	存量(亿美元)	占比(%)
2019年	19 443.5	9 741.2	50.1	2 974.9	15.3	1 769.4	9.1	1 477.7	7.6	77.8	0.4	661.1	3.4	719.4	3.7	1 341.6	6.9	602.7	3.1
2018年	17 643.7	8 469.0	48.0	3 122.9	17.7	1 552.6	8.8	1 252.7	7.1	88.2	0.5	547	3.1	952.8	5.4	1 041.0	5.9	564.5	3.2
2017年	16 062.5	7 886.7	49.1	2 634.3	16.40	1 397.4	8.7	1 108.3	6.9	80.3	0.5	481.9	3.0	931.6	5.8	1 188.6	7.4	305.2	1.9
2016年	11 800.5	6 407.7	54.3	2 100.5	17.8	1 014.8	8.6	1 026.6	8.7	82.6	0.7	413.0	3.5	413.0	3.5			306.8	2.6
2015年	9 382.0	4 728.5	50.4	3 021.0	32.2	816.2	8.7	197.0	2.1	159.5	1.7	140.7	1.5	37.5	0.4			253.3	2.7
2014年	7 450.2	3 993.3	53.6	2 473.5	33.2	573.7	7.7	119.2	1.6	111.6	1.5	89.4	1.2	22.4	0.3			59.6	0.8
2013年	5 434.0	2 999.6	55.2	1 673.7	30.8	407.6	7.5	119.6	2.2	108.7	2.0	65.2	1.2	21.7	0.4			32.6	0.6
2012年	5 319.4	3 181.0	59.8	1 393.7	26.2	351.1	6.6	117.0	2.2	154.3	2.9	58.5	1.1	16.0	0.3			37.2	0.7
2011年	4 247.8	2 663.4	62.7	1 057.7	24.9	322.8	7.6	72.2	1.7	68.0	1.6	38.2	0.9	8.5	0.2			8.5	0.2
2010年	3 172.1	2 099.9	66.2	748.6	23.6	193.5	6.1	47.6	1.5	34.9	1.1	22.2	0.7	3.2	0.1			15.9	0.5
2009年	2 457.5	1 700.6	69.2	540.7	22.0	137.6	5.6	24.6	1.0	24.6	1.0	12.3	0.5	2.5	0.1			7.4	0.3
2008年	1 839.7	1 280.4	69.6	369.8	20.1	121.4	6.6	18.4	1.0	22.1	1.2	14.7	0.8	1.8	0.1			3.7	0.2
2007年	1 179.1	837.2	71.0	239.4	20.3	60.1	5.1	14.2	1.2	14.2	1.2	共占0.8（9.4）						0.0	0.0

注：“绝对数”来自商务部、国家统计局、国家外汇管理局，以及2007-2019年度《中国对外直接投资统计公报》，“集体企业”占比小于1%，未包括。

表11　2009—2019年中国对外直接投资企业类型构成（对外直接投资者）

时间	投资者总数(家)	国有企业		私营企业		有限责任公司		股份有限公司		股份合作企业		外商投资企业		港澳台商投资企业		集体企业		个体经营		其他	
		数量(家)	占比(%)	数量(家)	占比(%)	数量(家)	占比(%)	数量(家)	占比(%)	数量(家)	占比(%)	数量(家)	占比(%)	数量(家)	占比(%)	数量(家)	占比(%)	数量(家)	占比(%)	数量(家)	占比(%)
2019年	27 493	1 373	5.0	7 532	27.4	10 554	38.4	3 316	12.1	365	1.3	1 465	5.3	1 044	3.8	100	0.4	659	2.4	1 030	3.7
2018年	27 091	1 335	4.9	6 583	24.3	11 787	43.5	3 013	11.1	429	1.6	1 347	5.0	999	3.7	96	0.4	654	2.4	783	2.9
2017年	25 529	1 422	5.6	6 570	25.7	10 577	41.4	2 790	10.9	465	1.8	1 280	5.0	854	3.4	94	0.4	646	2.5	931	3.3
2016年	24 402	1 268	5.2	6 386	26.2	10 536	43.2	2 474	10.1	498	2.0	1 175	4.8	776	3.2	113	0.5	583	2.4	586	2.4
2015年	20 207	1 165	5.8	1 879	9.3	13 612	67.4	1 559	7.7	458	2.3	562	2.8	385	1.9	88	0.4	186	0.9	312	1.5
2014年	18 547	1 240	6.7	1 528	8.2	12 459	67.2	1 245	6.7	474	2.5	477	2.6	329	1.8	93	0.5	160	0.9	542	2.9
2013年	15 300	1 232	8.0	1 282	8.4	10 116	66.1	1 081	7.1	469	3.1	454	3.0	311	2.0	92	0.6	106	0.7	157	1.0
2012年	15 994	1 461	9.1	1 326	8.3	10 004	62.5	1 191	7.4	549	3.4	536	3.4	358	2.2	130	0.8	250	1.6	189	1.3
2011年	13 462	1 495	11.1	1 120	8.3	8 136	60.4	1 036	7.7	535	4.0	480	3.6	320	2.4	130	1.0	110	0.8	100	0.7
2010年	13 000	1 326	10.2	1 066	8.2	7 800	60.0	910	7.0	598	4.6	416	3.2	260	2.0	143	1.1			858	6.6
2009年	12 072	1 624	13.4	904	7.5	6 968	57.7	867	7.2	585	4.9	368	3.1	216	1.8	142	1.2			395	3.2

数据来源：商务部、国家统计局、国家外汇管理局2009-2019年度《中国对外直接投资统计公报》。

表12　2019—2020年我国对外全行业直接投资简明统计

	2020年12月	2020年9月	2020年6月	2020年3月	2019年12月	2019年9月	2019年6月	2019年3月
我国投资全球国家和地区(个)	172	167	159	153	161	164	151	143
我国投资境外企业(个)	6 790	5 438	4 089	2 538	5 735	5 016	3 582	2 060
累计投资(亿美元)	1 329.4	1 007.1	549	256.8	1 298.3	870.2	574.1	264.3
同比(%)	3.3	4.1	–4.4	–2.8	0.3	–1.3	–5.9	–6.3

数据来源：商务部、外汇局数据。

九、民营科技发展

——研发投入加大，创新占比显升

本章简明介绍规模以上工业企业的科技活动情况，其中国有企业仅指未进行公司制改造的国有企业，而非全口径的国有控股企业；私营企业仅为自然人控股的私营企业，而非全口径的私人控股企业。私营企业的研发人员、研发经费、新产品开发经费等研发投入以及研发项目数、新产品开发项目数、新产品销售收入、有效发明专利数等研发产出占比稳步提高。

（一）R&D人员

2019年，全国规模以上工业企业R&D人员折合全时当量315.18万人年，比2018年增长5.7%；“十三五”以来增长19.5%，年均增速4.5%；十八大以来增长40.3%，年均增速5.0%。

其中私营企业120.24万人年，占比为38.1%；港澳台商投资企业31.42万人年，占比为10.0%；外商投资企业32.25万人年，占比为10.2%。私营企业占比逐年提升，8年来占比翻番，从2011年的不足20%提高到2019年的近40%（见表1）。

表1 按登记注册类型分规模以上工业企业R&D人员全时当量

时间	2019年	2018年	2017年	2016年	2015年	2014年	2013年	2012年	2011年
规模以上工业企业(人年)	3 151 828	2 981 234	2 736 244	2 702 489	2 638 290	2 641 578	2 493 958	2 246 179	1 939 075
国有企业(人年)	23 575	21 624	55 692	74 005	82 297	88 868.9	85 571.8	162 962.8	148 871.3
占比(%)	0.7	0.7	2.0	2.7	3.1	3.4	3.4	7.3	7.7
有限责任公司(人年)	831 757	862 665	832 012	845 680	826 422	841 754.1	807 434.6	662 322.7	582 652
占比(%)	26.4	28.9	30.4	31.3	31.3	31.9	32.4	29.5	30.0
股份有限公司(人年)	451 358	442 700	431 937	425 175	433 413	450 615.4	432 027.3	371 178.6	332 955
占比(%)	14.3	14.8	15.8	15.7	16.4	17.1	17.3	16.5	17.2
私营企业(人年)	1 202 413	993 467	790 796	732 398	662 024	606 229.4	523 550.6	419 111.7	345 095.1
占比(%)	38.1	33.3	28.9	27.1	25.1	22.9	21.0	18.7	17.8
港澳台商投资企业(人年)	314 242	319 641	303 102	285 902	285 158	283 158.9	274 172.7	258 541.4	217 521.6
占比(%)	10.0	10.7	11.1	10.6	10.8	10.7	11.0	11.5	11.2
外商投资企业(人年)	322 470	334 362	313 490	330 649	328 657	355 263.9	354 457.1	336 479	278 674.7
占比(%)	10.2	11.2	11.5	12.2	12.5	13.4	14.2	15.0	14.4

（二）R&D经费

2019年，全国规模以上工业企业R&D经费1.397万亿元，比2018年增长7.8%；“十三五”以来增长39.5%，年均增速8.7%；十八大以来增长94.0%，年均增速9.9%。

其中私营企业4 516.7亿元，占比为32.3%；港澳台商投资企业1 138.4亿元，占比8.1%；外商投资企业1 613.8亿元，占比11.6%。私营企业研发经费占比逐年提升，从2011年的15%左右提高到2019年的超30%（见表2）。

表2　按登记注册类型分规模以上工业企业R&D经费

时间	2019年	2018年	2017年	2016年	2015年	2014年	2013年	2012年	2011年
规模以上工业企业(亿元)	13 971.1	12 954.8	12 013.0	10 944.7	10 013.9	9 254.3	8 318.4	7 200.6	5 993.8
国有企业(亿元)	83.2	83.4	213.4	283.9	322.4	325.7	308.4	562.1	467.8
占比(%)	0.6	0.6	1.8	2.6	3.2	3.5	3.7	7.8	7.8
有限责任公司(亿元)	4 449.8	4 279.3	4 102.1	3 754.9	3 388.9	3 159.1	2 830.9	2 224.7	1 890.4
占比(%)	31.8	33.0	34.1	34.3	33.8	34.1	34.0	30.9	31.5
股份有限公司(亿元)	2 139.1	2 025.2	1 847.2	1 612.8	1 534.7	1 504.6	1 385.5	1 245.6	1 063.3
占比(%)	15.3	15.6	15.4	14.7	15.3	16.3	16.7	17.3	17.7
私营企业(亿元)	4 516.7	3 851.6	3 188.1	2 800.5	2 363.6	2 026.8	1 690.1	1 246.5	944.0
占比(%)	32.3	29.7	26.5	25.6	23.6	21.9	20.3	17.3	15.7
港澳台商投资企业(亿元)	1 138.4	1 130.8	1 115.1	1 013.6	947.7	852.3	772.2	672.4	560.4
占比(%)	8.1	8.7	9.3	9.3	9.5	9.2	9.3	9.3	9.4
外商投资企业(亿元)	1 613.8	1 552.0	1 474.9	1 405.7	1 353.9	1 298.5	1 242.9	1 091.3	936.1
占比(%)	11.6	12.0	12.3	12.8	13.5	14.0	14.9	15.2	15.6

（三）R&D项目数

2019年，全国规模以上工业企业R&D项目数59.81万项，比2018年增长26.6%；“十三五”以来增长93.0%，年均增速17.9%；十八大以来增长108.0%，年均增速11.0%。

其中私营企业29.49万项，占比为49.3%；港澳台商投资企业4.09万项，占比为6.8%；外商投资企业4.66万项，占比为7.8%。私营企业占比逐年提升，8年来占比翻番，从2011年的20%左右提高到2019年的近50%（见表3）。

表3　按登记注册类型分规模以上工业企业R&D项目数

时间	2019年	2018年	2017年	2016年	2015年	2014年	2013年	2012年	2011年
规模以上工业企业(项)	598 072	472 299	445 029	360 997	309 895	342 507	322 567	287 524	232 158
国有企业(项)	3 890	2 632	6 225	6 473	7 739	9 964	10 634	20 092	18 376
占比(%)	0.7	0.6	1.4	1.8	2.5	2.9	3.3	7.0	7.9
有限责任公司(项)	145 405	125 602	131 045	107 090	93 183	108 868	102 726	83 470	70 357
占比(%)	24.3	26.6	29.4	29.7	30.1	31.8	31.8	29.0	30.3
股份有限公司(项)	65 058	57 178	56 425	47 793	41 368	46 392	44 525	41 490	34 183
占比(%)	10.9	12.1	12.7	13.2	13.3	13.5	13.8	14.4	14.7
私营企业(项)	294 868	208 855	172 422	130 402	104 396	103 663	89 657	72 299	52 749
占比(%)	49.3	44.2	38.7	36.1	33.7	30.3	27.8	25.1	22.7
港澳台商投资企业(项)	40 931	36 250	36 837	31 396	27 978	29 418	28 859	26 417	22 396
占比(%)	6.8	7.7	8.3	8.7	9.0	8.6	8.9	9.2	9.6
外商投资企业(项)	46 632	40 592	40 484	36 494	33 474	40 934	42 885	37 648	29 275
占比(%)	7.8	8.6	9.1	10.1	10.8	12.0	13.3	13.1	12.6

（四）新产品开发项目数

2019年，全国规模以上工业企业新产品开发项目数67.18万项，比2018年增长20.3%；“十三五”以来增长105.9%，年均增速19.8%；十八大以来增长107.7%，年均增速11.0%。

其中私营企业33.82万项，占比为50.3%；港澳台商投资企业4.84万项，占比为7.2%；外商投资企业5.47万项，占比为8.1%。私营企业占比逐年提升，8年来占比翻番，从2011年的25.4%左右提高到2019年的50.3%（见表4）。

表4　按登记注册类型分规模以上工业企业新产品开发项目数

时间	2019年	2018年	2017年	2016年	2015年	2014年	2013年	2012年	2011年
规模以上工业企业(项)	671 799	558 305	477 861	391 872	326 286	375 863	358 287	323 448	266 232
国有企业(项)	3 494	2 466	5 313	5 700	6 912	9 074	10 696	20 468	18 350
占比(%)	0.5	0.4	1.1	1.5	2.1	2.4	3.0	6.3	6.9
有限责任公司(项)	156 913	142 539	133 898	110 556	92 383	112 979	108 132	90 011	76 702
占比(%)	23.4	25.5	28.0	28.2	28.3	30.1	30.2	27.8	28.8
股份有限公司(项)	68 678	63 899	58 706	50 236	43 073	50 561	49 300	45 631	38 051
占比(%)	10.2	11.4	12.3	12.8	13.2	13.5	13.8	14.1	14.3
私营企业(项)	338 247	253 782	188 834	145 329	113 439	119 467	103 038	83 612	67 557
占比(%)	50.3	45.5	39.5	37.1	34.8	31.8	28.8	25.9	25.4
港澳台商投资企业(项)	48 400	44 253	43 324	36 315	30 416	33 181	34 247	30 947	25 518
占比(%)	7.2	7.9	9.1	9.3	9.3	8.8	9.6	9.6	9.6
外商投资企业(项)	54 666	50 187	46 261	42 326	38 237	47 453	49 643	45 486	35 634
占比(%)	8.1	9.0	9.7	10.8	11.7	12.6	13.9	14.1	13.4

（五）新产品开发经费支出

2019年，全国规模以上工业企业新产品开发经费支出1.699万亿元，比2018年增长13.3%；“十三五”以来增长65.4%，年均增速13.4%；十八大以来增长112.4%，年均增速11.4%。

其中私营企业5 389.7亿元，占比为31.7%；港澳台商投资企业1 487.6亿元，占比为8.8%；外商投资企业2 133.9亿元，占比为12.6%。私营企业占比逐年提升，8年来占比翻番，从2011年的16.3%提高到2019年的超30%（见表5）。

表5　按登记注册类型分规模以上工业企业新产品开发经费支出

时间	2019年	2018年	2017年	2016年	2015年	2014年	2013年	2012年	2011年
规模以上工业企业(亿元)	16 985.7	14 987.2	13 497.8	11 766.3	10 270.8	10 123.2	9 246.7	7 998.5	6 845.9
国有企业(亿元)	93.6	84.1	267.7	296.1	303.4	270.2	285.4	551.0	463.4
占比(%)	0.6	0.6	2.0	2.5	3.0	2.7	3.1	6.9	6.8
有限责任公司(亿元)	5 439.5	4 843.2	4 414.3	3 863.6	3 323.1	3 252.7	2 940.4	2 268.6	1 989.4
占比(%)	32.0	32.3	32.7	32.8	32.4	32.1	31.8	28.4	29.1
股份有限公司(亿元)	2 409.1	2 188.5	2 045.5	1 728.9	1 602.3	1 654.6	1 570.4	1 369.4	1 247.5
占比(%)	14.2	14.6	15.2	14.7	15.6	16.3	17.0	17.1	18.2
私营企业(亿元)	5 389.7	4 501.7	3 537.5	2 972.7	2 442.7	2 317.0	1 976.3	1 462.5	1 117.8
占比(%)	31.7	30.0	26.2	25.3	23.8	22.9	21.4	18.3	16.3
港澳台商投资企业(亿元)	1 487.6	1 393.8	1 369.4	1 150.8	993.6	964.0	901.0	812.4	698.5
占比(%)	8.8	9.3	10.1	9.8	9.7	9.5	9.7	10.2	10.2
外商投资企业(亿元)	2 133.9	1 944.1	1 791.3	1 683.7	1 507.3	1 583.3	1 489.5	1 394.6	1 213.1
占比(%)	12.6	13.0	13.3	14.3	14.7	15.6	16.1	17.4	17.7

（六）新产品销售收入

2019年，全国规模以上工业企业新产品销售收入21.206万亿元，比2018年增长7.6%；“十三五”以来增长40.6%，年均增速8.9%；十八大以来增长91.9%，年均增速9.8%。

其中私营企业6.398万亿元，占比为30.2%；港澳台商投资企业2.522万亿元，占比为11.9%；外商投资企业3.107万亿元，占比为14.7%。私营企业占比逐年提升，8年来占比翻番，从2011年的13.4%提高到2019年的30.2%（见表6）。

表6　按登记注册类型分规模以上工业企业新产品销售收入

时间	2019年	2018年	2017年	2016年	2015年	2014年	2013年	2012年	2011年
规模以上工业企业(亿元)	212 060.3	197 094.1	191 568.7	174 604.2	150 856.5	142 895.3	128 460.7	110 529.8	100 582.7
国有企业(亿元)	1 470.9	1 283.5	4 757.1	4 678.4	3 813.7	3 901.2	3 062.5	7 388.6	7 508.8
占比(%)	0.7	0.7	2.5	2.7	2.5	2.7	2.4	6.7	7.5
有限责任公司(亿元)	59 169.0	57 340.9	55 975.5	49 476.2	41 105.8	39 213.3	35 867.4	28 422.2	25 288.6
占比(%)	27.9	29.1	29.2	28.3	27.2	27.4	27.9	25.7	25.1
股份有限公司(亿元)	30 793.9	30 057.2	28 984.5	26 775.6	23 312.8	22 804.5	20 836.7	18 180.8	16 565.7
占比(%)	14.5	15.3	15.1	15.3	15.5	16.0	16.2	16.4	16.5
私营企业(亿元)	63 979.2	54 779.6	42 847.1	38 967.6	32 670.5	27 356.5	22 823.7	16 542.8	13 509.6
占比(%)	30.2	27.8	22.4	22.3	21.7	19.1	17.8	15.0	13.4
港澳台商投资企业(亿元)	25 217.8	23 331.5	26 044.2	21 626.0	20 352.9	16 609.0	14 021.7	11 006.8	9 822.0
占比(%)	11.9	11.8	13.6	12.4	13.5	11.6	10.9	10.0	9.8
外商投资企业(亿元)	31 071.0	29 944.7	32 030.3	32 139.1	28 426.3	31 828.0	30 696.9	26 810.0	26 210.0
占比(%)	14.7	15.2	16.7	18.4	18.8	22.3	23.9	24.3	26.1

（七）有效发明专利数

截至2019年年末，全国规模以上工业企业有效发明专利数121.81万件，比2018年增长11.3%；“十三五”以来增长112.3%，年均增速20.7%；十八大以来增长339.4%，年均增速23.5%。

其中私营企业39.24万件，占比为32.2%；港澳台商投资企业9.37万件，占比为7.7%；外商投资企业9.59万件，占比为7.9%。私营企业占比逐年提升，从2011年的20.6%提高到2019年的超30%（见表7）。

表7　按登记注册类型分规模以上工业企业有效发明专利数

时间	2019年	2018年	2017年	2016年	2015年	2014年	2013年	2012年	2011年
规模以上工业企业(件)	1 218 074	1 094 200	933 990	769 847	573 765	448 885	335 401	277 196	201 089
国有企业(件)	14 497	12 259	19 778	23 393	17 748	13 468	10 508	16 376	11 076
占比(%)	1.2	1.1	2.1	3.0	3.1	3.0	3.1	5.9	5.5
有限责任公司(件)	394 039	365 468	305 070	243 148	178 596	139 419	108 529	79 977	57 413
占比(%)	32.3	33.4	32.7	31.6	31.1	31.1	32.4	28.9	28.6
股份有限公司(件)	226 204	206 003	210 065	171 965	127 392	92 760	64 653	53 543	35 696
占比(%)	18.6	18.8	22.5	22.3	22.2	20.7	19.3	19.3	17.8
私营企业(件)	392 406	322 578	231 855	180 490	128 688	103 775	74 757	55 726	41 366
占比(%)	32.2	29.5	24.8	23.4	22.4	23.1	22.3	20.1	20.6
港澳台商投资企业(件)	93 651	89 280	81 769	68 740	58 214	42 508	31 086	28 136	23 371
占比(%)	7.7	8.2	8.8	8.9	10.1	9.5	9.3	10.2	11.6
外商投资企业(件)	95 856	97 064	81 151	78 574	59 862	55 244	43 487	39 759	29 183
占比(%)	7.9	8.9	8.7	10.2	10.4	12.3	13.0	14.3	14.5

十、民企税收贡献

——份额年年提升，增量超过七成

党的十八大以来，中国民营经济发展规模日益壮大，民营经济税收收入也随着其经济地位的提高而迅速增加。根据税务部门分企业类型的税收收入统计资料，民营经济（广义民营经济是指除国有及国有控股、涉外企业之外的所有企业）税收收入从2012年的54 990.29亿元，增加到2020年的109 046.68亿元。

（一）2012年以来中国分企业类型税收发展状况

从2012年以后，中国税收收入按企业类型划分，分为国有企业、集体企业、股份合作企业、联营企业、股份公司（包括有限责任公司、股份有限公司）、私营企业、港澳台商投资企业、外商投资企业、个体经营和其他企业。

1. 分企业类型税收总量及占比分析

（1）分企业类型税收收入分析

全国税收收入从2012年的110 764.04亿元，增加到2020年的165 999.72亿元。其中，国有企业税收收入从2012年的14 973.85亿元，减少到2020年的12 592.14亿元；股份公司税收收入从2012年的51 371.61亿元，增加到2020年的80 337.49亿元；私营企业税收收入从2012年的10 807.79亿元，增加到2020年的29 133.20亿元；个体经营税收收入从2012年的5 522.19亿元，增加到2020年的9 026.53亿元（见表1、图1）。

表1　2012—2020年分企业类型税收收入情况表

单位：亿元

时间	税收收入	国有	集体	股份合作	联营	股份公司	私营	港澳台商投资	外商投资	个体经营	其他
2012年	110 764.04	14 973.85	969.69	617.02	99.83	51 371.61	10 807.79	7 005.02	14 764.02	5 522.19	4 633.02
2013年	119 959.91	15 376.59	1 009.61	593.95	78.06	56 592.84	11 684.45	7 403.69	15 673.84	6 781.57	4 765.31
2014年	129 541.12	15 925.03	981.53	638.79	75.68	62 453.59	12 545.48	8 049.47	16 871.12	6 838.03	5 162.40
2015年	136 021.83	15 999.33	885.29	603.54	70.96	67 932.61	13 012.16	8 317.25	16 500.00	6 846.69	5 854.00
2016年	140 504.03	14 954.95	841.10	518.92	51.92	70 755.80	15 195.36	8 845.34	16 813.87	7 125.53	5 401.24
2017年	155 734.72	14 688.99	691.38	471.70	–	76 807.52	20 121.27	29 200.91（涉外企业）		8 025.58	5 680.39
2018年	169 956.57	14 032.02	666.45	653.99	–	82 567.68	26 200.02	30 328.46（涉外企业）		9 286.75	6 356.64
2019年	172 102.36	13 892.64	569.29	407.91	–	84 261.13	28 465.53	28 595.67（涉外企业）		8 948.79	6 921.56
2020年	165 999.72	12 592.14	460.14	346.72	60.60	80 337.49	29 133.20	9 626.48	16 999.08	9 026.53	7 417.34

注：1. 股份公司税收收入为有限责任公司和股份有限公司合计数；2. 2017-2019年港澳台商投资企业与外商投资企业税收合并为涉外企业税收。

资料来源：历年《税收收入月度快报》。

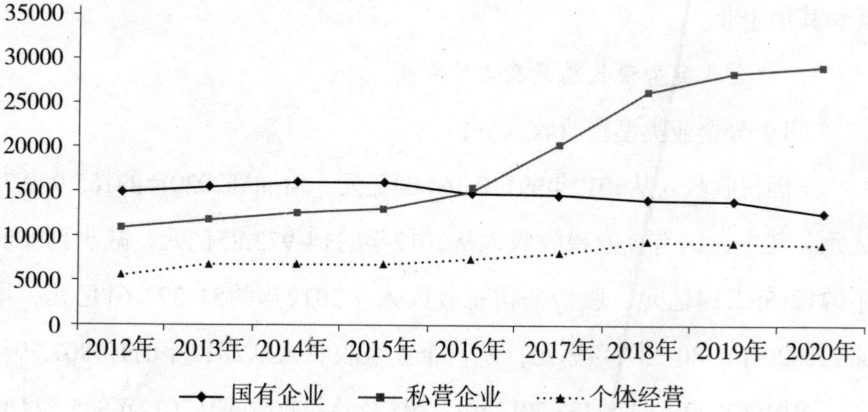

图1　2012—2020年主要企业类型税收收入变化趋势图

从私营企业与国有企业税收收入对比看。2012年私营企业税收收入仅为国有企业税收收入的72.17%。2016年私营企业税收收入首次超过国有企业，比国有企业税收收入多240.41亿元，所占比重超过国有企业0.17个百分点。2020年私营企业税收为29 133.20亿元，占全部税收收入的17.6%，与此相反，国有企业税收为12 592.14亿元，占全部税收收入的7.6%，私营企业税收收入已经大大超过国有企业，已是国有企业的2.31倍（见表1、表2）。

（2）分企业类型税收收入所占比重分析

从各企业类型税收收入所占比重看，国有企业税收占税收收入的比重逐年下降，从2012年的13.5%，下降到2020年的7.6%，下降了5.9个百分点；股份公司税收占税收收入的比重先升后降，从2012年的46.4%，提高到2016年的50.4%，又降至2020年的48.4%；私营企业税收占税收收入的比重逐年提高，从2012年的9.8%，提高到2020年的17.6%，提高了7.8个百分点（见表2、图2）。

表2　2012—2020年主要企业类型税收收入所占比重表

单位：%

<table>
<tr><th>时间</th><th>税收收入</th><th>国有企业</th><th>股份公司</th><th>私营企业</th><th>港澳台商投资</th><th>外商投资</th><th>个体经营</th><th>其他</th></tr>
<tr><td>2012年</td><td>100.0</td><td>13.5</td><td>46.4</td><td>9.8</td><td>6.32</td><td>13.33</td><td>5.0</td><td>4.2</td></tr>
<tr><td>2013年</td><td>100.0</td><td>12.8</td><td>47.2</td><td>9.7</td><td>6.17</td><td>13.07</td><td>5.7</td><td>4.0</td></tr>
<tr><td>2014年</td><td>100.0</td><td>12.3</td><td>48.2</td><td>9.7</td><td>6.21</td><td>13.02</td><td>5.3</td><td>4.0</td></tr>
<tr><td>2015年</td><td>100.0</td><td>11.8</td><td>49.9</td><td>9.6</td><td>6.11</td><td>12.13</td><td>5.0</td><td>4.3</td></tr>
<tr><td>2016年</td><td>100.0</td><td>10.6</td><td>50.4</td><td>10.8</td><td>6.30</td><td>11.97</td><td>5.1</td><td>3.8</td></tr>
<tr><td>2017年</td><td>100.0</td><td>9.4</td><td>49.3</td><td>12.9</td><td colspan="2">18.8</td><td>5.2</td><td>3.6</td></tr>
<tr><td>2018年</td><td>100.0</td><td>8.3</td><td>48.6</td><td>15.4</td><td colspan="2">17.8</td><td>5.5</td><td>3.7</td></tr>
<tr><td>2019年</td><td>100.0</td><td>8.1</td><td>49.0</td><td>16.5</td><td colspan="2">16.6</td><td>5.2</td><td>4.0</td></tr>
<tr><td>2020年</td><td>100.0</td><td>7.6</td><td>48.4</td><td>17.6</td><td>5.8</td><td>10.2</td><td>5.4</td><td>4.5</td></tr>
</table>

注：根据“表1”资料计算得出。

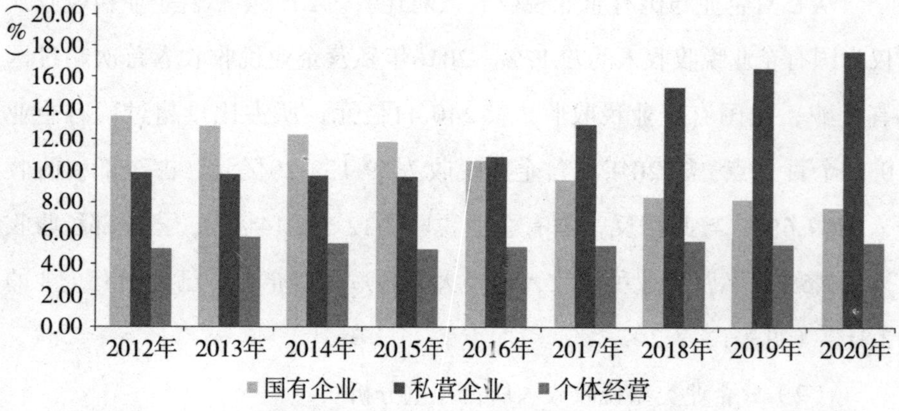

图2　2012—2020年主要企业类型税收所占比重比较图

2. 分企业类型税收增加额及增长速度分析

（1）分企业类型税收收入增加额分析

2020年税收收入较上年减少6 102.64亿元。其中，国有企业税收减少1 300.50亿元；股份公司税收减少3 923.65亿元；私营企业税收增加667.67亿元；个体经营税收增加77.74亿元。可以说，由于私营企业和个体经营税收收入的增加，大大减缓了税收收入总额减少的幅度。特别是2016年至2019年，私营企业税收收入增加额分别为2 183.20亿元、4 954.45亿元和6 078.75亿元（见表3、图3）。

表3　2012—2020年主要企业类型税收收入增加额表

单位：亿元

时间	税收收入	国有企业	股份公司	私营企业	港澳台商投资	外商投资	个体经营	其他
2012年	15 034.58	1 058.77	8 002.34	655.37	636.92	1 494.13	1 470.65	1 558.07
2013年	9 195.87	402.74	5 221.23	876.66	398.67	909.82	1 259.38	132.29
2014年	9 581.21	548.44	5 860.75	861.03	645.78	1 197.28	56.46	397.09
2015年	6 480.71	74.30	5 479.02	466.68	267.78	−371.12	8.66	691.60
2016年	4 482.20	−1 044.38	2 823.19	2 183.20	528.09	313.87	278.84	−452.76
2017年	15 235.68	−225.77	6 250.30	4 954.45	3 588.00		1 040.14	−169.64

续表

时间	税收收入	国有企业	股份公司	私营企业	港澳台商投资	外商投资	个体经营	其他
2018年	14 221.85	−656.97	5 760.16	6 078.75	1 127.55		1 261.17	676.25
2019年	2 145.79	−103.59	1 964.91	2 351.02	−1 641.84		−876.65	692.39
2020年	−6 102.64	−1 300.50	−3 923.65	667.67	−900.64	−1 069.46	77.74	495.78

注：根据“表1”资料计算得出。

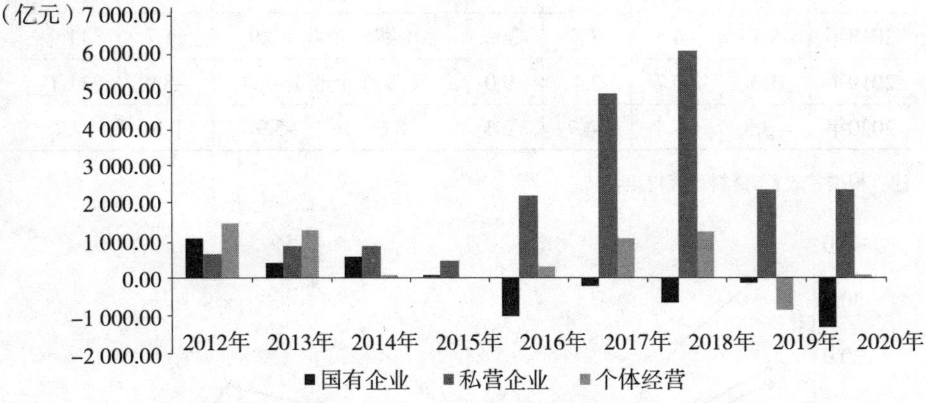

图3　2012—2020年主要企业类型税收收入增加额比较图

（2）分企业类型税收收入增速分析

从2012年到2020年，税收收入增长速度（除2017年、2018年外）总体态势呈逐年下降趋势。其中，国有企业税收增速从2012年的7.6%，到2020年的−9.4%；私营企业税收增速呈“中间高、两头低”态势，2017年增速最高达32.7%，到2020年仅为2.3%；个体经营税收增速呈不规则波动态势，2012年增速高达36.3%，2019年由于上年高速增长增速回落为−8.9%，2020年增速仅为0.9%（见表4、图4）。

表4　2012—2020年主要企业类型税收收入增速比较表

单位：%

时间	税收收入	国有企业	股份公司	私营企业	港澳台商投资	外商投资	个体经营	其他企业
2012年	15.7	7.6	18.5	6.5	10.0	11.3	36.3	50.7

续表

时间	税收收入	国有企业	股份公司	私营企业	港澳台商投资	外商投资	个体经营	其他企业
2013年	8.3	2.7	10.2	8.1	5.7	6.2	22.8	2.9
2014年	8.0	3.6	10.4	7.4	8.7	7.6	0.8	8.3
2015年	5.0	0.5	8.8	3.7	3.3	−2.2	0.1	13.4
2016年	3.3	−6.5	4.2	16.8	6.4	1.9	4.1	−7.7
2017年	10.8	−1.5	8.9	32.7	（涉外企业）14.0		11.9	−2.9
2018年	9.1	−4.5	7.5	30.2	（涉外企业）3.9		15.7	11.9
2019年	1.3	−0.7	2.4	9.0	（涉外企业）−5.4		−8.9	11.1
2020年	−3.5	−9.4	−4.7	2.3	−8.6	−5.9	0.9	7.2

注：根据“表1”资料计算得出。

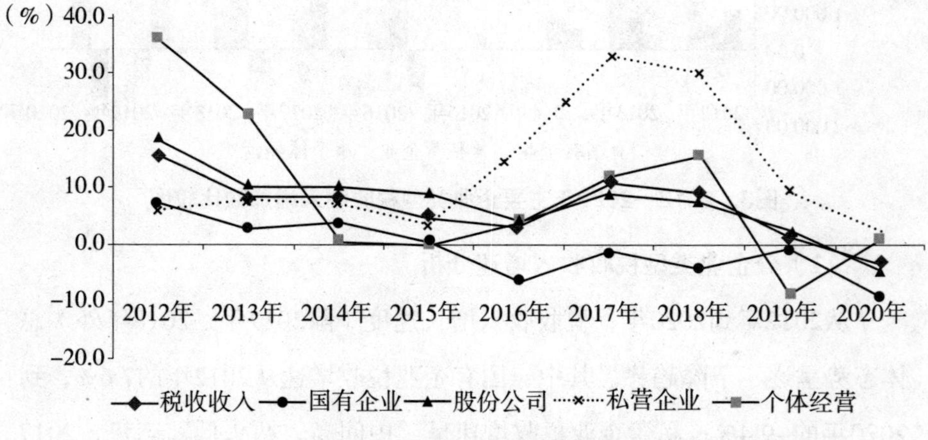

图4　2012—2020年主要企业类型税收增长率比较图

（二）2012年以来民营经济税收发展状况分析

十八大以后，国家税务总局收入规划核算司在《税收月度快报》中增加了国有及国有控股企业税收收入统计分类，这为我们分析民营经济（企业）税收收入提供了极大的方便。

按照《税收月度快报》分类，各经济类型税收收入分为国有企业、集体企业、股份合作企业、股份公司、私营企业、涉外企业、个体经营和其他企业八大类，并单独列出了国有及国有控股企业。由于股份合作、股份公司中各种所有制成分较为复杂，没有详细的分类数据很难划分清楚，有了国有及国有控股数据，我们就可以用剔除法算出非国有及国有控股部分的税收收入数据，再减去涉外企业税收收入数据，就可以计算出民营经济税收收入。

1. 民营经济税收收入及所占比重分析

（1）民营经济税收收入分析

2012年至2020年，民营企业税收收入从2012年的54 990.29亿元，增加到2020年的99 046.68亿元，较2012年增加44 056.39亿元，是2012年的1.8倍，较2015年增加30 973.68亿元，是2015年的1.46倍；国有及国有控股税收收入从2012年的33 996.50亿元，增加到2020年的40 327.48亿元；涉外企业税收收入从2012年的21 753.25亿元，增加到2020年的26 625.56亿元（详见表5、图5）。

表5　2012—2020年民营经济税收收入状况表

单位：亿元

时间	税收收入	民营经济	国有及控股	涉外企业
2012年	110 740.04	54 990.29	33 996.50	21 753.25
2013年	119 942.99	60 505.85	36 445.40	22 991.74
2014年	129 541.07	64 781.56	39 835.01	24 924.50
2015年	136 021.48	68 073.00	43 185.52	24 762.96
2016年	140 499.04	71 833.94	43 052.19	25 612.91
2017年	155 734.72	82 062.06	44 471.75	29 200.91
2018年	169 956.57	96 465.52	43 162.59	30 328.46
2019年	172 102.36	100 867.88	42 638.81	28 595.67
2020年	165 999.72	99 046.68	40 327.48	26 625.56

注：民营经济税收收入（本文为广义民营经济，或宽口径民营经济税收）是指除国有及国有控股、涉外企业（包括港澳台商投资企业、外商投资企业）之外的企业；私营企业加个体经营，我们称之为狭义民营经济税收，或窄口径民营经济税收。

资料来源：历年《税收月度快报》。

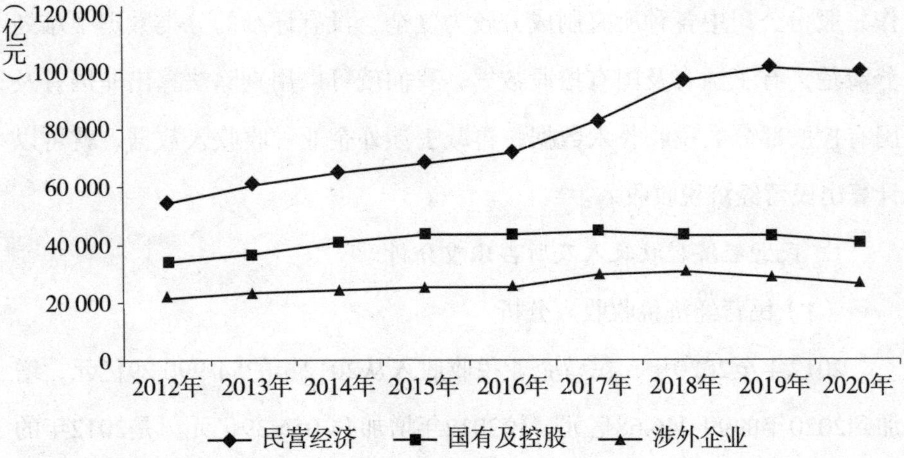

图5 2012—2020年民营经济与国有及控股、涉外企业税收收入对比图

（2）民营经济税收收入所占比重分析

民营经济税收收入占全部税收收入的比重，从2012年到2020年呈稳步上升态势，2013年占比首次超过50%，到2016年达到51.1%，较上年提高1.0个百分点，2017年占比为52.7%，又较上年提高了1.6个百分点，随后一直保持较快的上升态势，到2020年则提高到了59.7%，较2012年提高了10.0个百分点，较2015年提高9.6个百分点，较2019年提高了1.1个百分点。

国有及国有控股税收收入占税收收入的比重逐年下降，从2012年的30.7%，下降到2020年的24.3%，较2012年下降了6.4个百分点，较2015年下降了7.4个百分点；涉外企业税收占税收收入的比重逐年下降，2020年为16.0%，较2012年的19.6%下降了3.6个百分点，较2015年的18.2%下降了2.2个百分点，较2019年的16.6%下降了0.6个百分点，涉外企业税收收入不断下降的现象值得关注（见表6、图6）。

表6　2012—2020年民营经济税收收入所占比重比较表

单元：%

时间	税收收入	民营经济	国有及国有控股	涉外企业
2012年	100.0	49.7	30.7	19.6
2013年	100.0	50.4	30.4	19.2
2014年	100.0	50.0	30.8	19.2
2015年	100.0	50.1	31.7	18.2
2016年	100.0	51.1	30.7	18.2
2017年	100.0	52.7	28.6	18.7
2018年	100.0	56.8	25.4	17.8
2019年	100.0	58.6	24.8	16.6
2020年	100.0	59.7	24.3	16.0

注：根据“表5”资料计算得出。

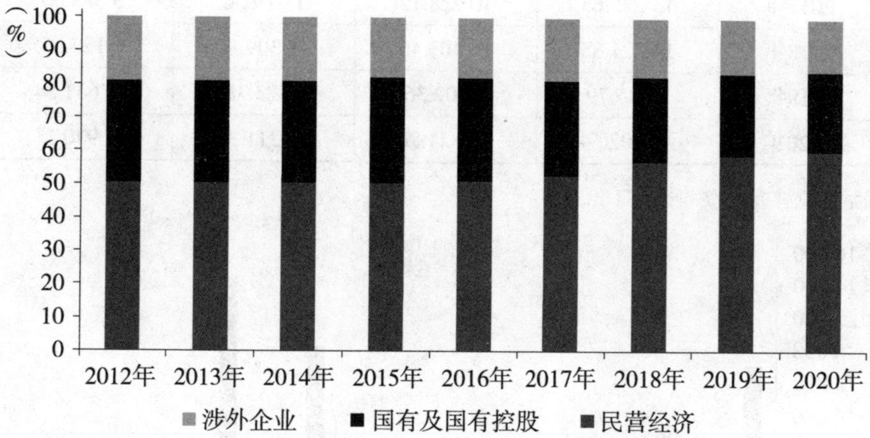

图6　2012—2020年民营经济与国有及控股、涉外企业税收所占比重图

2. 民营经济税收增加额及增长速度分析

（1）民营经济税收收入增加额分析

2020年税收收入较上年减少6 102.64亿元。其中，民营经济税收减少1 821.20亿元；国有及国有控股税收减少2 311.33亿元；涉外企业税收减少1 970.11亿元。

2012年至2016年民营经济税收收入分别较上年增加9 021.64亿元、5 515.56亿元、4 275.71亿元、3 291.44亿元、3 760.94亿元，特别是2017年、2018年两年民营经济税收增加额均超过万亿元，分别为10 228.12亿元和14 403.46亿元（见表7、图7）。

表7 2012—2020年民营经济税收收入增加额比较表

单位：亿元

时间	税收收入	民营经济	国有及国有控股	涉外企业
2012年	15 034.58	9 021.64	3 881.89	2 131.05
2013年	9 195.87	5 515.56	2 448.9	1 308.49
2014年	9 581.21	4 275.71	3 389.61	1 843.06
2015年	6 480.71	3 291.44	3 350.51	–103.34
2016年	4 482.20	3 760.94	–133.33	841.96
2017年	15 235.68	10 228.12	1 419.56	3 588.00
2018年	14 221.85	14 403.46	–1 309.16	1 127.55
2019年	2 145.79	4 402.36	–523.78	–1 641.84
2020年	–6 102.64	–1 821.20	–2 311.33	–1 970.11

注：根据“表5”资料计算得出。

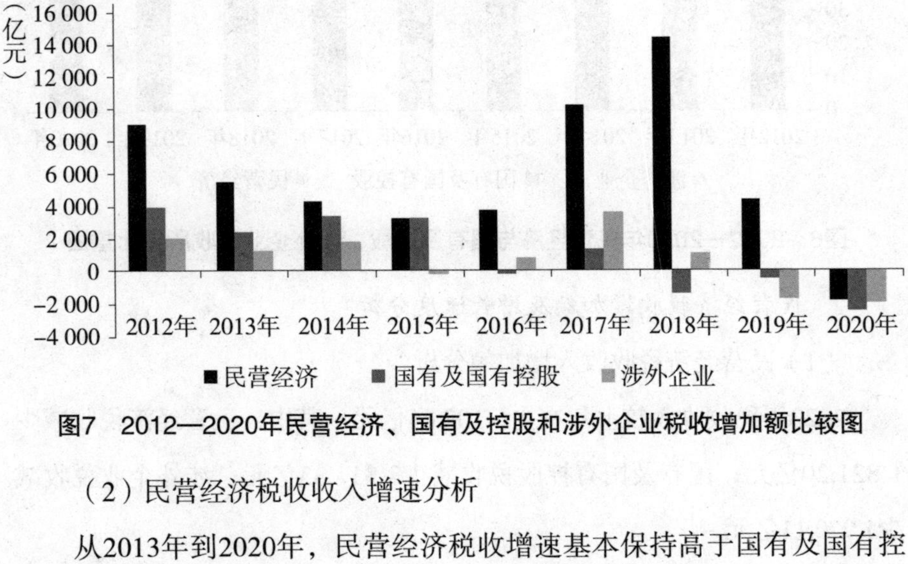

图7 2012—2020年民营经济、国有及控股和涉外企业税收增加额比较图

（2）民营经济税收收入增速分析

从2013年到2020年，民营经济税收增速基本保持高于国有及国有控股和涉外企业的增速。民营经济税收增速2018年最高为17.6%，2020年回落为-1.8%，远低于国有及国有控股、涉外企业回落幅度；国有及控股税收增速呈波动态势，2014年增速最高为9.3%，到2020年回落为-5.4%；涉外企业税收增速呈不规则波动态势，2017年增速高达14.0%，2019年增速回落为-5.4%，2020年增速进一步回落为-6.9%（见表8、图8）。

表8　2013—2020年民营经济税收增速比较表

单位：%

时间	税收收入	民营经济	国有及国有控股	涉外企业
2013年	8.3	10.0	7.2	5.7
2014年	8.0	7.1	9.3	8.4
2015年	5.0	5.1	8.4	-0.6
2016年	3.3	5.5	-0.3	3.4
2017年	10.8	14.2	3.3	14.0
2018年	9.1	17.6	-2.9	3.9
2019年	1.3	4.6	-1.1	-5.4
2020年	-3.5	-1.8	-5.4	-6.9

注：根据“表5”资料计算得出。

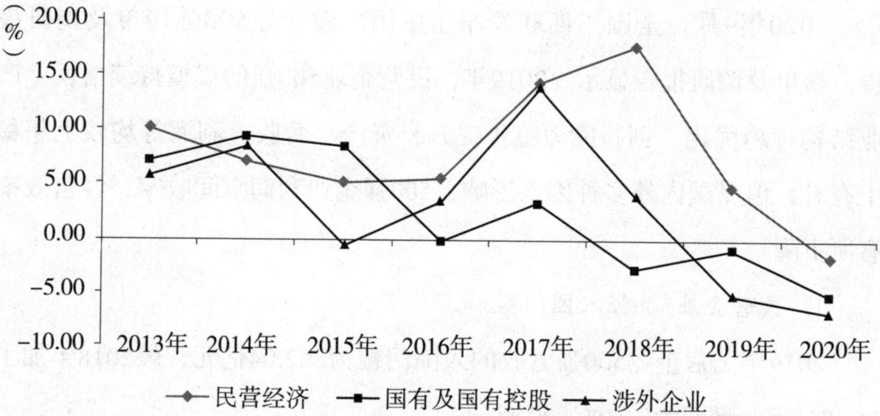

图8　2013—2020年民营经济、国有及控股和涉外企业税收增速比较图

十一、民企最强500

——门槛不断抬高，日益做大做强

2020年，在世界知名企业排行榜中，中国企业上榜数量继续保持增长态势，如在财富世界500强榜单中，中国内地及香港公司上榜数量达到124家，第一次超过美国（121家），加上中国台湾地区企业，中国共有133家公司上榜。从上榜中国企业的所有制结构来看，大型企业中国有及国有控股企业在数量和规模上仍然占据绝对优势，国强民弱的基本格局没有改变。从上榜民营企业来看，上榜企业的资产、营收规模不断增大，但与往年相比，增速有所放缓。

（一）中国民营企业500强

2020年9月，全国工商联发布了中国民营企业500强榜单及调研报告。榜单及调研报告显示，2019年，民营企业500强的规模持续增长、产业结构日趋优化、创新能力稳步提升，资产、营收、利润等均较上年稳中有升，但受国内外多种因素影响，500强企业利润空间收窄，经营效率有所下降。

1. 民营企业500强入围门槛

2019年民营企业500强营收的入围门槛为202.04亿元，较2018年加了16.18亿元，增幅为8.71%（见图1）。

2012年，民营企业500强入围门槛为77.72亿元，2015年为101.75亿元，2019年相较2012年增长了159.96%，较2015年增长了98.57%。

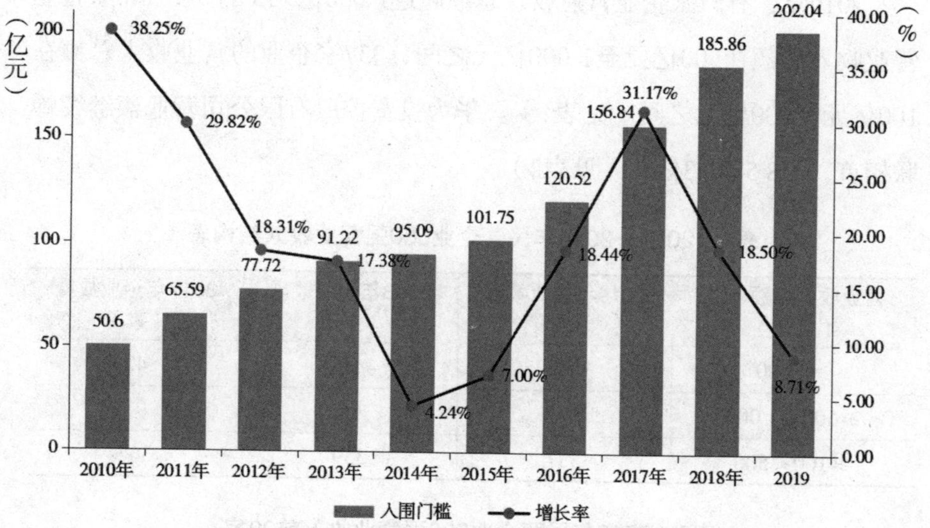

图1　2010—2019年民企500强入围门槛变化情况

2. 民营企业500强营收情况

2019年，民营企业500强的营业收入总额为301 708.26亿元，增速为5.85%，500强企业户均营收603.42亿元（见图2）。

2012年，民营企业500强营收总额为105 774.97亿元，2015年为161 568.57亿元，2019年较2012年增长了185.24%，较2015年增长了86.74%。

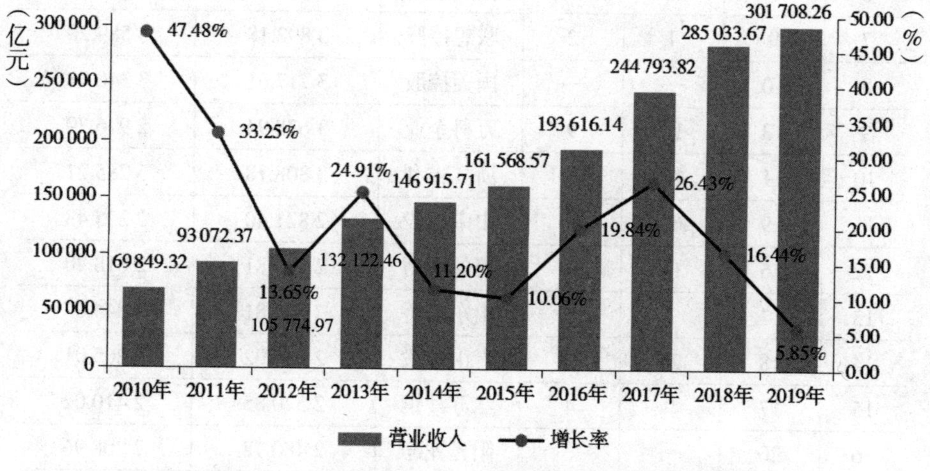

图2　2010—2019年民营企业500强营业收入变化情况

2019年，有57家企业营业收入总额超过1 000亿元（含），106家企业营业收入总额在500亿元至1 000亿元之间，337家企业的营业收入总额在100亿元至500亿元之间（见表1）。华为投资控股有限公司营业额继续蝉联榜首，为8 588.33亿元（见表2）。

表1　2017—2019年民营企业500强营业收入结构表

营业收入总额标准（亿元）	2019年企业数量（家）	2018年企业数量（家）	2017年企业数量（家）
≥1 000	57	56	42
≥500＜1 000	106	85	91
≥100＜500	337	359	367

表2　2019年民营企业500强营业收入前20家

2019年排名	2018年排名	2015年排名	2012年排名	企业名称	2019年营业收入总额（亿元）	2018年营业收入总额（亿元）
1	1	1	3	华为投资	8 588.33	7 212.02
2	3	2	1	苏宁控股	6 652.59	6 024.56
3	4	5	—	正威国际	6 138.99	5 051.18
4	8	8	11	恒力集团	5 567.40	3 717.36
5	7	18	40	碧桂园控股	4 859.08	3 790.79
6	5	15	—	恒大集团	4 775.61	4 661.96
7	9	4	2	联想控股	3 892.18	3 589.20
8	10	—	—	国美控股	3 717.01	3 340.98
9	13	10	9	万科企业	3 678.94	2 976.79
10	11	12	6	浙江吉利	3 308.18	3 285.21
11	19	63	60	中南控股	2 821.40	2 225.43
12	16	14	10	美的集团	2 793.81	2 618.20
13	14	3	5	山东魏桥	2 792.81	2 844.87
14	18	24	39	青山控股	2 626.02	2 265.01
15	17	9	4	江苏沙钢	2 520.85	2 410.02
16	20	—	—	阳光龙净	2 480.78	2 208.96
17	28	28	16	浙江恒逸	2 151.64	1 477.22

续表

2019年排名	2018年排名	2015年排名	2012年排名	企业名称	2019年营业收入总额（亿元）	2018年营业收入总额（亿元）
18	24	—	—	小米通讯	2 058.39	1 749.15
19	33	26	33	浙江荣盛	2 056.37	1 286.00
20	26	16	—	泰康保险	2 038.14	1 649.15

3. 民营企业500强资产总额情况

2019年，民营企业500强的企业资产总额合计为369 608.01亿元，较上年增加为6.78%，户均资产总额739.22亿元。2012年，民营企业500强资产总额为90 887.15亿元，2015年为173 004.87亿元，2019年较2012年增长了306.67%，较2015年增长了113.64%（见图3）。

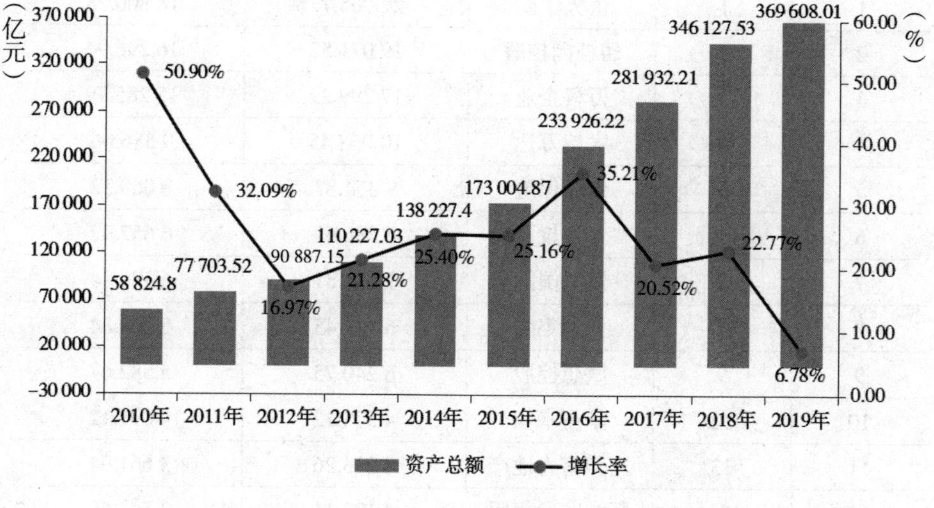

图3 2010—2019年民营企业500强资产总额变化情况

2019年，民营企业500强资产实力稳步提高。2018年，资产总额突破1 000亿元的有80家企业，比上年增加4家；资产总额在100亿元至1 000亿元之间的有336家；资产总额在50亿元至100亿元之间的有53家，资产总额小于50亿元的有31家（见表3）。其中恒大集团有限公司、碧桂园控股有限公司、万科企业股份有限公司、大连万达集团股份有限公司四家企业资产总额超过万亿元。恒大集团有限公司以22 065.77亿元的规模位居资产总额榜首（见表4）。

表3 2017—2019年民营企业500强资产总额结构表

资产总额标准（亿元）	2019年企业数量（家）	2018年企业数量（家）	2017年企业数量（家）
≥1 000	80	76	61
≥100＜1 000	336	339	338
≥50＜100	53	59	72
＜50	31	26	29

表4 2019年末民营企业500强资产总额前20家

2019年排名	2018年排名	企业名称	2019年资产（亿元）	2018年资产（亿元）
1	1	恒大集团	22 065.77	18 800.28
2	2	碧桂园控股	19 071.52	16 296.94
3	3	万科企业	17 299.29	15 285.79
4	5	大连万达	10 068.45	9 586.06
5	6	泰康保险	9 354.87	8 060.22
6	7	华为投资	8 586.61	6 657.92
7	8	复星国际	7 156.81	6 388.84
8	10	龙湖集团	6 522.45	5 068.84
9	9	联想控股	6 240.75	5 582.67
10	12	华夏幸福	4 578.12	4 097.12
11	13	广州富力地产	4 273.26	3 661.94
12	14	阳光龙净集团	4 183.11	3 541.69
13	15	浙江吉利	3 956.88	3 334.31
14	11	苏宁控股	3 714.52	4 309.34
15	17	阳光保险集团	3 315.25	2 914.53
16	25	重庆市金科投资	3 293.05	2 386.97
17	21	中南控股	3 203.83	2 665.40
18	19	美的集团	3 019.55	2 637.01

续表

2019年排名	2018年排名	企业名称	2019年资产（亿元）	2018年资产（亿元）
19	16	百度公司	3 013.16	2 975.63
20	27	江苏沙钢	2 871.02	2 298.24

4. 民营企业500强税后净利润情况

2019年，民营企业500强税后净利润持续增加，总额为13 930.65亿元，较2018年增长8.06%。2012年，民营企业500强税后净利润为4 238.44亿元，2015年为6 976.6亿元，2019年较2012年增长了228.67%，较2015年增长了99.68%（见图4）。

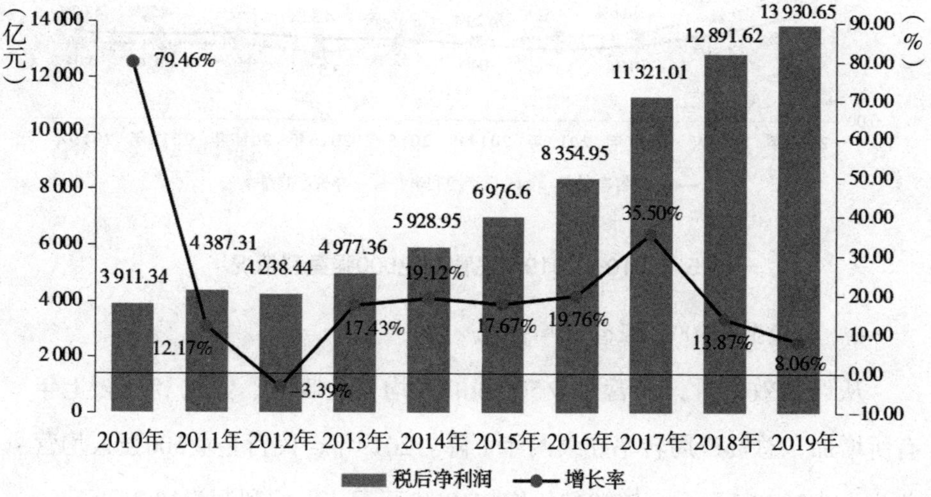

图4　2010—2019年民营企业500强税后净利润增长情况

5. 民营企业500强经营效益情况

从盈利能力看，民营企业500强的销售净利率、资产净利率、净资产收益率较上一年相比略有提高。2019年民营企业500强销售净利率为4.62%，资产净利率为4.04%，净资产收益率为13.45%。2012年民营企业500强销售净利率为4.01%，资产净利率为4.66%，净资产收益率为14.61%。2015年民营企业500强销售净利率为4.32%，资产净利率为4.03%，净资产收益率为13.32%（见图5）。

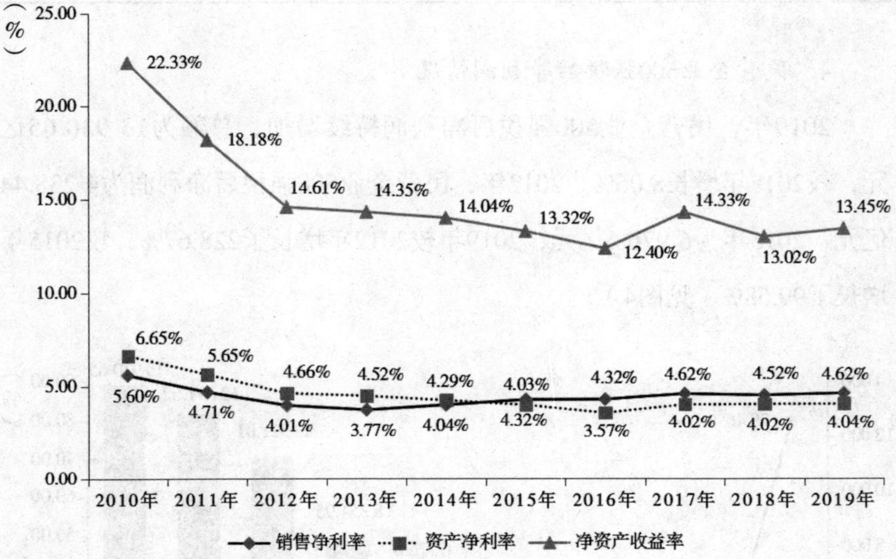

图5　2010—2019年民营企业500强盈利情况

6. 民营企业500强经营效率情况

从经营效率看，民营企业500强的人均营业收入、人均利润较上年有所增加，总资产周转率连续两年下降。2019年，民营企业500强人均营业收入为289.05万元，较2018年增加19.49万元；人均利润为13.35万元，较2018增加1.16万元；总资产周转率为87.56%，较2018年降低1.27个百分点。2012年民营企业500强人均营业收入为156.54万元，人均利润为8.12万元，总资产周转率为125.48%。2015年民营企业500强人均营业收入为195.37万元，人均利润为11.21万元，总资产周转率为100.53%（见图6）。

图6　2010—2019年民营企业500强经营效率情况

（二）“中国企业500强”中的民营企业

2020年9月28日，中国企业联合会、中国企业家协会发布了“2020中国企业500强榜单”，排名依据2019年企业营业收入。“2020中国企业500强”入围门槛为359.61亿元，较上年提高36.36亿元。500强企业去年营收总额达到86.02万亿元，较上年增长8.75%。其中，8家企业营业收入规模超万亿元，中国建设银行、中国农业银行成为万亿企业新成员。营业收入超过1 000亿元的共217家，较上年增加23家。

“2020中国企业500强”企业的利润总额55 705.76亿元，较上年增长24.17%，净利润总额达到38 924.14亿元，较上年增长10.20%。500强企业资产总额继续增长，达到312.35万亿元，较上年299.15万亿元增加了13.20万亿元，连续5年增长。

从所有制来看，“2020中国企业500强”中有265家国有企业，235家民营企业，分别占500家企业的53%和47%，均与上年500强持平。2012年，中国企业500强中民营企业190家，2015年为205家（见图7）。

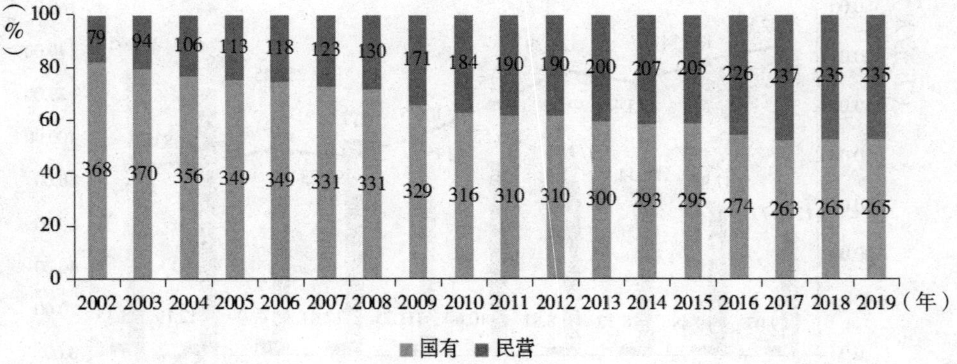

图7 “中国企业500强”所有制分布（2002年度至2019年度）

注：2002年度至2008年度，“中国企业500强”中还有部分外资企业，这几年民营企业与国有企业数量之和小于500家。

上榜的235家民营企业的营业收入总额达到26.76万亿元，同比增长了13.87%；净利润1.38万亿元，同比增长了25.68%；资产总额53.2万亿元，同比增长了31.68%（见表5）。

尽管民营企业在上榜数量上接近一半，各项指标增速较高，但是与国有企业的差距仍然较大，在营业收入、净利润、资产、员工数等指标上，分别只占500强的31.11%、35.48%、17.03%和26.69%（见表5）。

表5 “2020中国企业500强”国有、民营企业主要总量指标

所有制	企业数（家）	营业收入（万亿元）	净利润（万亿元）	资产总额（万亿元）	综合税负率	员工数（万人）
全国	500	86.02	3.89	312.35	5.45%	3 312.89
全国户均		0.17	0.008	0.62		6.63
国有	265	59.26	2.51	259.15	6.11%	2 428.74
国有占比	53%	68.89%	64.51%	82.97%		73.31%
国有户均		0.22	0.009	0.98		9.17
民营	235	26.76	1.38	53.2	4.04%	884.15
民营占比	47%	31.11%	35.48%	17.03%		26.69%
民营户均		0.11	0.006	0.23		3.76

注：“2020中国企业500强”企业提供纳税数据的企业475家，综合税负率=纳税额/营业收入。

（三）2019年《财富》“中国500强”中的民营企业

2020年7月27日，《财富》中文网公布了2020年中国500强排行榜，覆盖范围包括在中国境内外上市的所有中国公司，所依据数据为上市公司在各证券交易所正式披露的信息。

根据中国500强企业年报披露的实质控制人信息，将实质控制人为国家资本的归为国有企业，将实质控制人为自然人、民营资本（包括港澳台资、外资）的归为民营企业。2020年中国500强中，共有国有企业313家，实现营业收入总额366 583亿元，占500强的72.6%，实现利润30 129亿元，占71.4%；共有民营企业187家，比上年增加3家，实现营业收入总额138 284亿元，占500强的27.46%，实现利润12 054亿元，占28.6%（见表6）。

表6　《财富》中国500强按所有制的有关数据

	民营企业	国有企业	民企/国企
企业数量（家）	187	313	59.7%
营收总额（亿元）	138 284	366 583	37.7%
利润（亿元）	12 054	30 129	40.0%
营收第1位（亿元）	11 689	29 662	39.4%
营收前10位（亿元）	49 391	124 794	39.6%
利润第1位（亿元）	1 721	3 122	55.1%
亏损数量（家）	8	7	114.3%
亏损额（亿元）	270	537	50.3%

从营收看，中国500强第1位仍为中国石油化工股份有限公司，实现营业收入29 662亿元，民营企业中列第1位的是中国平安保险(集团)股份有限公司，实现营业收入11 689亿元；国有企业前10位的营业收入之和为124 794亿元，民营企业前10位的营业收入之和为49 391亿元，相当于国

企的39.6%。

在盈利能力方面，与前两年情况相同，最赚钱的10家上市公司除了几大商业银行和保险公司之外，仍是阿里巴巴集团控股有限公司、中国移动有限公司和腾讯控股有限公司。这十家公司在去年的总利润约为1.7万亿元，接近全部上榜公司利润总和的40%。排名前四位的依然是“工建农中”四大商业银行，相对名次也依然没有改变。

从亏损企业数量和亏损总额看，比2019年有所减少，500强中共有亏损企业15家，亏损总额807亿元，其中，亏损国有企业7家，亏损总额537亿元；亏损民营企业8家，亏损总额270亿元。居亏损榜首位的是青海盐湖工业股份有限公司，亏损额超过458亿元。位居第二位的爱奇艺亏损额达到103亿元。拼多多亏损额超过69亿元，位居亏损榜第三位。

（四）2020年《财富》世界500强中的民营企业情况

北京时间2020年8月10日，《财富》中文网公布了世界500强排行榜。今年，中国内地及香港公司上榜数量达到124家，第一次超过美国（121家），加上中国台湾地区企业，中国共有133家公司上榜，民营企业28家。2012年，世界500强的中国内地及香港上榜企业89家，其中民营企业只有7家；2015年，上榜中国企业110家，其中民营企业17家。

2020年《财富》世界500强中国内地上榜企业121家，比上年增加5家，按所有制划分，国有企业93家，民营企业28家，其中新上榜8家，分别为上海建工、深圳投资控股、盛虹控股、山东钢铁、上海医药、广西投资、中国核工业和中煤能源，其中盛虹控股为民营企业。盛虹控股成立于1992年，总部位于苏州盛泽，是一家以石化、纺织、能源为主业的创新型高科技产业集团，目前集团拥有上市公司1家（东方盛虹，000301）、员工3万余人。2020年，盛虹集团位列“中国企业500强”第111位、“中国民营企业500强”第22位。

从民营企业方面看，上榜企业的排名，山东魏桥、浙江吉利控股等9家企业排名与2019年相比有所下降，山东魏桥下降了35名，其余18家连续上榜企业的排名均上升，恒力集团和泰康保险排名均上升了74位，阿里巴巴上升了50位（见表7）。

表7　2020年《财富》世界500强中的中国民营企业

排名	上年排名	公司名称	营业收入（百万美元）	利润（百万美元）	营收利润率（%）
21	29	中国平安保险	184 280.30	21 626.70	11.74
49	61	华为投资控股	124 316.30	9 062.10	7.29
75	97	太平洋建设集团	97 536.40	3 455	3.54
91	119	正威国际集团	88 862.10	1 807.30	2.03
102	139	京东集团	83 504.80	1 763.70	2.11
107	181	恒力集团	80 588.30	2 076.80	2.58
132	182	阿里巴巴集团	73 165.90	21 450.20	29.32
147	177	碧桂园控股	70 335.30	5 724.90	8.14
152	138	中国恒大集团	69 127.10	2 501.30	3.62
197	237	腾讯控股有限公司	54 612.70	13 506.60	24.73
208	254	万科企业	53 252.70	5 626.70	10.57
224	212	联想集团	50 716.30	665.1	1.31
239	232	中国民生银行	48 528.30	7 790.30	16.05
243	220	浙江吉利控股	47 885.90	1 231.90	2.57
296	301	雪松控股	41 276.70	122.1	0.30
307	312	美的集团	40 440.40	3 504.60	8.67
308	273	山东魏桥	40 426	792.1	1.96
324	333	苏宁易购集团	38 971	1 424.80	3.66
329	361	青山控股集团	38 011.70	825.9	2.17
351	340	江苏沙钢集团	36 488.30	717.5	1.97
354	368	阳光龙净集团	35 909.40	614.1	1.71
422	468	小米集团	29 795.20	1 453.90	4.88
424	498	泰康保险集团	29 502.10	3 211.50	10.89

续表

排名	上年排名	公司名称	营业收入(百万美元)	利润(百万美元)	营收利润率(%)
436	414	珠海格力	29 023.60	3 574.80	12.32
443	439	新疆广汇实业投资	28 710.90	89.8	0.31
449	442	华夏保险	28 494.20	122	0.43
455	—	盛虹控股	27 869.60	486.5	1.75
468	473	海亮集团	27 209.10	174.9	0.64

从上榜企业的营收来看，121家中国内地企业中，93家国有企业营业收入总额65 697.644亿美元，占中国内地企业的80.4%；28家民营企业营业收入总额15 988.406亿美元，占中国内地企业的19.6%。营收排名第一的国企为中国石油化工，营业收入4 070.088亿美元，民营企业中列第1位的是中国平安保险（集团）股份有限公司，营业收入1 842.803亿美元；国有企业前10位的营业收入之和为22 488.097亿美元，民营企业前10位的营业收入之和为9 263.292亿美元，民营企业前10的营业收入之和为国有企业前10营业收入之和的41.2%（见表8）。

表8　2020年《财富》世界500强中国内地企业有关数据

	民营企业	国有企业	民企/国企
企业数量（家）	28	93	30.1%
营收总额（亿美元）	15 988.406	65 697.644	24.3%
利润（亿美元）	1 154.031	3 117.654	37%
营收第1位（亿美元）	1 842.803	4 070.088	45.3%
营收前10位（亿美元）	9 263.292	22 488.097	41.2%
利润第1位（亿美元）	216.267	451.945	47.9%
亏损数量（家）	0	9	—
亏损额（亿美元）	0	23.835	—

今年进入榜单的中国银行共有9家，其中民营银行1家，为中国

民生银行。这9家银行利润占全部上榜中国内地121家企业利润总额的44.97%。

从营收利润率方面看，上榜中国企业的营收利润率为5.23%，除银行外企业为3.23%；全部上榜民企为7.22%，其中除银行外民企为6.94%；全部上榜国企为4.75%，其中除银行外国企为2.23%（见表9）。

表9　2020年《财富》世界500强中国内地企业营收利润率

	营收总额（亿美元）	利润总额（亿美元）	营收利润率（%）
全部上榜企业	81 686.050	4 271.685	5.23
除银行外企业	72 756.441	2 350.755	3.23
全部上榜民企	15 988.406	1 154.031	7.22
除银行外民企	15 503.123	1 076.128	6.94
全部上榜国企	65 697.644	3 117.654	4.75
除银行外国企	57 253.318	1 274.627	2.23

注：净资产收益率（ROE）方面，中国内地企业中排位靠前的是恒力集团、泰康保险、青山控股、碧桂园和中国人寿保险，民营企业排名比较靠前。

十二、民企上市公司

——数量占比六成，质量喜中有忧

民营经济是推动高质量发展的重要主体。从上市公司的数量来看，截至2020年三季度末，共有4040家上市公司，其中民营企业有2446家，占比高达60.5%。上市公司中民营企业的数量占比呈现逐年升高的趋势，2020年也是首次上市公司民营企业占比超过60%的年度（见表1、图1）。

表1　2016年至2020年三季报全部上市公司主要财务指标一览

	2016年	2017年	2018年	2019年	2019年9月	2020年9月
全部	2 999	3 437	3 542	3 745	3 671	4 040
公众企业	193	198	206	224	221	234
国有企业	1 060	1 095	1 110	1 130	1 124	1 150
集体企业	18	19	19	20	19	21
民营企业	1 602	1 973	2 048	2 198	2 137	2 446
外资企业	91	114	121	133	130	147

资料来源：Wind

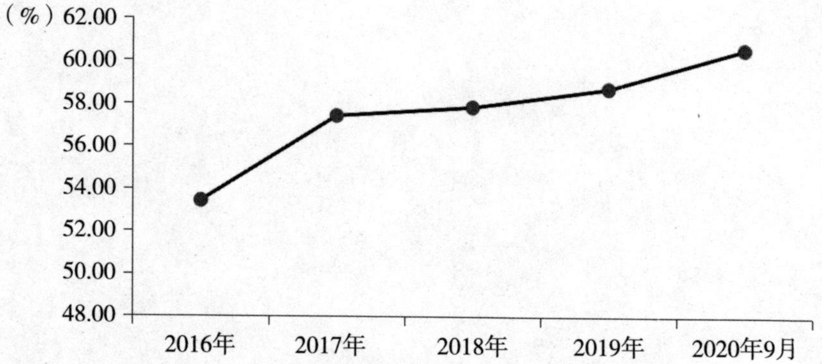

图1　上市公司中民营企业数量占比

资料来源：Wind。

整体来看，2020年三季报上市公司的平均营业收入、平均总资产相比于2019年三季报有所好转，但盈利情况整体而言仍然不乐观，净利润均值、总资产净利率均值、营业净利率中位数等盈利指标相比于去年同期均有所下滑。此外，盈利企业的数量占比也下滑了4%左右。各类型企业盈利情况出现下滑的原因或与疫情等因素有关。

2020年三季报全部上市公司平均营业收入为91.19亿元，同比提升了1.27%，尽管增长幅度较小，但相比于2019年同期近30%的下滑可谓是实现了逆转态势；2020年三季报全部上市公司平均净利润为8.33亿元，同比下滑了6.68%，跌幅相比于2019年同期有所收窄；2020年三季报全部上市公司平均总资产为758.6亿元，同比提升了5.37%，增速超过2019年同期；2020年三季报全部上市公司平均总资产净利率为3.10%，略低于2019年同期；2020年三季报全部上市公司营业净利率的中位数为7.69%，相比于2019年同期出现了进一步下滑（见表2）。

表2　2016年至2020年三季报全部上市公司主要财务指标一览

	2016年	2017年	2018年	2019年	2019年9月	2020年9月
营收均值（亿元）	85.75	101.90	114.68	125.60	90.05	91.19
营收均值增速（%）	4.73	18.83	12.53	9.53	3.63	1.27
净利润均值（亿元）	8.05	9.64	9.67	10.35	8.92	8.33
净利润均值增速（%）	4.28	19.72	0.38	7.02	2.81	–6.68
上市公司盈利企业数量所占比例（%）	92.13	93.22	87.04	87.18	88.18	84.13
总资产均值（亿元）	542.94	589.11	634.76	697.27	719.92	758.6
总资产均值增速（%）	9.90	8.51	7.75	9.85	3.25	5.37
总资产净利率均值（%）	6.26	5.95	4.00	3.39	3.73	3.10
营业净利率中位数（%）	9.36	9.17	8.03	7.66	8.22	7.69

资料来源：Wind。

从上市公司的营业收入数据来看，公众企业、民营企业和外资企业

2020年前三季度表现较好，营业收入均值增速有所上升；而国有企业和集体企业2020年三季报营业收入均值增速则有所下降（见表3、图2）。

表3　历年各类型上市公司营业收入均值和营收增速情况一览

	2016年	2017年	2018年	2019年	2019年9月	2020年9月
全部公司	85.75	101.90	114.68	125.60	90.05	91.19
增速	4.73%	18.83%	12.53%	9.53%	3.63%	1.27%
公众企业	181.76	204.71	227.92	255.03	187.19	198.53
增速	7.22%	12.63%	11.34%	11.89%	13.33%	6.06%
国有企业	201.03	234.38	262.23	286.97	205.86	204.35
增速	4.76%	16.59%	11.88%	9.44%	9.95%	–0.73%
集体企业	85.29	113.91	131.35	140.87	103.48	101.03
增速	24.50%	33.55%	15.32%	7.24%	10.70%	–2.37%
民营企业	26.51	33.68	38.94	42.60	30.03	31.68
增速	25.69%	27.07%	15.59%	9.41%	10.61%	5.51%
外资企业	26.14	30.76	34.28	37.02	25.89	26.48
增速	19.38%	17.67%	11.44%	8.00%	9.59%	2.28%

资料来源：Wind。

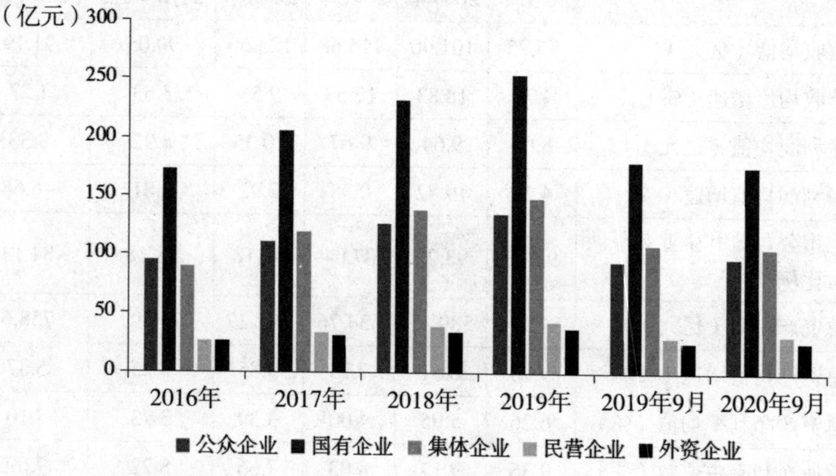

图2　2016—2020年三季度非金融类上市公司营业收入均值

资料来源：Wind。

从上市公司的净利润数据来看，2020年三季报，公众企业、国有企业和集体企业的净利润均值的同比增速均出现下滑，民营企业和外资企业由于2019年下滑较为明显，因此2020年三季报净利润数据相比于2019年同期有所增长（见表4、图3）。

表4　历年各类型上市公司平均净利润及净利润同比增速情况一览

	2016年	2017年	2018年	2019年	2019年9月	2020年9月
全部公司	8.05	9.64	9.67	10.35	8.92	8.33
增速	4.28%	19.72%	0.38%	7.02%	2.81%	–6.68%
公众企业	26.54	30.84	31.08	38.28	31.31	29.58
增速	0.52%	16.17%	0.79%	23.17%	21.30%	–5.53%
国有企业	17.69	21.18	22.59	23.68	19.61	17.62
增速	4.48%	19.71%	6.65%	4.82%	5.69%	–10.15%
集体企业	5.49	6.56	7.61	8.25	7.59	5.39
增速	21.43%	19.52%	16.07%	8.42%	22.10%	–29.05%
民营企业	2.18	2.69	2.09	2.03	2.26	2.42
增速	40.36%	23.30%	–22.32%	–2.70%	–2.07%	6.87%
外资企业	2.76	3.58	3.84	3.26	2.81	2.87
增速	16.05%	29.81%	7.25%	–15.01%	–8.80%	2.18%

资料来源：Wind。

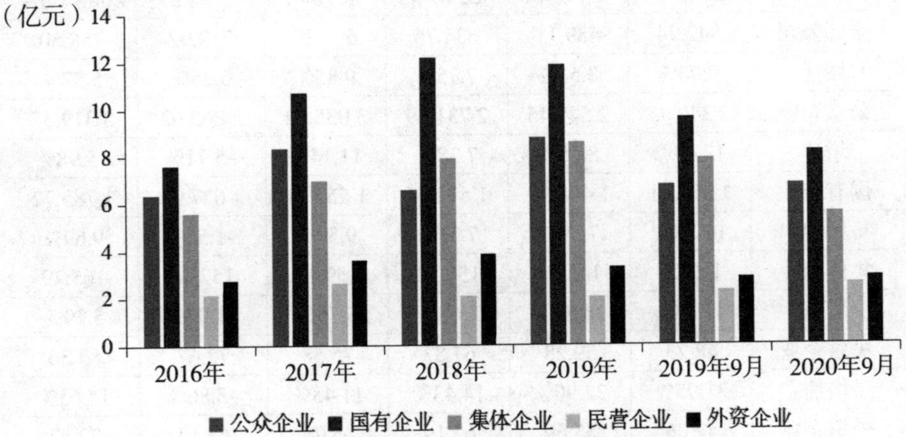

图3　2016—2020年三季度非金融类上市公司净利润均值

资料来源：Wind。

从2020年三季报净利润来看，集体企业和外资企业中盈利企业数量占比最高，均为85.71%，国有企业和民营企业中盈利企业数量占比分别为83.83%、84.42%（见表5）。从趋势上来看，各类型企业的盈利企业数量占比均出现同比下滑。

表5　历年各类型上市公司企业盈利企业数量占比情况一览

单位：%

	2016年	2017年	2018年	2019年	2019年9月	2020年9月
全部公司	92.13	93.22	87.04	87.18	88.18	84.13
公众企业	92.23	90.40	78.16	84.38	84.16	83.33
国有企业	90.66	92.15	90.63	90.53	88.79	83.83
集体企业	88.89	78.95	100.00	85.00	89.47	85.71
民营企业	93.38	94.27	85.84	85.85	88.49	84.42
外资企业	93.41	93.86	90.08	89.47	88.46	85.71

资料来源：Wind。

2020年三季报，各类型总资产均值的同比增速相比于2019年同期均有所增加，尤其是民营企业，相比于2019年三季报，民营企业的总资产平均值同比增长了14.63%，增长幅度较高（见表6、图4）。

表6　历年各类型上市公司总资产平均值情况及同比增长情况一览

	2016年	2017年	2018年	2019年	2019年9月	2020年9月
全部公司	542.94	589.11	634.76	697.27	719.92	758.60
增速	9.90%	8.51%	7.75%	9.85%	3.25%	5.37%
公众企业	2 340.95	2 543.45	2 731.09	3 035.22	2 862.02	3 319.37
增速	17.47%	8.65%	7.38%	11.14%	–5.71%	15.98%
国有企业	1 309.61	1 408.99	1 512.04	1 652.71	1 627.99	1 785.72
增速	11.88%	7.59%	7.31%	9.30%	–1.50%	9.69%
集体企业	122.02	142.45	150.50	159.16	157.46	165.79
增速	42.84%	16.74%	5.65%	5.75%	–1.07%	5.29%
民营企业	48.23	59.28	67.83	75.58	72.67	83.30
增速	31.95%	22.90%	14.43%	11.43%	–3.86%	14.63%
外资企业	47.06	55.69	62.19	66.75	65.14	72.87
增速	19.26%	18.35%	11.67%	7.33%	–2.41%	11.87%

资料来源：Wind。

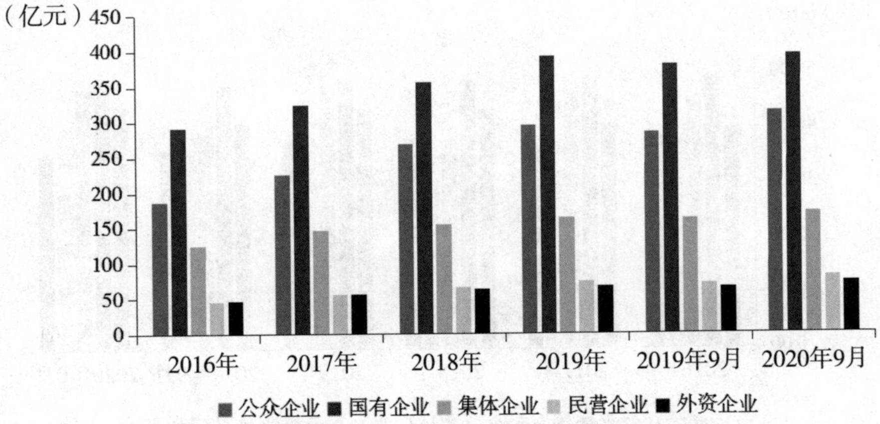

图4　2016—2020年三季度非金融类上市公司总资产均值

资料来源：Wind。

根据2020年三季报来看，除外资企业外，其余各类型企业的平均资产负债率相比于2019年同期均略有增长。其中，民营企业的资产负债率同比增长幅度较大（见表7、图5）。

表7　历年各类型上市公司平均资产负债率情况一览

单位：%

	2016年	2017年	2018年	2019年	2019年9月	2020年9月
全部公司	42.31	41.81	43.64	44.51	41.23	44.11
公众企业	48.12	48.70	51.17	51.33	49.13	51.83
国有企业	50.78	50.18	50.10	50.26	49.35	50.44
集体企业	46.38	49.53	50.84	48.34	45.72	47.98
民营企业	37.86	37.29	39.28	41.35	36.05	40.72
外资企业	38.67	36.75	38.22	37.68	35.95	35.34

资料来源：Wind。

营业净利率方面，由于2020年是注册制改革的重要一年，诸多尚未盈利的企业上市，这些企业的营业规模较低而亏损规模较大。以2020年在科创板上市的神州细胞-U（688520.SH）为例，其2020年三季度净

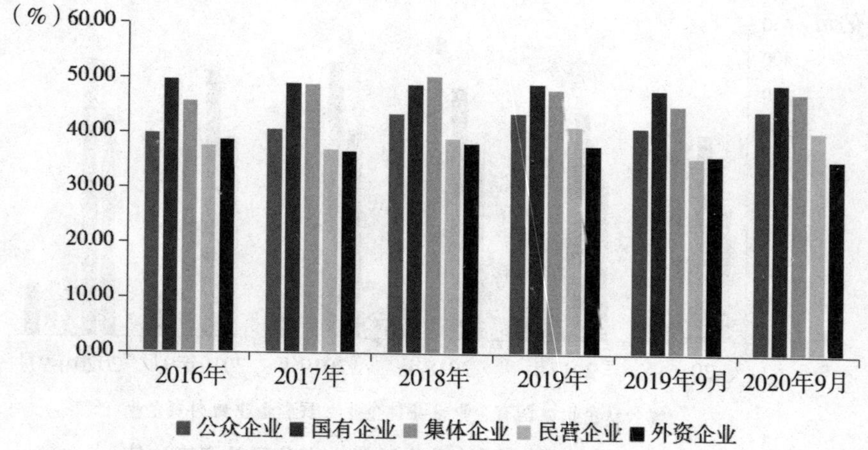

图5　2016—2020年三季度非金融类上市公司资产负债率均值

资料来源：Wind。

利润规模为-5.16亿元，而营业收入的规模仅有24.61万元，营业净利率为-209550.45%，对均值的影响极大。因此，针对营业净利率这一指标，我们选择中位数进行衡量。从2020年三季报营业净利率的中位数来看，公众企业、外资企业的营业净利率均值相比于2019年同期均有所上升，国有企业、集体企业和民营企业均有所下滑（见表8）。

表8　历年各类型上市公司营业净利率中位数情况一览

单位：%

	2016年	2017年	2018年	2019年	2019年9月	2020年9月
全部公司	9.36	9.17	8.03	7.66	8.22	7.69
公众企业	10.30	10.02	7.48	7.70	8.24	9.70
国有企业	5.83	6.41	6.04	5.79	5.97	5.48
集体企业	7.67	5.33	7.47	6.14	8.23	5.88
民营企业	10.64	10.01	8.84	8.46	9.09	8.58
外资企业	10.02	10.59	10.39	9.52	9.45	9.63

资料来源：Wind。

如果按照各类型公司净利润均值除以营业收入的均值进行计算的话，除公众企业外，其他类型企业的整体计算结果与各类型上市公司营业净利率的中位数计算结果相差不大。从整体趋势来看，两种计算方法呈现的趋势差别不大，均呈现整体下滑的趋势（见表9、图6）。

表9　历年各类型上市公司营业净利率情况一览

单位：%

	2016年	2017年	2018年	2019年	2019年9月	2020年9月
全部公司	9.39	9.46	8.43	8.24	9.91	9.13
公众企业	14.60	15.07	13.64	15.01	16.73	14.90
国有企业	8.80	9.04	8.61	8.25	9.53	8.62
集体企业	6.44	5.76	5.79	5.86	7.33	5.34
民营企业	8.22	7.99	5.37	4.77	7.53	7.64
外资企业	10.56	11.64	11.20	8.81	10.85	10.84

注：按照各类型公司净利润均值除以营业收入的均值进行计算。

资料来源：Wind。

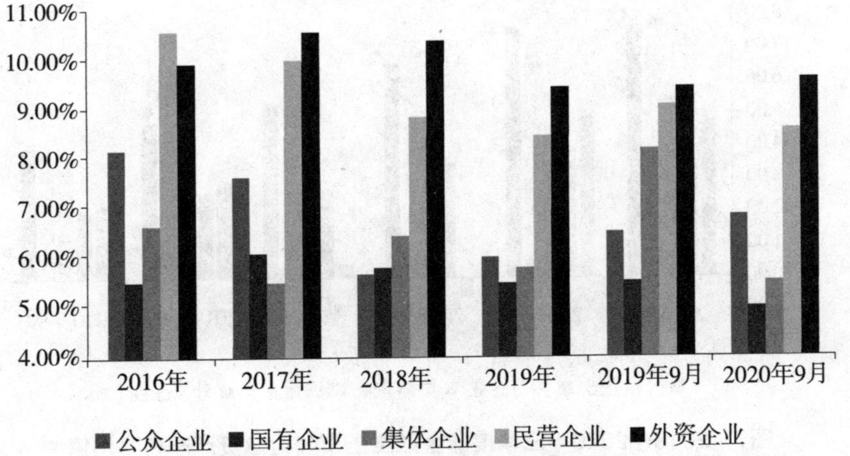

图6　非金融类上市公司营业净利率中位数情况

资料来源：Wind。

从2020年三季报总资产净利率数值来看，受疫情影响，各属性上市公司的平均总资产净利率均呈现出一定程度上的下滑。尤其是民营企业，总资产净利率的下降幅度较大，这一方面或与疫情盈利收窄有关，另一方面总资产的增幅较高也是总资产净利率偏低的原因之一（见表10、图7）。

表10　历年上市公司历年总资产净利率情况一览

单位：%

	2016年	2017年	2018年	2019年	2019年9月	2020年9月
全部公司	6.26	5.95	4.00	3.39	3.73	3.10
公众企业	4.37	4.25	–0.36	0.55	2.58	2.03
国有企业	3.28	3.78	3.38	2.68	2.54	2.09
集体企业	5.57	4.04	4.97	2.54	3.57	3.26
民营企业	7.82	7.17	4.70	3.93	4.39	3.63
外资企业	7.67	7.57	6.54	5.40	4.80	4.03

资料来源：Wind。

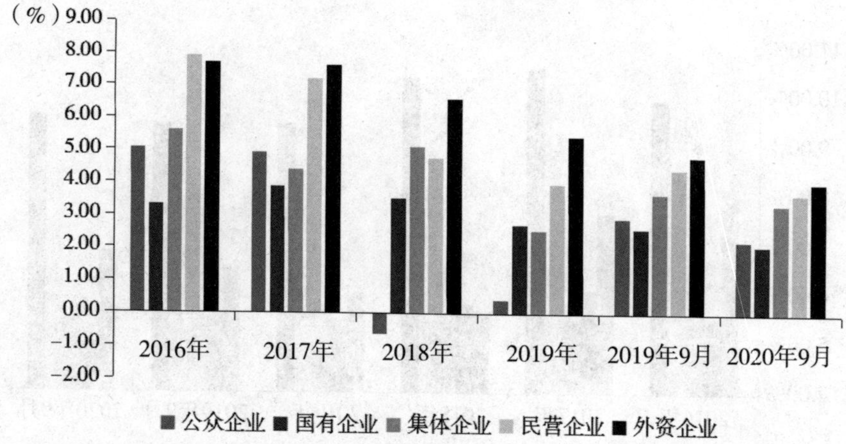

图7　2016—2020年三季度非金融类上市公司总资产净利率均值

资料来源：Wind。

十三、领先发展民企

——新经济放异彩，独角兽显奇能

2020年新冠疫情冲击全球，尽管中国的疫情控制非常高效，但外需的下降和国内年初几个月的停摆对很多民营企业特别是中小企业带来重大冲击。叠加中国经济的结构调整、转型升级，传统行业的民营企业步履维艰。但经济转型的方向依然充满活力，如势头正猛丝毫未受影响的造车新势力，受益于线下活动停滞的线上服务领域等。

（一）造车新势力

2020年是新能源汽车大爆发的一年，随着中国工厂的投产，特斯拉Model 3大批量交付，推动特斯拉股价大涨近8倍。国内新能源汽车领域众多参与者中，跑出了明显领先的蔚来、理想和小鹏，后两者分别在7月和8月在纳斯达克上市。汽车制造业门槛高，投入巨大，三家造车新势力在IPO前均已融资过百亿元。三者选择了不同的发展路径，蔚来主推高端SUV和独特的换电模式；理想选择中端SUV和增程模式；小鹏主推紧凑型SUV。

如同互联网领域的竞争格局，目前电动汽车领域基本被中美两国的企业主导。由于明显优于传统汽车的智能化与OTA升级、出色的用户体验、电动化带来的零部件大幅简化和低维修成本、绕过4S店的直销模式、卓越的加速性能以及各国政府的高额补贴等多方面优势，资本市场对于未来电动汽车市场的发展期望极高，给予特斯拉、蔚来、理想、小鹏惊人的高估值。截至2020年年末，小鹏汽车市值338.4亿美元，市销率82.3；蔚来764.7亿美元，36.7；理想258.9亿美元，30.4；特斯拉6 689.8亿美元，22。相比之下日美传统的汽车巨头中，除了丰田的市销率接近1，其他都不足0.5（见表1）。

表1　中美电动汽车与传统汽车企业估值

车企	2020年末市值（亿美元）	2020年末市销率	2020年汽车销量（台）	销量增速（%）
理想	258.9	30.4	32 624	—
小鹏	338.4	82.3	27 041	112
蔚来	764.7	36.7	43 728	121
特斯拉	6 689.8	22.0	499 550	36
丰田	1 964.7	0.9	953万	−11.3%
通用	595.9	0.5	626万	−13.2%
本田	487.9	0.4	479万	−10.0%
福特	349.7	0.3	419万	−14.5%

1. 蔚来汽车

上海蔚来汽车有限公司成立于2014年，于2018年9月12日在美国纽交所上市，是首家上市的国产豪华电动车品牌。创始人李斌是连续创业者，美股上市公司易车网创始人，在出行领域有20多年从业经验。蔚来自己研发生产电机和储能系统，其他部件来自采购；和江淮汽车合作，共建智能化工厂，江淮汽车负责整装。首款量产车ES8于2017年12月上市，于2018年6月开始交付。截至2020年末，蔚来在全国建立200家NIO House和174座换电站，是全球造车新势力唯一采用换电模式的主机厂。

公司目前主要车型包括ES8、ES6和EC6。2018年蔚来交付11 348辆；2019年交付20 565辆（同比增长81%）；2020年交付43 728辆，同比上涨121%，总用户数超7.5万。

蔚来上市至今，为了良好用户体验大肆烧钱和创立初期大规模资本开支，使得公司现金流非常紧张，破产预期一直在二级市场存在。2019年蔚来的发展遇到很多困难，ES8因自燃发生召回、裁员、CFO等高管离职，一系列负面消息缠身。同时财报持续亏损、现金流紧张，蔚来2019年营收78亿元，净利润-114亿元，经营性现金流-79亿元，净资产-48亿元。市场开始给蔚来倒计时，离成为下一个乐视还剩几个月？在2019年蔚来现金流吃紧的时候，先后传出蔚来向北京亦庄、浙江湖州、吉利汽车的融资都没有下文。2020年2月合肥市政府和蔚来签署协议，地方国资平台等战略投资者向其投资70亿元，2020年半年报蔚来的账上现金从一季度不到20亿元，升至105亿元，资金问题得到缓解。蔚来的股价也从2019年10月的最低点上涨了近50倍。

从地方政府的角度，特斯拉对于上海、蔚来对于合肥，短期带来最直观的改变是GDP统计数据和相应税收、就业等，同时特斯拉和蔚来的落户对当地新能源汽车产业链上下游带动的长期效益。

2. 理想汽车

理想汽车成立于2015年，总部位于北京。2018年以6.5亿元收购力帆汽车获得汽车生产资质，于2020年7月在纳斯达克上市。上市前，理想汽车已经累计完成9轮融资，累计融资超过120亿元。理想是国内首家实现增程式电动车（EREV）商业化的公司，目前上市的首款车型理想ONE为六座大型高端电动SUV，配备了增程系统以及智能汽车解决方案。

股权结构方面，理想创始人、董事长兼CEO李想持有25.1%的股份、70.3%的投票权，李想为第一大股东并拥有最大投票权。王兴和其关联方美团合计持有理想汽车23.4%的股份（王兴个人持有8.9%，美团持有14.5%），为第二大股东。

公司财务数据持续好转，得益于旗下理想ONE车型销量持续攀升。自2019年12月交付以来，当月交付973辆，理想ONE仅用六个半月的时间就完成了第一个10 000辆的交付，2020年交付32 624辆。截至2020年年底，理想汽车在全国41座城市开设有52家零售中心；售后维修中心及授权钣喷中心114家，覆盖83个城市。

3. 小鹏汽车

小鹏汽车成立于2015年，总部位于广州，2020年8月在纽交所上市。董事长兼CEO何小鹏是最大股东，持有31.6%股份。阿里巴巴集团通过旗下子公司持有14.4%的股份，是小鹏汽车的重要投资者。

IPO前，小鹏汽车已进行了10轮融资，阿里巴巴、IDG资本、小米集团、红衫中国、高瓴资本、富士康等均参与其中。随着超过9亿美元的C+轮融资完成签署，小鹏汽车已从资本市场累计融得近113亿元。

小鹏汽车的销量主要来自G3，于2018年11月开始量产，G3成为2019年中国电动SUV畅销前三，2020年5月份推出轿跑车小鹏P7。2020年小鹏汽车共交付27 041辆，同比2019年增长112%。2020年前交付量为12 757辆，其中2018年15辆，2019年12 742辆。截至2020年12月29日，小鹏已在全国100个城市设置670个终身免费充电服务站点。

（二）创新医药企业

近年来，中国人才加上全球资本，以及国内医疗监管生态的改善，催生了中国医药创新企业的蓬勃发展。新冠疫情更是让疫苗企业走到了聚光灯下，而药品集中采购则改变了行业游戏规则。

1. 百济神州

百济神州于2010年10月在北京成立，主要从事用于治疗癌症的创新分子靶向及免疫肿瘤药物研发、生产和销售。2016年在纳斯达克上市，2018年在香港二次上市。创始团队是近年来中国医药创新企业典型的科学家+企业家组合，科学家决定研发方向，企业家做企业。创始人、科学顾问委员会主席王晓东在生物医药领域拥有很高的学术成就，创始人、董事长兼CEO欧雷强是连续创业成功者。

百济神州现有2款药物泽布替尼和替雷利珠单抗（PD-1）获批上市，第3款药物PARP抑制剂pamiparib递交上市申请（BRCA1/2突变晚期卵巢癌）。过去10年，百济神州自主研发11款药物已进入临床阶段。通过自主研发和外部引进，百济神州研发管线中目前有25+项资产，其中8项拥有全球权益。

百济神州现有4 200名员工，拥有一支约1 300多人的全球临床开发团队，在全球四大洲30多个国家开展临床试验。

2. 翰森制药

说起翰森制药可能很多人不知道，但提到恒瑞医药则无人不晓，实际上两者有着极为密切的关系。孙飘扬是恒瑞医药的法人及董事长，而孙飘扬的妻子钟慧娟则是豪森药业的实控人，两人被称为医药界的“神雕侠侣”。

翰森制药主要经营主体江苏豪森制药成立于1995年，公司目前在连云港、上海张江建有2个研发中心，在连云港、常州等地建有多个生产基地。经过20多年的发展，公司在中枢神经系统疾病、抗肿瘤、抗感染、糖尿病等市场规模大、发展快的治疗领域逐步建立起了自身的领先优势。

公司以仿制药起家，拥有奥氮平、注射用培美曲塞二钠、注射用盐酸吉西他滨等年销售额超10亿元的重磅首仿品种。作为国内布局创新时间较早的企业，公司已经收获4个1类创新药，包括吗啉硝唑氯化钠注射液、聚乙二醇洛塞那肽注射液、甲磺酸氟马替尼片、甲磺酸阿美替尼片等，成功向创新药企转型。

3. 信达生物

信达生物成立于2011年，致力于开发、生产和销售用于治疗肿瘤等重大疾病的创新药物，于2018年10月在香港上市。上市前进行了5轮融资，累计融资5.62亿美元，股东包括富达、礼来亚洲、君联资本、淡马锡及高瓴资本等。2018年的上市和2019年的配股又融资56.5亿港元。

公司创始人俞德超在业内和孙飘扬齐名，曾在美国和中国多家生物制药企业担任高管职务，参与发明或领导多个新药上市。核心管理团队来自礼来、罗氏、安进、辉瑞、百时美施贵宝、迈瑞等大型医药企业。

2019年成功推出首款PD-1产品信迪利单抗后，开始进入商业化阶段。公司拥有强大的管线，包括3个正在进行NDA审查的产品，5个正在进行3期或关键性临床试验的产品，以及总共17个正在进行50多个临床试验的产品，覆盖肿瘤、眼底病、自身免疫疾病、心血管病四大疾病领域。

（三）互联网企业

互联网和移动互联网热潮极大改变了经济生活的方方面面，疫情进一步加速了全方位的线上化。

1. 拼多多

拼多多成立于2015年，2018年7月在美国上市。短短五年时间快速成长，迅速完成低线城市和乡镇的互联网用户接入电商服务，以及农产品上线，已经跻身中国电商领域的重要平台，并且持续向高线城市和高客单价、品牌品类渗透。

拼多多以独创的社交拼团为核心模式，主打百亿补贴、农货上行、产地好货等。2018年7月，拼多多在美国纳斯达克证券交易所正式挂牌上市。目前，拼多多平台已汇聚7.313亿年度活跃买家和510万活跃商户，平台年交易额达人民币14 576亿元，迅速发展成为中国第二大电商平台。

2. 美团

2010年美团以团购业务起家，十年间不断开拓服务场景，丰富服务品类。如今已在到店及到家餐饮场景、到店其他服务场景、酒店预定、共享出行等细分市场中占得市场主导及相对竞争优势。美团的商业逻辑是借助互联网推动本地生活服务的线上化，通过构建在线服务平台实现消费者与商家的连接，帮消费者基于不同需求在服务平台中找到相应的优质解决方案，美团则扮演了服务中介的角色。公司业务覆盖餐饮、外卖、出行、酒店、旅行、票务、休闲娱乐等200多个服务品类，辐射全国2 800多个市县。

（四）AI企业

人工智能经历前几年的热潮后，这两年内明显回归理性。一些AI初创公司采用互联网公司的玩法，快速融资、快速烧钱、免费推广，希望能够迅速跑马圈地、占领市场。但人工智能技术和应用场景还不够成熟，这导致许多AI企业在大量烧钱后依然无法跑通商业模式。但更多的AI企业稳扎稳打，力求扩大商业化应用场景，尽快实现盈亏平衡。

1. 第四范式

第四范式（北京）技术有限公司成立于2014年年底，总部在北京，并在上海、深圳、香港地区及新加坡、阿姆斯特丹设立了分公司。第四范式是少数拥有自主研发开发框架的AI企业，并且在迁移学习和自动机器学习方面具有国际领先的水平。

第四范式的核心技术团队均是人工智能领域杰出的科学家，其中创始人、首席执行官戴文渊设计了全球最早的商用AI系统——百度“凤巢”系统；联合创始人杨强在迁移学习领域学术影响力排名世界第一；联合创始人、首席研究科学家陈雨强曾任今日头条推荐系统负责人；联合创始人、首席架构师胡时伟曾任链家网首席架构师；副总裁、主任科学家涂威威是百度机器学习计算框架ELF（Essential Learning Framework）的总设计师。

2020年4月，第四范式宣布完成C+轮融资，C轮总计融资金额达2.3亿美元，成立以来累计融资超3亿美元，投后估值约20亿美元。公司目前有员工近800人，其中算法科学家100名。金融是第四范式起家的行业，目前仍占其业务的50%左右，并将行业版图进一步扩展至政府、制造、航空、零售等领域。

第四范式通过技术、算法赋能广大用户。在技术赋能方面，第四范式向外输出技术能力和AI应用开发工具，其客户主要是拥有庞大IT团队的大型企业如金融机构和拥有较强开发能力的科技型企业等，第四范式搭建底层平台，通过范式大学、AutoML.ai社区、行业Hackathon等构建产业生态。在算法赋能方面，第四范式对外输出AI应用产品，其客户主要是不具备独立AI开发能力的企业，甚至包括一些信息化条件较差的传统企业，如零售、制造等行业的传统企业，只要这些企业能够提供足够丰富的业务数据，第四范式就可以基于这些数据对企业的业务进行分析和优化。

2. 依图科技

上海依图网络科技有限公司成立于2012年9月，总部位于上海，其医疗业务位于杭州，在北京设有研发机构，在成都设有销售机构，在两个创始人朱珑、林晨曦的老家福州设有分支机构。目前依图已累计融资约10亿美元，估值约30亿美元。依图采用VIE架构，其国内实体已经获得国内资本的人民币投资，未来有望在科创板上市。

依图目前拥有员工超1 200人，其业务包括安防、医疗以及金融和零售等，其中安防是依图起家的业务，也是最大的业务，目前占营收比重的近80%。医疗方面，除了发挥其机器视觉的技术优势拓展医疗影像业务，依图还收购了以色列AI初创公司Accutar Biotech，进军人工智能辅助新药研发领域。

依图以计算机视觉技术起家，目前也涉足语音识别、自然语言处理等AI技术。2017年依图开始布局视觉AI芯片，投资国内芯片初创公司上海熠知电子科技有限公司（ThinkForce）30%的股份，后来又联合其他基金买下其余70%股份。2019年5月依图发布了自研的云端视觉AI芯片求索（QuestCoreTM）。该芯片采用ARM 7架构，16nm制程，在南京台积电流片。其在研的第二代芯片将采用7nm制程。

2019年8月，依图获国家科技部承建“视觉计算国家新一代人工智能开放创新平台”。2019年10月，依图被美国商务部列入实体名单。

（五）独角兽

本章前面几节在若干有代表性的领域选择了若干有代表性的企业，本节简单扫描“独角兽”这一批企业。

2020年8月4日，胡润研究院携手苏州高新区发布《苏州高新区·2020胡润全球独角兽榜》，这是胡润第二年发布全球独角兽榜单。本次榜单估值计算的截止日期为2020年3月31日。

今年的榜单列出了全球成立于2000年之后、价值10亿美元以上的非上市公司。全球有586家独角兽企业，比去年增加92家。全球独角兽公司仅分布在全球29个国家、145个城市。美国以233家领先于中国的227家，美中两国占全球独角兽公司总数八成，英国和印度分别以24家和21家排在第三和第四，人口才900万的以色列以8家独角兽公司排名第七，领先于法国和瑞士。

电子商务成为独角兽企业最多的行业，有89家，其次是人工智能（如自动驾驶和人脸识别）和金融科技（如支付解决方案），分别有63家。其他还包括SaaS领域53家，共享经济33家，健康科技28家。红杉资本成为全球最成功的独角兽投资机构，投资了全球五分之一的独角兽；其次是腾讯、软银和IDG；高瓴资本和Accel新进入前十。

北京是全球独角兽之都，有93家，远远超过旧金山的68家，上海以47家排名第三。独角兽数量排名前十的城市中，有9个在中国或美国，伦敦是唯一的例外。排名前12的城市中有6个在中国，北京、上海、深圳、杭州独角兽数量都比伦敦多，南京比首尔和波士顿多，广州比巴黎和柏林多。全球十大独角兽6个来自中国，除蚂蚁集团和字节跳动以外，还有滴滴出行、陆金所、快手和菜鸟网络（见表2、表3）。

表2　中国独角兽主要行业

序号	行业	独角兽数量（个）	独角兽总价值（亿美元）
1	电子商务	39	700
2	人工智能	21	390
3	金融科技	18	2 390
4	物流	16	680
5	健康科技	16	400

表3　2020胡润全球独角兽榜前十名

排名	企业名称	价值（亿元）	总部
1	蚂蚁集团	10 000	杭州
2	字节跳动	5 600	北京
3	滴滴出行	3 700	北京
4	陆金所	2 700	上海
5	SpaceX	2 500	洛杉矶
5	Stripe	2 500	旧金山
7	爱彼迎	2 450	旧金山
8	快手	1 950	北京
9	菜鸟网络	1 900	杭州
10	Palantir Technologies	1 800	帕洛阿尔托

十四、民企收购兼并

——市场竞争激烈，并购扩张担险

2020年中国的并购活动交易金额增长了30%，达到7 338亿美元，是自2016年以来最高水平，主要得益于国企和政府资金强有力的投资支持，并购交易数量比上一年增加了11%，跨境交易量有所减少，私募股权基金活跃度大幅上升。

（一）国内

1. 国内并购市场总体情况

根据清科旗下私募通数据显示，2020年第一季度中国并购市场共完成322笔并购交易，案例数量同比下降30.9%，环比下降31.6%。其中披露金额的有266笔，交易总金额约为4 485.81亿人民币，同比上升61.5%，环比上升77.5%。2020年第二季度中国并购市场共完成363笔并购交易，案例数量同比下降11.9%，环比上升12.0%。其中披露金额的有279笔，交易总金额约为2 117.86亿元，同比上升20.4%，环比下降53.1%。2020年第三季度中国并购市场共完成493笔并购交易，案例数量同比上升1.9%，环比上升23.9%。其中披露金额的有351笔，交易总金额约为2 014.50亿元，同比下降34.3%，环比下降6.3%。

另据普华永道发布的《2020年中国企业并购市场回顾与2021年前瞻》，2020年中国的并购活动交易金额增长了30%，达到7 338亿美元，是自2016年以来最高水平，主要得益于国企和政府资金强有力的投资支持，并购交易数量比上一年增加了11%，跨境交易量有所减少，私募股权基金活跃度大幅上升。

按照交易量和交易额计算，中国约占全球并购市场的15%，在全球市场中扮演着越来越重要的角色。进一步对外开放政策、“产业升级”“双循环”、区域经济一体化等中国政府的政策和战略正在影响中国并购市场。同时，区域全面经济伙伴关系协定（RCEP）将为中国和东亚带来机会，大幅提升中国优势产业和优秀企业的全球竞争力，推动更多有实力的中资企业“走出去”。

中国的并购交易金额在去年2月由于疫情封锁导致的下滑后保持稳定，后续几个月强势反弹，后半年显著反超上年同期。2020年并购交易金额的增长得益于国有企业对境内战略和私募股权（具有国资背景的基金）大力参与并购交易，而跨境并购急剧下降减缓了增长趋势。

2020年发生了93宗超大型并购交易（单宗10亿美元以上），反映了国企改制进程加快以及政府主导的对金融行业的注资。私募基金的兴趣则集中在消费品、高科技和工业品（如新能源汽车）。

受到疫情影响，一方面，金融行业承压，国家大力参与对多家金融机构的支持，混改加速，疫情也加快了境内企业产业转型，2020年境内战略投资者并购金额回升至2017年的水平；另一方面，疫情影响也导致外资入境并购交易金额和交易量减少。为响应“双循环”和“产业升级”的国家战略，国内消费品、先进工业品和基础设施交易增多，战略投资者并购交易金额在消费品和工业领域均创下历史新高。

政策利好变化加上市场对资本及流动性的需求，以及一些大规模的私有化企业交易和国企与政府主导的投资，使得2020年私募股权基金的并购交易金额创下新高，达到3 324亿美元。高科技、工业品、金融服务、消费品和医疗健康行业的交易金额创下新高。从交易数量上看，私募股权基金在高科技、工业品和消费品行业也很活跃，这一趋势与国家在这些领域的各种刺激政策相一致。

2020年私募股权基金继续面临退出压力，导致大量并购交易退出和上市退出，在证券市场的监管利好和估值普遍走高的支持下，2020年IPO市场异常火热。尽管受到疫情影响，私募股权基金通过上市退出仍然活跃，因为资本市场能够支持较高的估值，各种改革、新规提振了市场氛围和市场准入，科创板成为最具吸引力的A股上市板块。

2021年，在国有企业改革以及“双循环”和“产业升级”战略的支持下，中国并购市场可能将继续以境内交易为主题。普华永道预计2021年整体并购会有一些增长，主要是由私募股权基金和财务投资者（包括国有基金）进行推动，私募股权投资交易量将继续增长。

2. 上市公司并购重组情况

2020年是上市公司并购重组的“冰点”之年。这一年，上市公司并购重组交易的活跃度陷入了5年来的最低谷，无论交易数量，还是成交金额，都创历史新低，也缺乏具有创新性的交易方案，借壳上市等传统上市手法几近销声匿迹。其主要原因是受疫情影响经济增速放缓、并购重组监管政策要求依然较高、复杂多变的地缘政经关系等。

2020年，注册制改革突飞猛进，率先试点的科创板和创业板随之掀起上市浪潮，带动IPO的数量和募资额创出新高。根据Wind数据，2020年有396家公司在A股上市，募资约4 700亿元，较2019年203家上市公司数和2 532亿元募资额，分别增长95.1%、85.6%。A股上市公司总数也达到4 154家。396家新上市公司中，在科创板上市145家，在创业板上市107家，二者合计252家，约占63.6%。2020年，科创板的融资额高达2 226亿元，占A股融资总额的47.4%；创业板的融资额为893亿元，占比约19%，二者合计占比约66.4%。其中，在科创板上市的中芯国际以532亿元的募资额，成为2020年A股最大IPO融资项目。

IPO火爆的同时，A股增发、配股、发债等再融资也持续复苏。

2016—2018年，A股再融资额连续3年下降，从1.93万亿元逐年下降至1.07万亿元。2019年，再融资出现复苏，当年融资额上升至1.29万亿元，2020年为1.25万亿元，略低于2019年，继续保持了复苏的趋势。从结构上看，2020年的再融资金额以股权性融资为主，增发、配股等纯股权性融资金额为8 841亿元，占比70.8%，高于2019年54.5%的比例。

作为资本市场重要组成部分的并购重组交易，在2020年却显得格外“冷清”。根据Wind数据统计，2020年上市公司共完成1 312起并购重组项目，金额约6 027亿元，分别较2019年下降40%、55%。

如果从交易中所处的角色来看，2020年上市公司作为买方发起的交易数量及金额下滑，是导致2020年并购交易陷入低谷的主因。2020年，上市公司作为买方发起并完成的交易数量仅620起，交易金额约2 660亿元，同比分别下跌49.6%和68%。与之相比较，上市公司在交易中作为卖方，以及上市公司自身作为标的的交易数量和金额，下降幅度并没有如此显著。

上市公司并购重组交易陷入低点，还反映在证监会并购重组委的审核家次和通过率上。这两项指标，在2020年也跌入历史最低水平。2020年，并购重组委共审理79家上市公司重大资产重组，审核通过64家，否决15家，通过率仅81%，较2019年83%的通过率进一步下降。

3. 相关政策

为规范发展私募投资基金电子合同业务，保护基金投资者权益，中国证券投资基金业协会借鉴境外“沙盒监管”的理念，根据《中华人民共和国证券投资基金法》《中华人民共和国电子签名法》《私募投资基金监督管理暂行办法》及相关自律规则制定，制定《私募投资基金电子合同业务管理办法》（试行）（征求意见稿），于10月底公开征求意见。同时，中国证监会就修改《证券期货经营机构私募资产管理业务管理办法》《证券期货经营机构私募资产管理计划运作管理规定》公开征求意见。

（二）国际

据安永发布的《2020年全年中国海外投资概览》，2020年中企宣布的海外并购总额464.1亿美元，同比下降46.2%；宣布的并购数量530宗，同比减少18.5%。

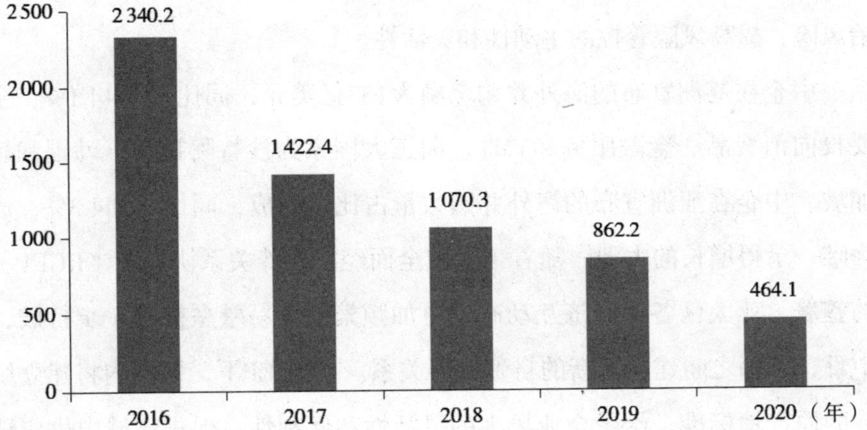

图1　2016—2020年中企宣布的海外并购金额（亿美元）

从行业看，按交易金额计，前三大行业为TMT、消费品以及先进制造与运输，其中TMT占比达36%，大幅领先其他行业宣布的并购额，主要投资于低敏感的硬件制造、软件开发及IT服务等领域。按交易数量计，前三大行业TMT、金融服务业及先进制造与运输业，共占总量的52.1%；其中，仅金融服务业（增长12.7%）和TMT（增长0.7%）并购数量录得增长，其他行业的并购数量均有下降。

从区域看，北美洲与亚洲为最受中企欢迎的海外并购目的地，投资金额分别占三成，除非洲录得增长外，其他大洲均延续下跌趋势，中企对德国、意大利、沙特阿拉伯和韩国等国并购逆势增长；从并购数量看，中企在亚洲宣布的海外并购数量占比达四成，同比增加4.3%，亚洲成为交易数量唯一录得增长的大洲。

中企在北美洲宣布的海外并购金额为138.9亿美元，同比下降38%，主要投向TMT、消费品和金融服务业。2021年，随着美国新政府就职，美国政策的稳定性和持续性有望改善。受疫情冲击，美国经济也在快速地进行数字化转型，预计未来中美企业在数字经济领域的合作与竞争都将进一步增加。尽管中美关系仍存在诸多不确定性，但美国市场仍是众多中国跨国企业的重要市场之一，安永建议中企持续关注并量化地缘政治风险，提高风险管控的主动性和灵活性。

中企在亚洲宣布的海外并购金额为137亿美元，同比下降44.1%，主要投向消费品、金融服务和TMT，前三大国家为沙特阿拉伯、韩国和新加坡。中企在亚洲宣布的海外并购数量占比达四成，同比增加4.3%，成为唯一录得增长的大洲。随着《区域全面经济伙伴关系协定》（RCEP）的签署，亚太区各国经济互动有望更加频繁，贸易壁垒被进一步打破，中日、日韩之间建立了新的自贸伙伴关系。在RCEP下，区域内将建立统一的原产地标准，给予企业更大的灵活性和便利性，促进区域内供应链整合，推动区域内各成员间以及其他地区经济体对RCEP成员国的投资。

中企在欧洲宣布的海外并购金额为125亿美元，同比下降48.6%，主要投向TMT、房地产、酒店与建造以及先进制造与运输业，其中对德国和意大利的投资有较大幅度的增长。近年来中企对欧洲投资大幅萎缩，2020年宣布的并购额仅为2016年高峰期的13%左右。但2020年年底《中欧投资协定》谈判的如期完成为未来中欧增加投资合作奠定了基础，在协定下，欧盟27个成员国都将适用统一的投资规则，有助于减少中企投资成本，打破投资壁垒，创造更有利的营商环境，推动中欧更高层次相互开放。预计2021年中企对欧洲投资将进一步增加，可关注可再生能源和数字经济等领域。

十五、民企富豪榜单

——亿万富豪骤增，家族财富惊人

中国加入世贸组织以来，民营经济蓬勃发展，产业结构不断优化，营商环境、政策环境日益改善，涌现了越来越多具有国际竞争实力的优秀民营企业，为社会创造了大量亿万富翁，富豪人数快速增长，家族财富规模不断扩大。尤其是2019年到2020年，经过中美贸易摩擦、新冠肺炎疫情的重重考验，全球财富缩水，富豪人数锐减，我国亿万富豪人数却不减反增，创造历史新高。这反映出，在党中央国务院“去杠杆”的调整过后，民营企业向高质量发展的目标进一步迈进；也反映出中国经济、中国民营企业强大的内生动力，在世界经济增长停滞的情况下，依然保持着较快的财富增长速度。

（一）中国富豪榜

1. 2003—2020年《新财富500富人榜》

进入二十一世纪以来，我国民营经济飞速发展，家族财富快速积累，亿万富豪数量骤增。《新财富500富人榜》上榜门槛从2003年的2亿元增至2020年的63.3亿元，百亿富豪人数从最开始的0人增长到315人，实现了从零到多的巨大飞跃。尤其是“十三五”期间，榜单财富总额连续保持8万亿元以上，人均财富保持在百亿元以上。2020年，榜单财富总额首次突破10万亿元，人均财富首次突破200亿元，百亿富豪人数突破300人，创历史新高。

2005—2020年，上榜者财富总额由5 950亿元增至10.7万亿元，年均增长21.2%；人均财富由11.9亿元增至214.3亿元，年均增长21.3%；百亿富豪人数由2人增至315人，年均增长40.1%（见表1）。

“十二五”以来，上榜者财富总额年均增长14.1%；人均财富年均增长14.1%；百亿富豪人数年均增长16.6%。2010年，上榜者财富总额2.9万亿元，人均财富57.5亿元，百亿富豪68人（见表1）。

十八大以来，上榜者财富总额年均增长16.8%；人均财富年均增长16.9%；百亿富豪人数年均增长16.6%。2012年，上榜者财富总额3.1万亿元，人均财富61.8亿元，百亿富豪68人（见表1）。

“十三五”期间，上榜者财富总额年均增长13.6%；人均财富年均增长13.6%，百亿富豪人数年均增长14.4%。2015年，上榜者财富总额5.7万亿元，人均财富113.1亿元，百亿富豪161人（见表1）。

2020年5月12日，《新财富》杂志公布《2020年新财富500富人榜》，榜单显示上榜门槛由去年的45亿元上升至63.3亿元，上涨了40.7%（同比，下同），与2016-2018年持平；上榜企业家的财富总和创历史新高，达到10.7万亿元，上涨32.1%，相当于2019年中国GDP的1/10；人均财富达到214.3亿元，涨幅为32.1%，百亿富豪人数达315人，均创历史新高。虽然2020年上榜企业家财富总和人均财富都大幅度增长，但身家为2 000亿元以上的富豪数量减少到两位（马云、马化腾）（见表1、图1）。

表1　历年《新财富500富人榜》上榜富人情况

时间	上榜门槛（亿元）	上榜者财富总额（亿元）	人均财富（亿元）	百亿富豪人数（人）
2003年	2.0	3 031	6.1	0
2004年	2.4	5 002	10.0	0
2005年	3.5	5 950	11.9	2
2006年	4.5	7 465	14.9	3
2007年	8.0	12 800	25.6	15
2008年	13.5	26 027	52.1	53
2009年	13.4	16 286	32.6	17
2010年	19.2	28 757	57.5	68
2011年	28.7	37 657	75.3	90
2012年	21.8	30 921	61.8	68
2013年	30.0	35 787	71.6	87
2014年	38.0	44 987	90.0	120
2015年	40.0	56 557	113.1	161
2016年	65.0	80 192	160.4	302
2017年	66.1	78 900	157.8	276
2018年	64.0	95 677	191.4	297
2019年	45.0	81 031	162.0	240
2020年	63.3	107 082	214.3	315
200—2020年年均增长率		21.2%	21.3%	40.1%
2010—2020年年均增长率		14.1%	14.1%	16.6%
2012—2020年年均增长率		16.8%	16.9%	16.6%
2015—2020年年均增长率		13.6%	13.6%	14.4%

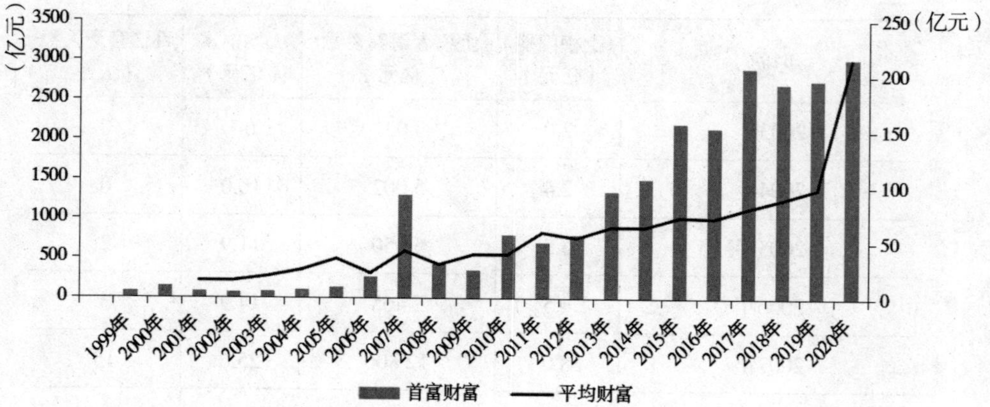

图1　历年《新财富500富人榜》上榜富人情况

数据来源：《新财富》杂志。

值得注意的是，2019年位居财富榜的跌幅榜前50名的6位企业家，今年赶超进入财富涨幅榜前50名，反映出2020年财富更迭速度的进一步加快。

2020年新财富500人榜中，女性富豪财富总额从2019年的4 825亿元上升至6 924.9亿元，增长了43%；平均身家256.5亿元，比全体上榜者的平均财富高出19.7%；40岁及以下的青年富豪共18位，比去年减少3位，其中4人为初次上榜，分别是广微控股陈炫霖、小马智行楼天城、寒武纪陈天石、视源股份王毅然。

上榜富豪人数最多的五大行业分别是TMT（96人）、房地产（61人）、综合（52人）、医药生物（51人）、商业服务（45人）。其中，TMT行业上榜富豪人数较去年增加了20%，房地产业上榜富豪人数较去年减少了6.2%，综合行业上榜富豪人数较去年减少了14.8%，医药生物行业上榜富豪人数较去年增加了2%，商业服务行业上榜富豪人数较去年增加了2.3%（见表2）。

表2　2019—2020年《新财富500富人榜》变化情况

行业	2020年上榜人数(人)	人数占比(%)	2019年上榜人数(人)	人数变化幅度(%)	财富总额(亿元)	财富占比(%)	2020年人均财富(亿元)	2019年人均财富(亿元)	2019-2020人均财富增速(%)
TMT	96	19.2	80	20.0	24 271.9	22.7	252.8	212.7	18.9
房地产	61	12.2	65	-6.2	15 757.8	14.7	258.3	200.8	28.6
综合	52	10.4	61	-14.8	10 459.2	9.8	201.1	159.3	26.3
医药生物	51	10.2	50	2.0	9 605.1	9.0	188.3	131.5	43.2
商业服务	45	9.0	44	2.3	10 363.7	9.7	230.3	159.9	44.0
日用消费品	35	7.0	30	16.7	7 353.7	6.9	210.1	171.7	22.4
耐用消费品	30	6.0	31	-3.2	6 302.3	5.9	210.1	161.1	30.4
金融服务	27	5.4	27	0.0	5 517.4	5.2	204.3	161.5	26.5
化工	21	4.2	21	0.0	3 922.9	3.7	186.8	125.1	49.3
机械与电气设备	21	4.2	17	23.5	2 678.9	2.5	127.6	90.2	41.4
能源与环保	16	3.2	23	-30.4	3 149.5	2.9	196.8	129.3	52.2
金属与冶炼	14	2.8	16	-12.5	2 271.7	2.1	162.3	126.7	28.1
农（牧、渔）业	14	2.8	13	7.7	2 784.3	2.6	198.9	104.8	89.8
建筑与建材	7	1.4	9	-22.2	928.7	0.9	132.7	81.4	63.0
公用事业	4	0.8	5	-20.0	920.8	0.9	230.2	179.6	28.2
林业与造纸	4	0.8	4	0.0	589.5	0.6	147.4	126.5	16.5
交通运输	2	0.4	4	-50.0	204.7	0.2	102.4	63.4	61.4

数据来源：新财富杂志。

上榜富豪财富总额最高的五大行业分别是TMT（2.4万亿元）、房地产（1.6万亿元）、综合行业（1万亿元）、商业服务业（1万亿元）、医药生物业（9 605亿元）（见表2）。

2020年《新财富500富人榜》前十名富人的身家之和达到了18 097.9亿元，较2019年增长了31.3%，占整个榜单财富的16.9%，身家均超过1 000亿元。马云、马化腾、许家印分别以3 021.4亿元、2 767.3亿元、1 981亿元的财富排在前三位（见表3）。

表3　2020年《新财富500富人榜》前十名富人情况

排名	财富（亿元）	姓名	主要公司	主要行业
1	3 021.4	马云	阿里巴巴	互联网综合服务
2	2 767.3	马化腾	腾讯控股	互联网综合服务
3	1 981.0	许家印	恒大集团	地产、新能量汽车、文旅、健康
4	1 769.2	杨惠妍	碧桂园控股	房地产
5	1 738.8	孙飘扬/钟慧娟	恒瑞医药/翰森制药	制药
6	1 652.7	何享健家族	美的集团	家电
7	1 381.5	王健林/王思聪	万达集团	地产、文化、百货
8	1 368.4	黄峥	拼多多	电商
9	1 245.5	丁磊 雷军/张彤	网易	互联网综合服务
10	1 172.1	张勇/舒萍	海底捞	火锅连锁

2. 1999—2020年胡润百富榜

1999年以来，我国经济增长进入“快车道”，越来越多的企业家加入到“先富起来”的行列，反映在胡润百富榜上的是新晋富豪人数不断增加，财富总额急剧增长。总的来看，上榜人数从1999年的50人增至2020年的2 398人；上榜门槛从最初的0.5亿元增至20亿元；平均财富从2001年的15亿元增至2020年的115亿元，拥有十亿美元的富豪人数从零增至2020年的799人；拥有百亿元的富豪人数从零增至2020年的799人（见表4）。

2004-2020年，富豪人数由100人增至2 398人，年均增长22%；平均财富由25亿元增至115亿元，年均增长10%；十亿美元富豪人数由3人增至799人，年均增长41.8%，首富财富由105亿元增至4 000亿元，年均增长25.5%（见表4）。

“十二五”以来，上榜者平均财富年均增长11.4%；上榜人数年均增长5.8%；十亿美元富豪人数年均增长15.5%，首富财富年均增长17.5%。2010年，共有1 363人上榜，其中189人是10亿美元富豪；上榜者平均财富

39亿元，首富财富800亿元（见表4）。

十八大以来，上榜者平均财富年均增长9.9%；上榜人数年均增长11.6%；十亿美元富豪人数年均增长15.6%，首富财富年均增长22.3%。2012年，共有1 000人上榜，其中251人是10亿美金富豪；上榜者平均财富54亿元，首富财富800亿元（见表4）。

“十三五”期间，上榜者平均财富年均增长9.8%；上榜人数年均增长5%；十亿美金富豪人数年均增长6%，首富财富年均增长12.7%。2015年，共有1 877人上榜，其中596人是10亿美元富豪；上榜者平均财富73亿元，首富财富2 200亿元（见表4）。

2020年10月20日，胡润研究院发布《2020胡润百富榜》，上榜门槛依然为20亿元，共2 398位企业家上榜，比去年增加了579位，改变了前两年人数下降的态势。上榜企业家财富总额27.5万亿元，较去年上涨54%，平均财富约115亿元，较去年上涨17.3%；共有41人财富上千亿元，比去年骤增22人；前50门槛由去年的520亿元提高到700亿元，十亿美元富豪人数从去年的658位增加到799位，各项数据均创历史新高。胡润表示：“这一年是历史上财富创造最快的一年，中国上榜企业家的总财富都超过了世界第四大经济体德国一年的GDP。”（见表4）

上榜企业家中，有1 921位企业家的财富比去年增长，其中财富涨幅最大的是新上市公司稳健医疗的李建全家族，以380亿元成为科创板首富，增长956%；其他涨幅较大的还包括在线教育平台“跟谁学”的陈向东，财富上涨662%，房产交易平台“贝壳”的左晖，财富上涨483%（见图2）。

表4　历年《胡润百富榜》数据

时间	上榜人数(人)	十亿美元人数(人)	百亿元人数(人)	20亿元人数(人)	榜单门槛(亿元)	首富财富值(亿元)	平均财富(亿元)
1999年	50	0	0	8	0.5	80	—
2000年	50	1	1	11	3.5	150	—

续表

时间	上榜人数(人)	十亿美元人数(人)	百亿元人数(人)	20亿元人数(人)	榜单门槛(亿元)	首富财富值(亿元)	平均财富(亿元)
2001年	100	0	0	19	5	83	15
2002年	100	0	0	15	7	70	15
2003年	100	0	0	24	9	76	19
2004年	100	3	1	47	12.5	105	25
2005年	400	7	5	81	5	140	35
2006年	500	18	10	178	8	270	22
2007年	800	106	65	447	8	1 300	42
2008年	1 000	101	50	444	7	430	30
2009年	1 000	129	75	576	10	350	39
2010年	1 363	189	95	772	10	800	39
2011年	1 000	254	129	1 000	20	700	59
2012年	1 000	251	120	972	18	800	54
2013年	1 000	315	148	1 000	20	1 350	64
2014年	1 271	354	176	1 271	20	1 500	64
2015年	1 877	596	333	1 877	20	2 200	73
2016年	2 056	594	342	2 056	20	2 150	72
2017年	2 130	664	400	2 130	20	2 900	81
2018年	1 893	620	393	1 893	20	2 700	89
2019年	1 819	658	—	1 819	20	2 750	98
2020年	2 398	799	620	2 398	20	4 000	115
2004—2020年年均增长率	22.0%	41.8%	—	—	—	25.5%	10.0%
2010—2020年年均增长率	5.8%	15.5%	—	—	—	17.5%	11.4%
2012—2020年年均增长率	11.6%	15.6%	—	—	—	22.3%	9.9%
2015—2020年年均增长率	5.0%	6.0%	—	—	—	12.7%	9.5%

注：“2020年平均财富”为北京大成企业研究院根据胡润百富榜公开披露数据计算得出。

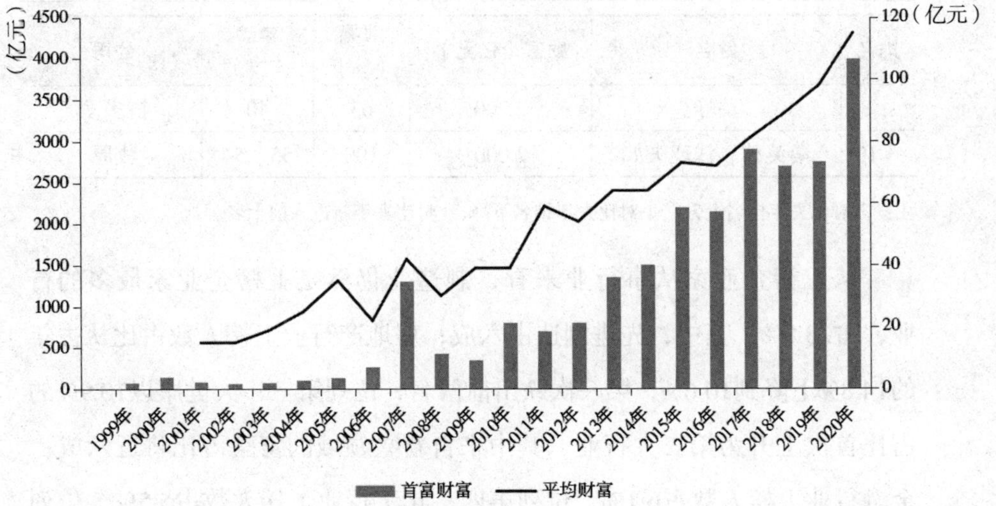

图2　历年《胡润百富榜》入榜财富情况

百富榜前十名中，马云家族排名第一，财富4 000亿元；马化腾排名第二，财富3 900亿元；养生堂钟睒睒排名第三，财富3 650亿元。第四位到第十位分别是：顺丰王卫、恒大许家印、美的何享健家族、碧桂园杨惠妍家族、网易丁磊、拼多多黄峰、牧原秦英林钱瑛夫妇。其中，养生堂的钟睒睒、顺丰的王卫和牧原的秦英林钱瑛夫妇为今年新上榜（见表5）。

表5　《2020胡润百富榜》前十名情况

排名	姓名	财富（亿元）	涨幅（%）	年龄（岁）	公司
1	马云家族	4 000	45	56	阿里系
2	马化腾	3 900	50	49	腾讯
*3	钟睒睒	3 650	New	66	养生堂
↑4	王卫	2 400	118	50	顺丰
↓5	许家印	2 350	12	62	恒大
↓6	何享健家族	2 250	25	78	美的
↓6	杨惠妍家族	2 250	29	39	碧桂园
8	丁磊	2 200	76	49	网易

续表

排名	姓名	财富（亿元）	涨幅（%）	年龄（岁）	公司
↓8	黄峥	2 200	63	40	拼多多
↑10	秦英林、钱瑛夫妇	2 000	100	55、54	牧原

注：↑对比去年排名上升，↓对比去年排名下降，*对比去年新进入前十名。

从上榜企业家从事行业来看，制造业仍然是上榜企业家最多的行业，占23.8%。其中，先进制造占六成；房地产行业上榜人数占比从去年的14.8%下降到10.6%，第一次跌出前两名，位列第三；大健康以10.9%的占比首次上升为第二大行业，其中来自新兴领域的富豪占比将近六成；金融行业上榜人数占6.1%，位列第四；化工行业上榜人数占5.5%，位列第五（见表6）。

表6 《2020胡润百富榜》中国大陆企业家行业分布

排名	行业	占比（%）	行业首富	公司	财富（亿元）
1	制造业	23.8	雷军	小米	1 700
2	大健康	10.9	蒋仁生/钟慧娟	智飞生物/翰森制药	1 350
3	房地产	10.6	许家印	恒大	2 350
4	金融与投资	6.1	林立	立业	900
5	化工	5.5	陈建华、范红卫夫妇	恒力	1 350
6	食品饮料	5.0	钟睒睒	养生堂	3 650
7	零售	4.6	马云家族	阿里系	4 000
8	应用软件	3.7	袁征	Zoom	1 100
9	传媒和娱乐	2.8	马化腾	腾讯	3 900
10	服装纺织	2.5	马建荣家族	申洲针织	700
11	基建	2.3	严昊	太平洋建设	1 450
12	有色金属	1.9	刘永行、刘相宇父子	东方希望	1 100

（二）全球富豪榜

1. 2020福布斯全球亿万富豪榜

当地时间2020年4月7日，美国《福布斯》杂志发布了《2020年度全球亿万富豪榜》，共有2 095人身价超过十亿美元，比去年减少58位。上榜富豪总净财富8万亿美元，较去年下降了8%，是过去10年内的第三次下降，平均财富缩水至38.2亿美元，低于2019年、2018年的40亿美元和41亿美元；有1 062位富豪身家缩水，比去年增加68人，财富下降人数创历史记录。

值得关注的是，排名前20位富豪的总净财富为1.8万亿美元，较去年增长50%，占上榜总财富的22.5%，占比较去年增长8.5个百分点，说明全球财富向最富有的金字塔尖进一步集中。前20位中最低财富值为388亿美元，为中国首富马云。杰夫·贝索斯、埃隆·马斯克、伯纳德·阿诺特分别以1 846亿美元、1 772亿美元、1 528亿美元财富位列前三。

在上榜富豪人数上，美国富豪614人，继续保持全球首位，比去年增加了7人；中国富豪数量位居第二，共有492人上榜，比去年增加1人；其中，中国内地有389位富豪上榜，占全球富豪总数比重上升至18.6%（见表7），均创造历史最高纪录，财富总额达1.2万亿美元。中国其他地区的上榜富豪人数分别是香港67人、台湾36人、澳门1人（见图3）。

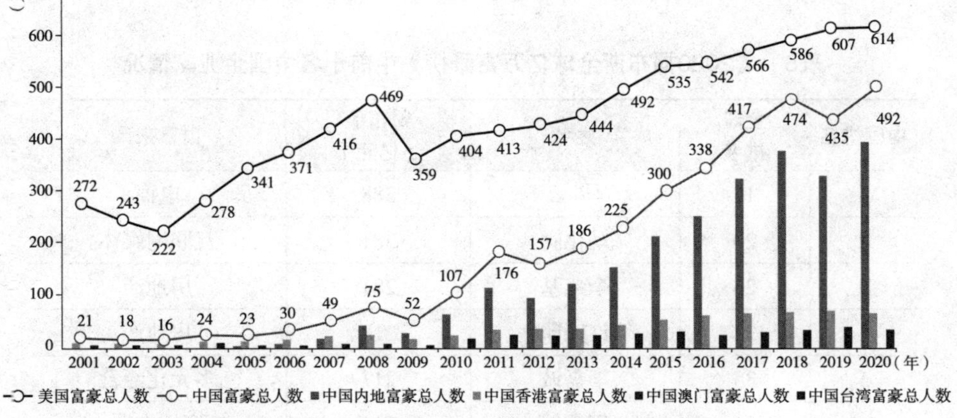

图3　《福布斯全球亿万富豪榜》历年上榜人数对比

表7　福布斯富豪榜华人情况

时间	全球富豪人数（人）	华人富豪人数（人）	华人全球占比（%）	中国内地富豪人数（人）	中国内地全球占比（%）
2012年	1 226	198	16.2	95	7.7
2013年	1 426	245	17.2	122	8.6
2014年	1 645	290	17.6	152	9.2
2015年	1 826	370	20.3	213	11.7
2017年	2 043	486	23.8	334	16.3
2018年	2 208	476	21.6	373	16.9
2019年	2 153	564	26.2	324	15.1
2020年	2 095	—	—	389	18.6

数据来源：历年福布斯全球亿万富豪榜。

中国上榜富豪中，19位中国富豪跻身全球亿万富豪榜前100名，人数与去年持平。排名最高的中国富豪是阿里巴巴创始人马云，他凭借388亿美元的资产位列全球第17名。进入全球前50名的中国富豪还包括马化腾（第20位）、李兆基（第26位）、许家印（第34位）、李嘉诚（第35位）、何享健（第36位）、杨惠妍及家族（第38位）、秦英林（第43位）。其他上榜中国富豪有丁磊（第51位）、黄峥（第57位）、刘銮雄（第59位）、张一鸣（第61位）、李文达（第65位）、王为（第65位）等（见表8）。

表8　《2020福布斯全球亿万富豪榜》中前十名中国企业家情况

中国排名	全球排名	姓名	财富值（亿元）	财富来源
1	17	马　云	388	电商
2	20	马化腾	381	互联网媒体
3	26	李兆基	281	房地产
4	34	许家印	218	房地产
5	35	李嘉诚	217	多元化经营
6	36	何享健	216	家用电器

续表

中国排名	全球排名	姓名	财富值（亿元）	财富来源
7	38	杨惠妍及家族	203	房地产
8	43	秦英林	185	饲养生猪
9	51	丁磊	170	网络游戏
10	57	黄峥	165	电商

2. 2020胡润全球富豪榜

2020年2月26日，胡润研究院发布《2020年胡润全球富豪榜》，共计来自71个国家，2 182家企业的2 816位十亿美金富豪上榜，比去年增加了346位；上榜富豪的总财富11万亿美元，较去年增长了16%。中国上榜富豪人数799人，位列全球第一，美国上榜富豪人数626人，位列全球第二，印度上榜富豪人数137人，位列全球第三。479人首次登上榜单，中国以182位领先，其次是美国和印度，分别是59人和44人；新面孔中有一半来自科技（74人）、制造业（52人）、房地产（41人）、医药（43人）、零售（30人）和食品饮料行业（30人）。

今年有1 811位富豪财富增长，占上榜总人数的64%，有79人的财富在过去一年里增加了至少50亿美元。其中，中国25位，美国10位，法国5位，印度4位。有145人在过去五年里为自己创造了超过50亿美元的财富。同时，有607人财富下降，130人落榜（其中16人过世），落榜者中来自房地产行业的富豪人数最多。

全球十大富豪中，有7人来自美国，前10名财富平均增长了4%。杰夫·贝佐斯、伯纳德·阿诺特、比尔·盖茨分别以1 520亿美元、1 163亿美元、1 147亿美元的财富位列前三（见表9）。在大中华区，56岁的马云及其家族以3 150亿元的财富位列大中华区第一，全球第21位；马化腾以3 080亿元的财富位列大中华区第二，全球第22位；许家印以2 310亿元的财富位列大中华区第三，全球第31位（见表10）。

女性富豪占今年榜单的15.7%，比去年高出0.2个百分点，白手起家的女性企业家有68人，比去年增加了12人。全球最富有的女性是沃尔玛70岁的爱丽丝·沃尔顿，财富640亿美元。值得关注的是，上榜女企业家中，中国占51%，以龙湖56岁的吴亚军为首，财富154亿美元。

表9　胡润《2020全球富豪榜》全球十大富豪情况

排名	姓名	财富值(亿美元)	财富变化(%)	公司	年龄(岁)	居住国
1–	杰夫·贝佐斯	1 520	3.4	亚马逊	56	美国
2↑	伯纳德·阿诺特	1 163	35.2	酩悦·轩尼诗–路易·威登	70	法国
3↓	比尔·盖茨	1 147	19.5	微软	64	美国
4↓	沃伦·巴菲特	1 101	25.1	伯克希尔·哈撒韦	89	美国
5–	马克·扎克伯格	915	14.4	Facebook	35	美国
6↑	阿曼西奥·奥特加	884	57.9	蒂则诺	83	西班牙
7↓	卡洛斯·斯利姆·埃卢家族	775	17.4	墨西哥美洲电信公司	80	墨西哥
8–	谢尔盖·布林	744	37.8	谷歌	46	美国
9↑	拉里·佩奇	727	37.2	谷歌	46	美国
9↓	穆克什·安巴尼	727	34.6	瑞来斯	62	印度
9*	史蒂夫·鲍尔默	727	67.5	微软	63	美国

注：↑对比去年排名上升，↓对比去年排名下降，*对比去年新进入前十名。
来源：胡润研究院《2020胡润全球富豪榜》。

表10　胡润2020全球富豪榜大中华区前十名

排名	姓名	财富值(亿元)	全球排名	主要财富来源	年龄(岁)	居住地
1–	马云家族	3 150	21	阿里系	56	杭州
2–	马化腾	3 080	22	腾讯	49	深圳
3–	许家印	2 310	31	恒大	62	广州
4–	李嘉诚	2 000	35	长江实业	92	香港

续表

排名	姓名	财富值(亿元)	全球排名	主要财富来源	年龄(岁)	居住地
4*	孙飘扬、钟慧娟夫妇	2 000	35	恒瑞医药、翰森制药	62、59	连云港
6↓	李兆基	1 890	38	恒基兆业	92	香港
6–	杨惠妍家族	1 890	38	碧桂园	39	佛山
8↓	何享健家族	1 820	41	美的	78	佛山
9↑	丁磊	1 540	45	网易	49	杭州
10*	秦英林、钱瑛夫妇	1 330	56	牧原	55、54	南阳
10*	王卫	1 330	56	顺丰	49	香港

注：↑排名比去年上升，↓排名比去年下降，－排名保持不变，*新进入前十。

科技领域创富最多，以亚马逊的杰夫·贝佐斯为代表，他在过去五年创造了1 060亿美元的财富，成为全球首富。科技行业创造的财富占榜单总财富的18%，其次是投资，占11%，零售占9%，房地产占8.5%。按人数计算，12.7%的上榜企业家主要财富来源是科技，其次是房地产，占9.6%，制造业富豪占比升至8.7%，投资行业富豪占比减少至8.6%（见表11）。

表11　胡润《2020全球富豪榜》全球富豪行业分布

排名	行业	占总人数比例(%)	比例变化(%)	首富	公司
1–	科技、传媒和电信	12.7	0.4	杰夫·贝佐斯	亚马逊
2–	房地产	9.6	–0.2	许家印	恒大
3↑	制造业	8.7	0.4	何享健家族	美的
4↓	投资	8.6	–0.5	比尔·盖茨	微软
5↓	零售	7.8	–0.5	阿曼西奥·奥特加	蒂则诺
6–	食品饮料	7.7	–0.2	杰奎琳·马尔斯	玛氏公司
7–	金融服务	5.5	0.0	黄惠中	中亚银行

续表

排名	行业	占总人数比例(%)	比例变化(%)	首富	公司
8–	医药	5.1	0.8	孙飘扬、钟慧娟夫妇	恒瑞医药、翰森制药
9–	能源	3.7	–0.3	穆克什·安巴尼	瑞来斯
10↑	金属和矿产	3.0	–0.1	弗拉基米尔·波塔宁	诺尔里斯克镍矿

注：↑对比去年排名上升，↓对比去年排名下降，*对比去年新进入前十名。

3. 2020年瑞银/普华永道亿万富豪报告

2020年10月12日，瑞银和普华永道联合发布了《2020年瑞银/普华永道亿万富豪报告》。报告指出，截至2020年7月，全球亿万富豪人数达2 189人，财富总额增长了20%，总规模10.2万亿美元，比2018年年末增加了1.7万亿美元，超过了2017年的8.9万亿美元，主要归功于全球工业及科技领域财富的大幅度增长，以及中国亿万富豪财富、人数的大幅度增长。在过去十年中，全球亿万富豪的人数翻了一番，总财富增长超过三倍，中国内地亿万富豪的财富增长速度在全亚洲最快，增长了11.5倍。

按区域分，亚太地区以831人超过美洲地区成为全球亿万富豪最多的地区，尤其是中国亿万富豪人数达到创纪录的415人，占亚太富豪总人数的50%。2018年至2020年7月底，中国亿万富豪的财富总额增长71%，达到1.7万亿美元，较2018年底增长71%，占全球的16.7%，占比较2018年末增长了4.2个百分点。中国的亿万富豪中，98%为白手起家，创造财富最多的行业是医疗健康、材料、娱乐和传媒。

2020年美洲地区亿万富豪财富总额3.4万亿美元，较2018年底下降7.4%，亿万富豪人数减少19人至730人，该地区白手起家的亿万富豪占总数的72%。其中，美国的亿万富豪人数有636位，仍然是全球最多

（见表12）。

欧洲、中东和非洲地区的亿万富豪财富下降了10.1%，减少2 000亿美元至2.2万亿美元，幅度约为欧元兑美元3.5%贬值幅度的两倍，亿万富豪的数量减少36人至562人，降幅为6%，该地区白手起家的亿万富豪占总数的60%（见表12）。

表12 2016—2019年各地区亿万富豪的发展

地区	2017年富豪数量（个）	2018年富豪数量（个）	2018年富豪财富总量（十亿美元）	2020富豪数量（个）	2020年富豪财富总量（十亿美元）
合计	2 158	2 101.0	8 536.8	2 189	10 200
亚太地区	814	754.0	2 491.9	831	2 700
大中华区	475	436.0	1 387.7	520	1 681
大洋洲	43	36.0	114.4	—	—
东南亚	296	282.0	989.8	—	—
欧洲中东非洲	629	598.0	2 409.2	562	2 200
东欧	163	151.0	543.1	—	—
中东和北非地区	52	50.0	162.3	—	—
西欧	414	397.0	1 703.8	—	—
美洲	715	749.0	3 635.7	730	3 400
中美洲和南美洲	84	97.0	371.6	—	—
北美洲	631	652.0	3 264.1	—	—

注：数据来源为历年瑞银/普华永道亿万富豪报告；其中，2020年数据截至2020年7月末。

十六、民企公益慈善

——转变财富观念，追求责任担当

“十二五”以来，我国公益慈善事业取得了长足发展和进步，全社会慈善救助意识不断提升，党的十八大以来，公益慈善捐助额屡创新高，慈善机构管理趋于精细化、专业化、透明化。尤其是在2020年新冠肺炎疫情的重重考验下，我国各地区企业、集体、个人为受困地区捐助大量人力物力，极大地弘扬了爱国情怀。据2020年9月21日中国慈善联合会发布的《2019年度中国慈善捐助报告》，2019年度中国境内接收国内外款物捐赠再创新高，达到1 701.44亿元，同比增长4.8%。其中，内地接收款物捐赠共计1 509.44亿元，同比增长4.88%，为历年最高，人均捐赠107.81元；香港特别行政区接收捐赠约164亿元，增长2.5%；澳门特别行政区接收捐赠约28亿元，增长12%。全国物资捐赠总额达464.95亿元，同比增长7.80%，占总量的30.80%。《报告》显示，2019年全国慈善捐赠投向教育、扶贫和医疗这三个领域的资金位列前三，捐赠额分别为440.31亿元、379.02亿元、272.23亿元，三者合计占捐赠总量的72.32%。其中，教育领域的捐赠同比增长5.35%，多数流向了高等院校。此外，2019年全国减少建档立卡贫困人口1 109万人，扶贫领域接收捐赠379.02亿元，增长6.55%，340个贫困县脱贫摘帽。

总体来看，民营企业“十三五”以来在慈善事业中发挥主力作用，始终占据慈善捐助总额的大部分，越来越多的民营企业家的财富观念由谋私利转向为谋社会福祉，责任意识和担当都有显著提高。数据显示，2019年，企业捐赠款物931.47亿元，同比增长4.56%，占捐赠总量的61.71%，房地产、金融、食品、科技、能源等行业的企业捐赠较多。但也要注意的是，十八大以来，我国私营工业企业利润总额年均增长7.0%，资产总额年均增长9.5%，同期《新财富500富人榜》上榜企业家财富总额年均增长16.8%，《胡润百富榜》上榜者平均财富年均增长9.9%，首富财富年均增长22.3%。而在2012—2019年，《胡润慈善榜》上榜慈善（企业）家平均捐赠额年均增长仅2.2%，第50名捐赠额年均增长26.6%。粗略比较下可以看出，我国民营企业家总体财富的增长速度快于全国私营企业总资产的增长速度，也快于民营企业慈善公益事业平均捐赠额的增长幅度。这反映出社会财富收入分配向头部企业集中的趋势，也说明虽然民营企业持续担当纳税、外贸、公益慈善事业等领域的主力，但社会责任意识仍有待加强，公益慈善意识和能力的提升还有较为长远的路要走。

（一）2004—2020年《胡润慈善榜》

进入二十一世纪以来，我国民营企业在自身发展进步的同时，踊跃参与社会公益慈善事业。除2020年外，《胡润慈善榜》上榜企业家人数总体向上增长，平均捐赠、第50名捐赠等指标增速较快，企业家群体的社会责任感与日俱增，财富观念提升，慈善救助意识不断增强。

2004—2019年，上榜慈善家由50人增至114人，平均捐赠额由2 060万元升至2亿元人民币，第1名捐赠额由2.1亿元人民币升至49.6亿元人民币，第50名捐赠额由300万元人民币升至8 970万元人民币（见表1）。

2010—2019年，上榜慈善家人数年均增长9.6%；平均捐赠额年均增长2.2%，第1名捐赠额年均增长5%，第50名捐赠额年均增长26.6%。2010年共有50位慈善家上榜，平均捐赠1.64亿元，第1名捐赠3.2亿元，第50名捐赠1 070万元（见表1）。

2012—2019年，上榜慈善家人数年均增长1.7%；平均捐赠额年均增长7.9%，第1名捐赠额年均增长3.5%，第50名捐赠额年均增长9.4%。2012年共有100位慈善家上榜，平均捐赠1亿元，第1名捐赠36.4亿元，第50名捐赠4 000万元，第100名捐赠1 680万元（见表1）。

2015—2019年，上榜慈善家人数年均增长1.5%；平均捐赠额年均下降0.02%，第1名捐赠额年均下降11.3%，第50名捐赠额年均增长14.7%。2015年共有100位慈善家上榜，平均捐赠2亿元，第1名捐赠146.5亿元，第50名捐赠2 605万元，第100名捐赠1 200万元（见表1）。

2020年11月3日，胡润研究院发布《2020胡润慈善榜》，15名慈善家（企业）上榜，是2004年以来上榜人数最少的一次，但平均捐赠额达到了8.49亿元，创历史新高，占上榜企业家平均财富的0.8%，与上一年持平，捐赠总额达127.4亿元（见表1）。2020年，胡润研究院还统计了历年累计捐赠超过10亿美元的中国企业家，分别是马云、马化腾、许家印、黄峥、何享健、黄如论/黄涛父子、曹德旺，其中马云历年累计捐赠达1 000亿元。值得注意的是，一些慈善家（企业）因捐赠不在榜单统计周期内而没有上榜，包括马云、黄峥、美的何享健等。

表1　历年《胡润慈善榜》上榜人数及捐款情况

时间	上榜人数（人）	平均捐赠额（万元）	第1名捐赠额（万元）	第50名捐赠额（万元）	第100名捐赠额（万元）
2004年	50	2 060	21 000	300	—
2005*年	50	2 180	29 000	530	—
2006*年	100	5 690	200 000	1 510	600
2007*年	100	9 470	200 000	3 000	1 500
2008*年	100	12 840	300 000	4 420	2 650
2009年	50	7 780	85 000	1 450	—
2010年	50	16 420	320 000	1 070	—
2011年	100	12 110	458 000	3 000	1 350

续表

时间	上榜人数（人）	平均捐赠额（万元）	第1名捐赠额（万元）	第50名捐赠额（万元）	第100名捐赠额（万元）
2012年	100	10 120	364 000	4 000	1 680
2013年	100	5 597	58 000	3 000	1 100
2014年	100	20 347	1 450 000	3 000	1 200
2015年	100	20 030	1 465 000	2 605	1 200
2016年	100	30 018	1 395 000	3 325	1 255
2017年	100	15 963	300 000	4 000	1 500
2018年	100	21 793	746 000	5 750	1 600
2019年	114	20 000	496 000	8 970	2 100
2020年	15	84 900	280 000	—	—
2010–2019年年均增长率（%）	9.6%	2.2%	5.0%	26.6%	—
2012–2019年年均增长率（%）	1.7%	7.9%	3.5%	9.4%	3.2%
2015–2019年年均增长率（%）	1.5%	–0.02%	–11.3%	14.7%	0.15

*2005年—2008年捐赠额为历年累计，其余为当年捐款额。

数据来源：胡润研究院。

许家印、陈邦、朱孟依家族位居2020年胡润慈善榜前三位。其中，许家印以28亿元捐赠成为“中国首善”，主要捐赠包括：向贵州省扶贫基金会毕节扶贫捐赠10亿元，向清华大学、中国科学院、中山大学捐赠5.98亿元以支持教育、科研和医疗事业；为抗击新冠肺炎疫情捐赠到位6亿元等。陈邦以27亿元捐赠位列第二，朱孟依家族以12亿元捐赠位列第三（见表2）。

表2　2020胡润慈善榜前十名慈善家

排名	姓名	捐赠额（亿元）	主要捐赠方向	公司	年龄（岁）	主要行业
1↑	许家印	28	扶贫、医疗、教育	恒大	62	房地产、投资
2*	陈邦	27	医疗	爱尔眼科	55	医疗服务
3↑	朱孟依家族	12	教育、扶贫	珠江投资	61	房地产、投资
4↑	秦英林、钱瑛夫妇	9.6	教育、医疗	牧原	55、54	畜牧
5*	冯海良	9.3	教育、扶贫、医疗	海亮	60	铜加工、房地产、教育
6*	解直锟	7.6	教育	中植	59	金融、投资
7↓	杨国强、杨惠妍父女	5.5	扶贫、教育、医疗	碧桂园	65、39	房地产
8	孙宏斌	5.4	教育、医疗	融创	57	房地产
9↑	党彦宝	4	农业、教育、医疗、扶贫	宝丰	47	煤化工
9↑	黄如论、黄涛父子	4	教育、扶贫、社会公益	世纪金源	69、44	房地产

注：*表示对比去年新进入前十名，↑表示对比去年排名上升，↓表示对比去年排名下降，－表示对比去年排名不变。

从历年捐赠方向来看，2020年教育领域的捐赠人数仍然最多，占31%，比去年减少4个百分点；而由于新冠肺炎疫情影响，医疗领域捐赠人数上升到17%，排名第二；扶贫领域捐赠人数众多，占11%，排名第三（见表3）。

教育方面主要捐赠有校园建设、捐资或成立各类助学基金会、教师学生奖金、帮助困难学生等；其中较大笔的捐赠是朱孟依家族捐赠10亿元建设紫琳学院、中植企业集团捐赠10亿元支持“学前学会普通话”行动、秦英林向西湖教育基金会捐赠价值8亿元的股票等。

医疗方面捐赠最多的是爱尔眼科的陈邦，以集团名义向湖南省湘江公益基金会捐赠1亿元股票，价值约34亿元，用于眼科医疗科研工作及人才培养；还有马化腾以集团名义共捐赠22亿元设立抗疫专项基金，恒大的许家印捐赠8亿元成立中美新型冠状病毒科研攻关专家组等。

扶贫方面主要捐赠有定向精准扶贫和广东扶贫日等，其中较大笔的捐赠有恒大向毕节市捐赠10亿元和向广东扶贫济困日捐赠7.5亿元，碧桂园捐赠6.6亿元等。

表3 历年《胡润慈善榜》主要捐赠方向所占比例

单位：%

	2020年	2019年	2018年	2017年	2016年	2015年	2014年	2013年	2012年	2011年	2010年	2009年	2004年
教育	31	35	41	44	46	44	27	34	36	24	26	18	39
医疗	17	—	—	—	—	—	—	—	—	—	—	—	—
社会公益	—	16	18	20	20	26	20	26	32	29	20	15	7
扶贫	11	29	18	17	11	9	11	15	20	9	10	10	15
赈灾	—	—	4	3	3	5	19	1	3	26	28	43	27
其他	—	—	19	16	19	17	23	24	9	12	16	14	12

*社会公益包括：慈善基金会等。

（二）福布斯《2020年中国慈善榜》

2020年7月23日，福布斯中国发布《2020年中国慈善榜》。上榜的100位企业家（企业）现金捐赠总额为179.1亿元，较去年有所回落，是继2011年、2017年、2018年、2019年之后，总捐赠金额第五次突破100亿元。其中，捐赠过亿的企业家有35位，比去年减少13位，捐赠现金高达150.9亿元，占总额的84%。榜单企业家中，有29位企业家连续三年上榜，合计捐赠金额高达326亿元。

恒大集团董事长许家印、碧桂园杨国强家族、融创中国董事会主席孙宏斌分别以30.1亿元、15.2亿元及13.9亿元人民币的现金捐赠总额位列前三。除此之外，孙宏斌、朱孟依、马云、马化腾、郁亮、黄如论/黄涛父子、党彦宝、许应裘等也上榜（见表4）。

表4　2020年福布斯中国慈善榜前十名情况

单位：万元

排名	姓名	企业简称	行业	现金捐赠总额
1	许家印	恒大集团	房地产、投资	301 204
2	杨国强家族	碧桂园	房地产	152 000
3	孙宏斌	融创中国	房地产	139 008
4	朱孟依	珠江投资	投资	120 000
5	马云	阿里巴巴	电子商务、金融科技	111 751
6	马化腾	腾讯	互联网服务	73 084
7	郁亮	万科集团	房地产	43 900
8	黄如论、黄涛父子	世纪金源集团	房地产	40 300
9	党彦宝	宝丰集团	煤炭采选业	40 176
10	许应裘	凯源地产	房地产	40 000

来源：福布斯中文网。

在捐赠方向方面，教育、扶贫分别占据35.3%、30%，绝大多数的企业家非常乐于给自己的母校捐赠现金或设立专项教育基金，排在教育和扶贫领域之后的分别是：社会公益占14.3%，医疗占6.4%，文化事业占4.4%，民生占3%，环境保护占3%，基础设施建设占2.5%，创新事业占1%（见图1）。

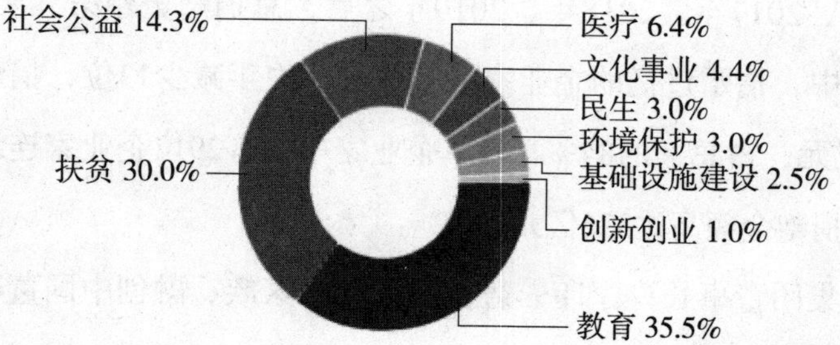

图1　2020年福布斯中国慈善榜捐赠方向分布情况

从上榜企业的行业集中度来看，房地产、多元化和互联网名列前三。房地产行业不仅是诞生亿万富豪最多的产业，也同样是产生慈善家最多的行业。榜单显示，来自于房地产行业的捐赠金额高达71.1亿元，占比近40%，成为当之无愧的捐赠主力军；位列二、三名的是多元化和互联网行业，现金捐赠合计为62.6亿元，占比近35%。由此可见，前三大行业的捐赠金额占据了总金额的75%（见图2）。

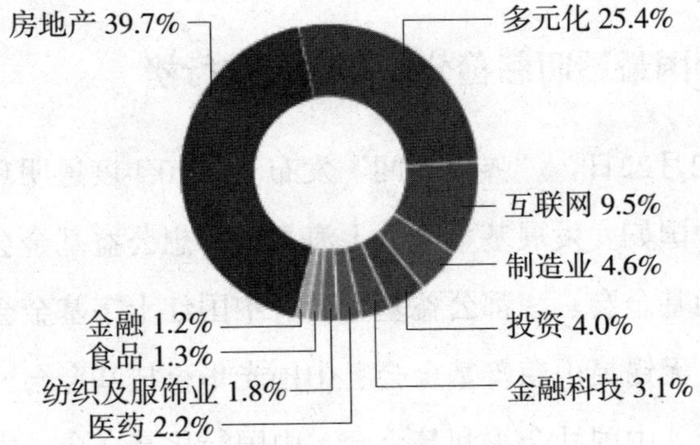

图2　2020年福布斯中国慈善榜上榜企业前十大行业

（三）《公益时报》“2020中国慈善榜”

2020年6月16日，《公益时报》发布第十七届“（2020）中国慈善榜”，2 903家企业、机构与个人上榜，捐赠总额达到384.77亿元。榜单显示，民营企业在2019年度的社会慈善事业中继续发挥带头作用，大额捐赠的主力仍是民营企业。本届上榜的605家慈善企业合计捐赠124亿元，其中365家内地民营企业共捐赠96亿元，占捐赠总额的78%，平均每家企业捐赠2 639万元，较上一年增长6.5%。企业捐赠中，投入教育领域的捐赠达到51亿元，投入扶贫领域的捐赠则达到48亿元。

碧桂园集团、轻松集团、中南控股集团有限公司、新奥集团股份有限公司、腾讯公司、大爱城投资控股有限公司、博世中国、海亮集团有限公司、牧原集团、百度公司等被授予年度十大慈善企业称号。

通过对年度公益收入、支出、影响力等因素的综合评估，年度榜样基金会被授予中国扶贫基金会、中国妇女发展基金会、中华少年儿童慈善救助基金会、中国红十字基金会、中国华侨公益基金会、中华社会救助基金会、国强公益基金会、腾讯公益慈善基金会、宝丰集团燕宝慈善基金会、河仁慈善基金会、广东省和的慈善基金会、新奥公益慈善基金会十二家基金会。

（四）中国最透明慈善公益基金会排行榜

2020年12月22日，“界面新闻”发布《2020年度透明慈善公益基金会榜单》。中国妇女发展基金会、上海真爱梦想公益基金会、中华少年儿童慈善救助基金会、南都公益基金会、中国红十字基金会、中国人口福利基金会、无锡灵山慈善基金会、中国光华科技基金会、天津南开大学教育基金会、中国社会福利基金会、中国绿化基金会、中国青少年发展基金会等50家基金会上榜，捐款收入总额达到136亿元，较去年增加19%，用于慈善活动支出的总额为129亿元，同比上升19%。

十七、问题民营企业

——违规犯罪增多，因素质源环境

（一）“十三五”以来民营企业犯罪问题概貌

“十三五”以来，我国民营经济取得迅猛进步。但与之相伴生的问题，是民营企业违法犯罪日益严峻的态势。根据北京师范大学中国企业家犯罪预防研究中心的数据统计，近年来我国民营企业的涉刑事案件总人数逐渐递增（见表1），同国有企业相比，民营企业家的犯罪现象越来越需要重视。本章将以民营企业同国有企业的犯罪现象相对比，阐释民营企业犯罪的特点、成因以及相应对策。

表1　中国企业家近年犯罪情况统计

报告	时间	2016年	2017年	2018年	2019年	2020年
中国企业家刑事风险报告	涉案总人数（人）	1 827	2 292	2 773	3 125	—
	国有企业家人数（人）	236	308	297	322	—
	国有占比（%）	12.9%	13.4%	10.71%	10.3%	—
	民营企业家人数（人）	1 591	1 984	2 476	2 803	—
	民营占比（%）	87.1%	86.6%	89.29%	89.7%	—

数据来源：北京师范大学中国企业家犯罪预防研究中心

我国的经济发展业已进入新常态，并且正处于前期政策消化期、结构调整阵痛期与经济增速换挡期的关键阶段，我们必须对民营企业的积极影响予以公正看待。根据改革开放近40年来统计数据，民营企业数量已经占据我国企业数量的60%以上，民营企业对我国GDP贡献率高达60%

以上，提供了80%的城镇就业岗位，吸纳了70%以上的农村转移劳动力，新增就业90%在民营企业，来自民营企业的税收占比超过50%。

然而，根据国家发改委的调研数据，近三年民间投资逐步下滑的态势严峻，64.1%的民营企业家表示主要原因在于政策落实与产权保护不到位。实际上，就落实民营企业相关政策与产权保护而言，刑事司法是重要途径：一方面要对严重损害民营企业产权的行为依法追究刑事责任，即有所为；另一方面不可随意介入民营企业的内部事务，即有所不为。

（二）问题民营企业犯罪特点

1. 诸多罪名集中适用于问题民营企业

由于立法设置和司法适用的种种问题，诸多罪名几乎成为问题民营企业家的“专属罪名”。国有企业人员属于《刑法》第九十三条规定的国家工作人员，其触犯最多的贪污罪与受贿罪等腐败罪名是反腐高压常态化的司法结果，但其他经济犯罪罪名鲜有涉及。据“北京师范大学中国企业家犯罪预防研究中心”（以下简称“中心”）数据显示，2017年度企业家共涉及84个罪名，触犯频次较高的共有19个，在其中，非法吸收公众存款罪、单位行贿罪、虚开增值税专用发票罪、拒不支付劳动报酬罪、骗取贷款罪等罪名主要适用于民营企业家（见表2）。透析这一现象，其背后复杂原因中制度成因不容忽视。一方面，民营企业（特别是小微企业）有着切实的资金需求，但另一方面，国有垄断格局造成民间融资难问题。同时，民营企业在日常经营管理中的内控制度不健全，合规体系不完善也是犯罪发生的重要因素。根据《中国人民银行2016年报》，我国小微企业贷款余额为20.8万亿元，在总贷款余额中占比仅19.5%，超过75%的贷款需求未能得到满足，这种紧张结构在一定程度上“迫使”一些民营企业选择以不合法的方式吸纳资本，故而容易触犯非法吸收公众存款罪和骗取贷款罪。

表2　国有与民营企业触犯高频罪名频次对比

	非法吸收公众存款罪	单位行贿罪	虚开增值税专用发票罪	拒不支付劳动报酬罪	骗取贷款罪
国有企业	1	181	334	93	69
民营企业	414	7	3	0	0

数据来源：北京师范大学中国企业家犯罪预防研究中心

由于在市场竞争中无法获得平等的法律地位，一些民营企业更趋向于攀附政治关系，以期得到权力的荫蔽，因此以单位行贿罪为代表的商业贿赂行为屡禁不止。再以拒不支付劳动报酬罪为例，据统计，该罪名高发于建设工程领域，这属于资金密集型、劳动力密集型行业，故对相关企业的财务管理有着较高要求，然而，处于谈判优势地位的发包人往往对承包方提出先行垫付资金、缴纳保证金等要求，这容易使承包方的资金状况恶化。著者所在的课题组在搜集相关案例时发现，大多数承包人并非恶意欠薪，而是因客观状况而欠缺支付能力。但司法实践中一些地方的司法机关为平息工人上访而对承包人科处刑责，这不仅有违本罪的主观构成要件，承包方企业还会因承担刑事责任而进一步恶化资金状况，最终工人关于薪酬的诉求更是无法实现（见表2）。

2. 民营企业犯罪与经济纠纷的界限模糊

当民营企业与国有企业发生利益冲突时，常常混淆经济纠纷与刑事犯罪的界限，以刑事手段制裁民营企业。在张文中案中，原审被认定为诈骗罪即与国有资产有着千丝万缕的联系。根据衡水中院与河北高院的判决，被告人在明知民营企业不属于国债技改贴息资金支持范围的情况下，通过申报虚假项目将物美集团以下属企业名义，骗取国债技改贴息3 190万元。但事实上，国家经贸委于1999年制定的《国家重点技术改造项目招标管理办法》虽然主要针对国有企业进行国家重点技术改造项目，但民营企业并没有被明确禁入此列。不久之后，我国对民营企业的经济政策以及国债技改贴息政策发生调整，物美集团在2002年申报的信息化项目与物流项目符合国债技改贴息资金支持的项目范围。物美集团尽管由于截止时间紧迫而以下属企业名义申报，但这仅是程序方面的瑕疵，没有令审批机关对其企业性质产生错误认识，故不应构成诈骗罪。此案背后凸显出当地司法机关对民营企业的歧视性对待，“法无禁止即可为”是公法领域众所周知的准则，但当地审判机关对之置若罔闻，忽视国家对民营企业的政策变迁，出于“公尊私卑”的惯性思维将技改贴息的主体擅自限定在国有企业领域。正是秉持着同等保护民营企业产权的理念，最高人民法院于2018年判决张文中无罪。

无独有偶，顾雏军案的导火索是被著名经济学家郎咸平控诉“在并购中瓜分国有资产”。原审法院认为，被告人为收购科龙电器法人股，以注册资本12亿元成立格林柯尔企业发展有限公司，其中的无形资产占注册资本总额的75%，超过彼时《公司法》20%的比例限制，构成虚报注册资本罪。之后企业运营亏损，被告人为避免退市而以压货销售、延后入账等方式虚增利润，并且杜撰虚假的财务报告，进而造成股民经济损失，成立违规披露、不披露重要信息罪。但事实上，早在2003年广东省已经发文规定高新技术企业的无形资产出资比例不受20%限制，格林柯尔公司也具备官方颁布的《高新技术企业认定书》。此外，用回账方式增加公司实体资本的做法来源于顺德市工商部门的建议，顺德市政府还为此两次出具担保函。

此外，被告人申请政府有关官员出庭作证并接受质证，遭到法院拒绝。除此之外，格林柯尔集团主营冰箱、空调等季节性产品，压货销售并不罕见，企业4.9%的压货比例几乎是全行业最低，更不存在主观恶意，侦查机关委托某会计师事务所出具的虚增利润司法会计报告是认定有罪的核心证据，但该事务所并不具备司法鉴定资质。本案值得反思之处在于：格林柯尔公司本是通过平等谈判的交易方式实施并购，但其间不可避免地使国有企业在市场竞争中处于下风，据顾雏军的申诉意见以及其他相关证据，由于该企业的迅速扩张侵犯到部分既得利益者的利益，广东省证监会捏造事实并将其移送司法处理，公安与司法机关更是以不具备合法性的证据进行定案[①]。

3. 对民营企业犯罪的司法处遇

除此以外，非法查封、扣押民营企业财产，对合法财产与违法所得，个人财产与法人财产等不加以甄别问题仍存在。在当年重庆打黑期间的李俊案中，未经法定程序，企业资金全部被划入当地的“打黑专用账号”，俊峰集团的资产账户被冻结，这些措施均发生在案件宣判之前，并直接导致企业短时间内从盈利到严重亏损。这样的情况在实践中并不是孤例。我国《刑法》《刑事诉讼法》以及司法解释均对查封、扣押、冻结财产、账户等强制措施均有明确规定（下文将详述），如果无法予以贯彻执行而任意处置民营企业财产，那么将会导致企业垮台、无辜人员受牵累等不可逆的损失。

由此可见，民营企业因为其非公有制性质而被烙上“原罪”的印记，一些地方的司法机关在处理个案时常常混淆罪与非罪的界限，动辄使用刑事手段打击民营企业，“一大批富有才干的民营企业家在积累财富的道路上没有失败于商业风险的打击，而是倒在了刑事风险的爆发之中”[②]。这在令人扼腕叹息的同时，不禁引人深思，如何在司法实务中去除民营企业“原罪”的胎记，从而保障其与国有企业获得同等的法律处遇，至关重要。

---

① 此部分内容来源于顾雏军的申诉意见及辩护词，参见新华网.《顾雏军出狱实名举报四官员，炮轰美的做局》, http://www.xinhuanet.com/fortune/cyjj/07.htm,访问日期：2019年4月10日。

② 《张远煌：企业家何以行稳致远》，载《检察日报》2017年1月25日，第4期。

（三）民营企业犯罪背后的成因分析

1. 重公轻私的刑事政策

我国《宪法》第十二条规定，社会主义的公有财产神圣不可侵犯，国家保护社会主义的公共财产。第十三条的规定则与之形成对比，“公民的合法的私有财产不受侵犯……”改革开放后，我国最高立法机关先后制定《中外合资经营企业法》《外资企业法》《全民所有制工业企业法》，以上法律均是以投资主体的所有制性质来分门别类。尽管1993年颁行的《公司法》明确确立了股东平等原则，但在公有制企业与非公有制企业在发起设立、发行债券等方面仍然被区别对待，“重公轻私”的烙印始终存在。虽然《公司法》于2004年和2013年被进一步修正，公司成立要件从实缴制变更为认缴制，大幅度降低民营企业（尤其是小微企业）的市场准入资质，但在政策的偏视下，民营企业陷入的“制度洼地”一直难以被填平。

2. 罪刑失衡的刑事立法

毋庸讳言，民营企业在立法处遇上难以与国有企业相提并论。主要体现为两方面：

一方面，对于同等或近似性质的危害行为，因市场主体性质有别而设置不同的罪名，配置相差悬殊的法定刑。以职务侵占罪与贪污罪的对比为例，职务侵占罪的量刑起点数额为六万元以上，法定最高刑为五年以上有期徒刑；反观贪污罪，其追诉标准是三万元以上，法定最高刑为死刑。除此以外，非国家工作人员受贿罪与受贿罪、挪用资金罪与挪用公款罪等“类似罪名”在刑罚配置上的差异性均如此明显。上述“类似罪名”的主要差别在于其行为对象不同而带来的法益性质迥异，根据当下刑法学界的通说，职务侵占罪、贪污罪与盗窃罪其实是“包容或交叉”的法条竞合关系，易言之，职务侵占与贪污在本质上均是一种特殊的盗窃行为，两者的最大区别在于前者侵犯的是非公有制组织内部的财产所有权，而后者侵犯的则是公共财产所有权。由此可见，前罪所保护的法益是非公有制财产，而后罪保护的财产法益则属于国有。由于财产的所有制主体差异而差别配置罪刑，这与《产权保护意见》所要求的平等保护原则相违背。

另一方面，一部分罪名为保护国有企业财产法益而设置，刑法缺失对民营企业相关权益的关照与保护。《刑法》中的非法经营同类营业罪，为亲友非法牟利罪，签订、履行合同失职被骗罪、徇私舞弊低价折股、出售国有资产罪等罪名所保护的法益均只涵括国有财产，公司、企业、事业单位人员的渎职犯罪在罪名设置上明确添加“国有”作为前缀主体，申言之，因民营企业单位人员渎职造成重大损失的行为无法得到刑法规制。透析这一系列区别对待的立法状况，不难归纳推理出这样的结论：我国《刑法》对公有制财产与私有制财产在实际层面尚未能实现真正意义上的同等保护。

通过梳理《宪法》《公司法》，以及系列中央文件，可以得出结论：我国《刑法》对民营企业的保护与国家根本大法、各部门法以及中央的当下政策相匹配方面还存欠缺。

譬如，在罪与非罪方面，以非法经营罪、集资诈骗罪、非法吸收公众存款罪等为代表的众多罪名几乎沦为问题民营企业“专属”。当然，这主要是因为1997年《刑法典》孕育之际我国正处于市场经济发展初级阶段，以国有经济为绝对主导地位的所有制格局难以在短期内转型。也正是由于时刻面临各种各样的桎梏与枷锁，一些民营企业在国有垄断的局面里为取得稀薄的市场资源，铤而走险去谋求权钱交易，商业贿赂、制假售假、恶性竞争等社会问题此起彼伏，刑事政策与立法层面的失衡是其中的重要原因。

3. 民营企业合规文化的缺失

著者认为，民营企业家之所以能够在法律的轨道内从事商业活动，其根本原因是企业可以建立起较为完善的合规文化。以域外经验为镜鉴，早在20世纪40年代，美国的汇丰、大通等银行就已经认识到合规管理的必要性，许多发达国家的企业在20世纪90年代开始逐步探索适合自身的合规风险线管理模式。巴塞尔银监会（Basel Committee on Banking Supervision）于2005年所颁行的《合规与银行内部的合规部门》首次提出“合规应称为银行文化的一部分”。美国《反海外腐败法》将企业合规计划作为其在美上市的必要资质，日本则将之作为企业设立事前审批的重要依据。事实上，我国的民营企业也应当顺应世界潮流建构合规体系，并使之内化为一种企业文化。

针对内发性贪腐犯罪，民营企业构建合规文化的必要性体现在三个方面：第一，通过及时发现并处理违规行为，形成一种以惩罚为导向的震慑机制，使企业家“不敢腐”；第二，通过对法律风险的有效防控来建构起科学化的企业现代管理制度，侵占资产等内部贪腐行为的滋生空间便因此消弥，进而实现“不能腐”的效果；第三，仅仅建立合规制度还不够，华为等行业巨头的一系列高管贪腐案表明，所谓“高薪养廉”只是脱离犯罪学实践的制度空谈，将合规文化广泛传播并深入人心，在根源深处“不想腐”，才是企业内控的最高境界。

更为重要的是，合规理念在我国刑法典中具备扎根生芽乃至结果的现实土壤。合规文化的本质是通过宽宥量刑以激励企业将合规计划真正深入贯通于每一个经营环节（见图1，数据来源于北京师范大学中国企业家犯罪预防研究中心）。《刑法》第134条规定了重大责任事故罪，其危害行为被描述为：企业在生产、作业过程中违反有关安全管理的规定，从而导致重大伤亡等严重后果。换言之，作为过失犯罪，只要企业单位尽到谨慎且合理的注意义务，即使出现安全事故也不成立本罪，其中的“遵守安全管理规定”又何尝不是一种生产合规的要求呢？此外，我国学者还将工程重大安全事故罪中的“降低工程质量标准”作为工程合规的重要内容。尽管这些罪名不在腐败犯罪之列，但其仍属于发生于企业内部侵蚀企业肌体的内向型犯罪，由此可见，合规文化其实已经悄然浸润至我国刑法个别立法例中。申言之，在发生危害结果后，企业可以通过证明其自身已通过完善的合规制度而尽到了相应的法定义务，以此来换取刑事责任的减轻甚至豁免，这种犯罪合作模式应当得到推广。

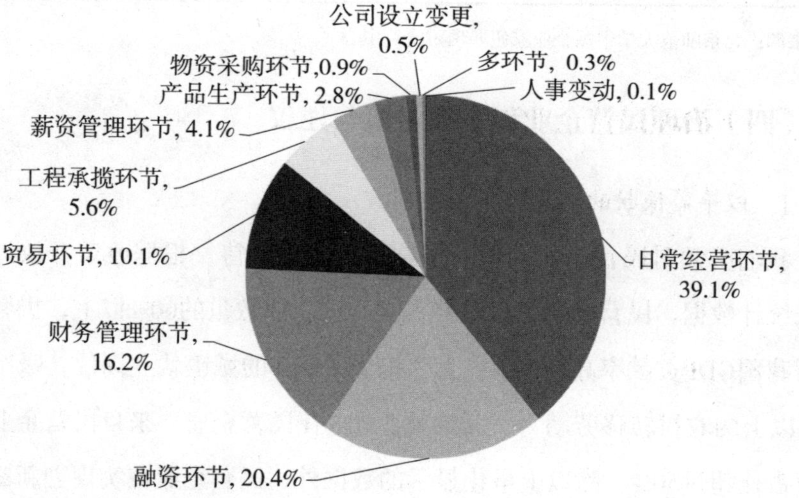

图1　2017年度民营企业家犯罪案发环节分布

但是，在民营企业中，企业家受学校教育水平相对不高是一个不争的事实，因而通过继续教育的形式对其进行合规培训更显的十分必要（见表3）。即便待遇丰厚的高管也可能实施内向型腐败犯罪，这样的案例已经屡见报端。例如，华为大中华区副总裁腾鸿飞涉非国家工作人员受贿罪而被调查，百度副总裁曾良利则因贪腐谋私而被解雇。值得反思的是，我国的民营企业普遍都存在合规文化匮乏的问题。根据中国公司法务研究院于2017年发布的《中国合规及反商业贿赂调研报告》，仅有

22%的民营企业制定了内部调查的机制，与之形成鲜明对比的是中国企业遭遇境外执法调查的首要原因是反商业贿赂，这一比例高达69%，对于我国企业在国际社会的形象树立十分不利。

表3 国有与民营企业家学历程度对比

单位：%

	小学及以下	初中	高中（中专）	大学（大专）及以上
国有企业	1.3	6.6	17.3	74.8
民营企业	7.1	27.7	24.1	41.2

数据来源：北京师范大学中国企业家犯罪预防研究中心

（四）治理民营企业犯罪的对策与建议

1. 以平等保护的刑事政策为指引

我们必须对民营企业的积极影响予以公正看待，根据改革开放近40年来统计数据，民营企业数量已经占据我国企业数量的60%以上，民营企业对我国GDP贡献率高达60%以上，提供了80%的城镇就业岗位，吸纳了70%以上的农村转移劳动力，新增就业90%在民营企业，来自民营企业的税收占比超过50%。除以上量化显示的数据外，民营企业在实现创新驱动以及推动供给侧改革等方面亦有着不可磨灭的卓越贡献。由于民营企业完全依靠市场竞争来谋求生存与发展，在收益最大化目标的驱使下，若想不被残酷的市场竞争所淘汰，必须具备超强的技术革新意识。同时，民营企业在掌握市场需求信息后，会及时将资本投入到边际生产率较高的产业领域。在党的十九大报告中，“深化供给侧结构性改革”成为中国经济未来走向的启明星。

我国的经济发展业已进入新常态，并且正处于前期政策消化期、结构调整阵痛期与经济增速换挡期的关键阶段。供给侧改革的本质在于充分发挥市场在资源配置中的决定性角色，这有赖于通过激发市场主体活力来扩充有效供给。而民营企业家恰恰具备与生俱来的高效配置资源的“基因”优势，民营企业的经营领域可以触伸至社会生活的各个方面乃至角落，供给侧的市场主体由此得以圆满填充，这对于实现“大众创业，万众创新”大有裨益。

在过去，我国在经济犯罪领域一贯奉行国家本位主义，凡是与“国字号”发生利益纠葛的民营企业，都常常被刑法纳入打击范畴，“非公有制”似乎成为民营企业的“原罪”。事实而言，对国有企业与民营企业的平等保护具有国家根本大法的依据，我国《宪法》第11条明确了非公有制是社会主义市场经济的重要组成部分。中共中央于1993年颁布的《关于建立社会主义市场经济体制若干问题的决定》指出，国家要为各种所有制经济平等参与市场竞争创造条件，对各类企业一视同仁。2003年，中共中央进一步在《关于完善社会主义市场经济体制若干问题的决定》中明确提出，保障所有市场主体的平等法律地位和发展权利。国务院于2005年出台的《关于鼓励支持和引导个体私营等非公有制经济发展的若干意见》规定，消除影响非公有制经济发展的体制性障碍，确立平等的市场主体地位，实现公平竞争。

由上述规范性政策文件不难看出，国家对于非公有制企业呈持续包容与开放的态度，这其中无不体现了相关经济政策从国家垄断主义立场到市场权利本位的悄然转变。但是，我们必须清晰地意识到，由于立法不可避免的滞后性，相应法律特别是《刑法》中仍然不乏针对民营企业设置的贸易壁垒。唯有将主体平等的政策原则浸润至法律的每个角落，才能实现从“国富”到“国民共富”的共享发展局面。

2. *以立罪至后的立法原则为轨道*

诚然，刑法有必要规制危害市场秩序的行为，非法吸收公众存款罪、非法经营罪在一定时期内仍有存续的合理性，但在具体的立法技术上须有所注意。

针对我国经济刑法领域中的一些乱象，储槐植教授指出，“立法上存在无序、失范的问题，在没有取得规律性认识，没有动用民商法、经济法和行政法手段予以有效调整的情况下，就匆忙予以犯罪化，纳入刑罚圈，使刑法的触须不适当地延伸到经济活动领域”。由于动辄牵涉国民的自由乃至生命，最后手段性与二次规范性是刑事法的一大重要品性。在此意义上，刑法必须充分尊重市场经济的自由竞争，不得随意干预。唯有兼容并蓄的经济政策下才能最大程度激发企业家的创新活力。正如陈兴良教授所言，“刑法是一种不得已的恶——只能不得已而用之，此乃用刑之道也”。社会的本质是一个具备自主性的系统，它能够自发趋向最有序的格局。因此，面对千姿百态的经济问题，采用经济手段进行调节是第一选择。

在电影《我不是药神》中，其事件原型陆勇为降低治疗成本，从印度帮病友代购抗癌药物“格列卫”，按照公诉机关的指控，陆勇帮忙代购的属于《药品管理法》所禁止的“未经批准的境外药品”。其实，公诉机关的定罪过程隐含着一个错误的逻辑——前置行政法规与刑法的违法性具有同一性。本案中，尽管陆勇代购未经批准的境外药品属于行政违法，但这些药品均是经过临床验证具有良好疗效的救命药，并不具有刑事违法性。

再以非法经营罪为例，犯罪的本质是侵害法益，非法经营罪背后的规范保护目的则是专营专许制度。但是，对国家专营专许制度的保护并不能仅仅倚靠刑法，这种法益的保护更需要行政法等其他法律部门的共同支撑，此时刑法仅仅是一种“不得已而用之”的后盾。与英美法系国家不同，我国采取单一刑法典的立法体系，将经济犯罪全部囊括在现行刑法典中。经济犯罪往往都有前置行政法规，这依赖于结合其他法典进行违法性判断。正是基于这种立法理念，《刑法》第225条规定的非法经营罪之罪状才有了“违法国家规定”的首要前提。然而，如前文所述，不少司法解释屡屡突破这一前提，在相应“国家规定”暂付阙如的情形下仍然径行“创造”某些非法经营的行为类型。因此，破除刑法万能主义之盲目，理性看待刑罚的双面性，在立法以及司法解释的制定上坚守行政违法与刑事犯罪的二元标准，始终对刑法介入经济领域保持高度克制的态度，尽可能为司法机关提供明确科学的法律依据。

3. 以审慎谦抑的司法态度为内核

民营企业因为其非公有制性质而被烙上“原罪”的印记，一些地方的司法机关在处理个案时常常混淆罪与非罪的界限，动辄使用刑事手段打击民营企业，如何在司法实务中祛除民营企业“原罪”的胎记，从而保障其与国有企业获得同等的法律处遇？

一方面，明晰财产归属权，慎用强制措施。第一，须区分清楚企业的单位财产与个人财产（《刑法》第三十一条）、合法财产与违法所得财产（《刑事诉讼法》第一百三十九条），以及涉案人财产与其家庭成员财产（《刑法》第五十九条）；第二，对查封、扣押的财物，按照法定要求开列清单，不得擅自使用、调换或损毁（《刑事诉讼法》第一百四十条），经查明与案件无关的，应在三日内解除查扣押、冻结措施，及时退还（《刑事诉讼法》第一百四十三条）。第三，由于经济犯罪中的犯罪嫌疑人人身危险性较小，往往缺乏羁押必要性，因此应当慎用拘留、逮捕等强制措施；符合取保候审、监视居住条件的，应依法适用，最大限度较少刑事强制措施对民营企业的负面效应。

另一方面，追求社会效果与法律效果的统一。法律效果的内涵不言自明，而所谓社会效果，是指通过法律适用，使法的本质特征得以体现，实现法的秩序、自由、正义、效益等基本价值的效果，进而使法律适用的结果为社会公众所认同。上面诸多数据已经表明，民营企业是纾解社会就业压力的最重要途径，民企一旦出现停业甚至破产，巨大的失业率将会引发社会的秩序失衡。

不论是传统刑法理论中的“社会危害性”概念，或者德日刑法理论中承载“不法”的“法益侵害性”概念，都将违法的“量”（亦即程度）作为两种不法的划分标准。具体而言，意味着要综合行为方式、主观心态、违法后果等多种因素进行考量。《刑法》第225条第四项表述为“其他严重扰乱市场秩序的行为”，很显然，“严重”与否决定了究竟是一般违法还是刑事违法。根据同类解释规则，某项经营行为的法益侵害程度只有在与《刑法》第225条前三项达到程度相当性时才可以做出有罪认定。在此意义上，“提供有偿删帖服务”“经营小产权房”等行为在“严重”程度上无论如何都难以与刑法业已规定的“买卖外汇”等非法经营行为同日而语。当然，判断违法之“量”时，不可避免地赋予了司法者自由心证的空间，此时，司法者应当心中充满正义，目光往返于生活与规范（包括行政规范和刑法规范）之间。概言之，一旦难以判断某项经营行为是否属于刑事违法时，便可以考虑将其纳入行政法规制范畴，进而做出无罪认定。

4. 将刑事合规融入，强化刑法的预防性保护

正所谓“它山之石，可以攻玉”，借鉴异域关于合规计划法律制度，并实现本土化移植，这对民营企业的产权保护也大有裨益。

首先应当明确，合规绝不是单单在企业内部建立一种自律性质的规章制度，而是一项动态的立体化工程。所谓合规计划，指在法定框架下，企业组织结合自身文化、性质以及规模等特殊因素，设立一套违法甚或犯罪行为的预防、发现及检举机制，从而达致减轻或豁免责任的正当化目的的机制。并且，此种机制不能仅局限于制度层面，而应当形成一种蔚然成风的企业日常性守法文化。在此种理念的指引下，企业犯罪的治理更多依赖于“软法”而非具有国家强制力做后盾的法律法规。合规计划的贯彻，则需要镶嵌于刑事立法，并依靠量刑优待来实现犯罪预防。

刑事合规是通过怎样的机制来保护民营企业产权呢？其实，这主

要体现在腐败犯罪领域，据“中心”统计显示，职务侵占罪、挪用资金罪、单位行贿罪等已然成为民营企业高频罪名，而这类犯罪是对企业资源的极度消耗。在过去一年，华为大中华区执行副总裁腾鸿飞因腐败犯罪被司法调查，京东、百度、腾讯、阿里巴巴等行业巨擘也相继发生高管职务侵占等丑闻，这种现象必须被予以高度关注。落实刑事合规计划，就是通过预防民营企业内耗型腐败犯罪，进而防范民企的产权流失。大力推进企业刑事合规，是当代世界性趋势。推进国家治理体系与治理能力现代化，要求在企业犯罪治理上，必须从单纯的事后惩罚向事前预防升级转型，这也是民营企业的内生型需求。

企业刑事合规充分体现了“政府—企业”合作治理理念，也是“预防为本、打击为辅”治理理念的具体落实，值得广泛推进。企业刑事合规的实质，就是通过刑事制度的改革，将企业积极参与犯罪的社会责任，由一般社会责任升级为刑事义务，倒逼企业通过完善内部治理，主动预防犯罪，从在犯罪治理格局上变“国家要企业预防犯罪”为“企业主动预防犯罪”。

英国于2010年颁行的《反贿赂法》则因其将严格责任原则纳入而被称为“史上最严厉反腐败法”，其中设立的“商业组织预防贿赂失职罪”规定，如若商业组织无法证明其已经设计充分制度来预防贿赂犯罪，一旦查获其组织内部人员为其利益实施关联贿赂行为，该商业组织也成立此罪。无独有偶，法国于2016年颁行的“萨班二号”法案规定了要在超过五百人的企业中设立预防高管贪腐计划，并由国家反贪监察局专门执行并实时监督，企业需要定期向该机构展示自己在腐败犯罪刑事风险防控方面的努力。

显而易见，这种举证责任倒置的模式可以“倒逼”企业组织在日常经营活动中加强内部刑事风险控制，进而提前建构起缜密完备的腐败犯罪发现与预防机制，这对我国的刑事立法颇有启迪意义。究其根本，企业犯罪需要通过建构“轻轻重重”的两元化刑事政策来实现科学有效治理。具体而言，一方面，对于忽视合规建构的企业严厉惩处，这一点尤其体现在经济惩罚上，使得其他企业因违法成本过高而受到威慑，进而达到一般预防之功效；另一方面，对于积极主动履行合规义务的企业，通过缓起诉等制度减免刑事责任，克服刑罚对企业招致的负面效应。最为关键的是，缓起诉协议中的合规要求能够使企业在日常经营中重视风险内控，这能以较少的治理成本换取最大的治理效果。事实上，《刑法修正案（九）》中增设的拒不履行信息网络安全管理义务罪即为这种理念开始本土内化的示范例证。在此之前，《全国人民代表大会常务委员会关于加强网络信息保护的决定》《即时通信工具公众信息服务发展管理暂行规定》《计算机信息网络国际联网安全保护管理办法》《网络安全法》均对网络服务提供者加赋了保障安全管理的义务，但一直未能得到理想的治理状态。而后，刑法将信息网络安全管理上升为互联网企业的强制义务，当以刑事手段作为保障时，经济理性的企业在面临违法成本计算时惧殚于巨额的罚金，不得不在日常的管理中就重视合规体系的科学系统建设。

总而言之，我国现行惩治腐败犯罪的重任主要是由行政机关与司法机构承担，这种依赖于事后惩处的治理模式无法实现标本兼治，因此，有必要通过对国际上一些先进经验的本土化改造与参照，进而建立我国的法人内部预防腐败机制，激发企业组织与企业家在反腐败工作上的事前防控机能，最终形成“国家—社会（企业）”的二元治理模式。

后 记

《2020年民间投资与民营经济发展重要数据分析报告》是北京大成企业研究院2020年度重要研究课题。为做好本课题研究，大成企业研究院将国家统计局、国家税务总局、商务部、海关总署、全国工商联等官方机构权威数据进行了系统完整的搜集整理、筛选汇总。在此基础上，通过数据对比分析研究，形成了一整套客观、系统的数据图表，清晰准确地展现了2020年社会经济发展的真实情况，主要是民营经济发展情况。

第十届、第十一届全国政协副主席黄孟复对本课题研究进行了指导，提出了不少重要意见。

本书由北京大成企业研究院组织撰写，北京大成企业研究院副院长陈永杰为课题组组长，拟定全书思路并负责全书统稿。导言“双循环要发挥民营企业的重要主体和基础作用”是根据黄孟复副主席历次讲话整理而成；概论“中国经济双循环，民营企业双主力”由陈永杰撰写；第二章、第三章、第六章、第十一章由大成企业研究院徐鹏飞撰写；第一章、第七章、第九章、第十三章、第十四章由大成企业研究院刘贵浙撰写；第八章、第十五章、第十六章由大成企业研究院葛佳意撰写；第四章、第五章由大成企业研究院张丽华撰写；第十章由国家税务总局税科所学术委员会副主任、研究员付广军撰写；第十二章由联讯证券新三板研究负责人彭海撰写；第十七章由北京师范大学刑事法律科学研究院博士生赵炜佳撰写。国务院参事谢伯阳、北京大成企业研究院院长欧阳晓明参加了课题研究并提供重要意见，北京大成企业研究院赵征然、王红为本课题提供了帮助和支持。珠海网灵科技有限公司提供数据库技术支持。